KB043798

개정판

페스탈로치의
생애와 사상

김정환 지음

博英社

개정판 머리말

이 책의 초판은 1974년이니 꼭 34년 전이다. 그간 두 번이나 중판이 되면서 판을 거듭했고 또 국립중앙도서관 독서자료 추천도서로 꼽히는 영예도 얻었다. 그런데 절판이 된 지 오래다. 한자(漢字) 때문이다. 젊은 세대는 이 한자가 난관이다. 고교생들이 지식과 재치와 열기를 뽐내는 그 "골든벨"에서 제일 많이 탈락되는, 그야말로 우수수 반 이상 탈락되는 문제는 바로 이 한자 문제이다. 우리 노년 세대에게는 보기에도 민망하고, 중년세대에게는 그저 우습기만 하고, 젊은 세대에게도 조금은 창피하리라! 한글전용이냐, 국한문혼용이냐, 이 문제를 따지기 전에, 이렇게 국어교육에 큰 맹점이 있는 것은 사실이다.

어떻든 젊은 세대에게 교양도서는 많이 읽혀야 할 것 아닌가. 그러려면 우선 그들이 손쉽게 접할 수 있게 漢字를 없애거나 줄여 줄 수밖에 없다. 그래서 굳이 한자를 없애는 이 재생·개정판을 내는 것이다. 차제에 눈에 거슬리는 각주도 다 버렸다. 실은 새로 넣고 싶은 내용, 하고 싶은 말도 많았으나 다 생략하고 문장, 문체만 손질하고, 맨 끝의 두 장에 몇 단락만 추가했고, 대신 각 장마다 관련 사진을 넣었다.

저자는 평생 페스탈로치 연구에만 힘써 왔다. 정년퇴직을 기념하여 고려대학교 출판부가 내 준 논문집 「페스탈로치의 교육철학」(1995)의 머리말의 일절을 되뇌며, 이 개정판 머리말을 맺고자 한다.

　　페스탈로치는 교육의 역사에 코페르니쿠스적인 전환을 일으킨 교육사상가요 교육실천가로 평가되고 있다. 그에 의해,
　　귀족 중심의 교육이 민중 중심의 교육으로, 교사 중심의 교육이 학생 중심의 교육으로, 지식 중심의 교육이 생활 중심의 교육으로, 암기 중심의 교육이 계발 중심의 교육으로, 그리고 직업준비를 위한 특정기능 훈련의 교육에서 저마다 가지고 태어난 삶의 몫을 일깨워 주는 인격각성 교육으로, …… 이렇게 교육의 방향이 180도 바뀐 것이다.

　　　　　　　　　　2008년 초여름

　　　　　　　　　　　　　　지은이 삼가 씀

머 리 말

　　인류의 교사라고 추앙을 받아 온 페스탈로치가 서거한 지 벌써 150년 가까이 되었다. 1977년은 서거 150주년이 된다. 세계 각처에서 그를 추모하기 위한 기념행사 및 기념사업이 벌어질 것이다.

　　그가 이토록 추모를 받는 이유는 어디에 있을까? 그가 교육에 있어서의 코페르니쿠스적인 대전환을 일으켰기 때문이다. 일찍이 교육은 상류계층을 위한 것이었는데, 그는 이것을 민중을 위한 것으로 돌려 놓았다. 일찍이 교육은 부스러기 지식을 주입하는 일이었는데, 그는 이것을 하나님에게 부여받은 소질과 능력을 조화적으로 발전시키는 일로 돌려 놓았다. 일찍이 교육은 학교에서만 행해졌던 것인데, 그는 이것을 가정·학교·사회를 교육의 마당으로 포섭하는 국민교육으로 전환시켰기 때문이다.

　　철학하면 플라톤을, 문학하면 괴테를 연상하듯이, 교육하면 페스탈로치를 연상하게 되어 있는 이유가 여기에 있다. 그러기에 그에 대한 연구는 오늘날까지 꾸준히 계속되어 왔고, 특히 유럽이나 일본에서는 교육의 성전(聖典)으로서 기공적(技工的) 교육관을 시정하고 인간적(人間的)을 재생시키는 데 이바지하고 있다.

이 작은 책은 페스탈로치의 생애와 사상을 훑어봄으로써 그의 편모에나마 접하기 위함이다. 그리하여 우리 나라에도 그의 전모가 소개·연구되어 교육발전에 이바지하게 되기를 간절히 원해서이다.

페스탈로치의 연구 및 소개를 생애의 사업으로 여기고 그의 원저작을 홍분하면서 펼쳐 보기 시작한 지 어언 18년이란 세월이 흘렀다. 그 사이 격랑의 현해탄을 수 없이 건너오고가면서 "이 한 길을 힘써 달릴 수 있게 하여 주사이다"하면서 기도도 드렸다. 이런 정성과 노력에 비하면 아주 보잘것 없는 책이 되어 부끄럽기도 하고, 또 페스탈로치의 위대한 교육이념을 잘못 짚지나 아니했나 걱정이 앞서기도 하지만, 이 책을 감히 내는 이유는 페스탈로치 연구의 길을 우리 나라에 터 놓자는 빈자(貧者)의 일등(一燈)이 되기 위함임을 독자 여러분께서 양지하여 주시기 바란다.

우리 나라에 페스탈로치를 연구·소개하는 데 정성을 바쳐 오신 최현배, 김기석, 이인기, 왕학수 선생님들, 그리고 《새교육지》 관계 여러분께 깊은 감사를 드린다. 이 책은 선생님들의 학문적 업적과 정신적 자세를 이어받은 것이기 때문이다. 그리고 김종철 한국교육학회장님과 박영사 안원옥 사장님께서는 늘 격려를 주시고 출판의 노고를 아끼지 않으셨다. 깊은 감사를 드린다.

필자를 페스탈로치 연구의 길로 몰아 넣으셨고 지금은 그렇게도 기리시던 페스탈로치의 묘 옆에 나란히 쉬고 계시는 고 오사다(長田 新) 선생님, 우리 나라의 교육입국의 이념을 페스탈로치에게서 찾으셨던 고 최현배 선생님, 그리고 민족의 밝은

앞날을 꿈꾸며 교육에 힘쓰고 있는 우리 나라의 무명 교육동지
들에게 삼가 이 책을 바친다.

1974년 이른 봄

지은이 삼가 씀

차 례

參考文獻

Ⅰ. 페스탈로치의 시대와 가정적 배경

1800년경의 취리히 원경

Ⅰ. 페스탈로치의 시대와 가정적 배경

1. 시대적 배경

알프스 준봉의 흰눈은 사시 대자연의 억센 힘과 아름다움을 자랑하고, 이곳에서 비롯한 계류는 수많은 호수를 누비며 대자연의 조화의 멜로디를 읊는 지상의 낙원 스위스!

거지의 아버지, 사랑의 교사, 인류의 영원한 스승, 실천과 이론을 겸비한 교육학자, 페스탈로치는 이 스위스에서 태어났다. 억세고 또 아름다운 자연 속에 또 억세고 아름다운 삶을 산 인물이 태어난 것은 결코 우연이 아니다.

대개의 페스탈로치 전기는 그의 가계의 소계부터 시작하고 있으나, 우리는 그의 삶을 이해하기 위하여, 그 삶의 바탕이 된 당시의 취리히와 농촌의 문화적·사회적 상황, 즉 시대적 배경을 잠시 살펴보아야 하겠다. 에발트 폰 클라이스트는 1752년 다음과 같이 말하고 있다. "취리히는 참으로 다른 곳과는 비교가 안 될 곳이다. 그 아름다운 풍경이 세계에서 유일하기 때문에서가 아니고, 그곳에 사는 선량하며 동시에 진취적인 사람들 때문이다."

페스탈로치가 태어난 18세기 중엽에는 취리히는 유럽의 문화의 중심지였으며, 특히 세네 가지 언어를 사용하는 스위스에서는 독일어를 사용하는 지역의 문화의 수도이기도 하였다. 유럽에 명성을 떨친 사람들이 이곳에서 많이 배출되었고, 또 그들은 각처의 저명 인사를 초빙하여 활발한 사상 교류를 하였다.

1세기 전의 쯔빙글리, 칼빈 등의 종교개혁의 정신이 아직도 그곳에서는 맥박치고 있었고, 이와는 다른 발상에서 나온 새로운 낭만주의가, 바로 스위스의 프랑스어 사용지역 제네바 출신의 루소의 작품을 통해서 널리 퍼지기도 하여, 바야흐로 취리히는 보수 전통과 진취 낭만이 교차되는 곳이 되었다.

한편 사회적으로는 공화정치체제에 유래한 도시헌장이 아름다웠던 옛 정신을 아직 가냘프게 간직하고 있었다. 이것은 원래 스위스의 독특한 연방체제에 비롯한 지방 자치를 누린 시민권에 유래한 것이다. 그런데 점차 이 권리가 도시의 특권층에 집중되어 귀족주의적으로 왜곡당했고, 권리를 박탈당한 도시의 중·하류층 시민과 지방 농민들은 사회적으로는 거의 무권리 상태로 떨어졌다.

귀족층은 도시조례·검약령·복장령을 제정하여 시민생활을 규제했고, 심지어는 풍기 감독관을 시켜 개인의 행동을 미행케 했고, 자유를 희구하는 활동을 억압시켰다. 이런 귀족층의 폭정과 맞서는 것으로, 도시의 직공 조합으로서의 동업조합이 있기는 했으나, 그들의 시민권은 앞서 본 바와 같이 극히 제한된 것이었다.

취리히의 모든 시민이 정치에 참여할 수 있는 시민은 아니었다. 왜냐하면, 시민권은 200년 전부터 극소수의 가계에만 상속되어 왔기 때문이다. 특히 취리히 지역에 사는 농민은 수적으로는 도시민의 거의 10배에 이르렀으나, 그들은 관직에 취임할 길이 없었다. 물론 문자상으로는 농민도 도시민과 동등한 자격이 보장되어 있었지만, 실제로는 관직, 교회직에도 오를 수 없었고, 교육 기관에도 가까이 할 수 없었다. 농민들은 도시 귀족 출신의 재판관에 의하여 냉철한 선고를 받으며 인종해야만 했다.

농민들은 공장을 경영할 권리마저 없었다. 그들은 영세농업에 종사하거나, 가축을 기르거나, 수공업 노동에 종사하는 길밖에 없었고, 농업을 개량할 의욕마저 잃고 있었다. 수확이 올라도 도시에 사는 지주에게 소작료로 뺏기기만 하기 때문이며, 그 위에 이것은 다시 중앙 집권적인 도시 경제를 보증하는 중상주의를 키워줌으로써, 결과적으로 농촌에는 더욱 큰 피폐를 가져오기 때문이었다.

그럼에도 불구하고 면직수공업이 대두하게 되자 농촌에도 새로운 기운이 싹트기 시작하였다. 가내공업 노동자들은 돈을 벌어 그들에게 유리한 정치적인 지위를 돈으로 사려는 충동에 몰리게 되었다. 그들은 옛 종교개혁 시대의 기독교적인 도덕을 새롭게 재생시키거나, 아니면 딛고 넘어서야만 했다. 왜냐하면, 민주주의를 짓밟고 관료주의를 행사하는 정부에게 도전하는 길은 새로운 사상과 세계관으로 대할 수밖에 없기 때문이다. 이 새로운 시대에 대처하는 방향이 둘 있었다. 그러나 이 두 방향은 근본적으로 다른 것이었다. 하나는 계몽주의이며, 다른 하나는 경건주의(敬虔主義)이었다.

경건주의는 공인된 교권에 대립하여 내면적 정신생활, 종교적 감정을 중히 여기고, 자기네 나름으로 각자가 성서 해석권을 가지며, 이 속세의 더러움을 피하여 평화로운 전원생활을 즐기며 순박하고 경건한 생활태도를 견지하려 하였다. 그들은 자유·평화·경건의 염(念)이 풍부한 기독교를 마음 안에 건설하고, 그들을 학대 핍박하는 관헌과는 맞싸우면서 새로운 시대와 삶터를 개척하고 있었다.

한편, 다른 하나의 방향인 계몽주의 운동은 볼프, 라이프니쯔의 철학과 더불어 취리히에 침투했다. 계몽주의란 봉건적 구습, 교조적 종교에 의한 무지에 지배된 민중의 우매를 자연의 빛에 비추어, 즉 이성에 비추어 깨우치고, 자유 사상·과학적 지식· 비판적 정신을 보급시키고 인간의 존엄성을 자각시키자는 사상이다. 칸트는 이것을 "인간이 자기 책임하에 미성년인 상태에서 탈출하는 것"이라고 정의했다.

페스탈로치가 호흡한 18세기가 바로 이 이성의 시대, 계몽의 시대이기도 하였다. 이 운동은 문예 활동을 통해서 취리히를 중심으로 전재되었으며, 페스탈로치는 취리히 대학의 보드머, 브라이팅거 교수들에게 깊은 감화를 받았다.

그러나 우리는 여기에 몇 개의 사상을 더 첨가해야 할 것이다. 그 하나는 경제적인 분야에서 자연 과학의 발흥과 더불어 농업에 대한 관심을 야기시킨 중농주의이다. 이것은 도시의 상업을 주로 생각했던 중상주의와 대립되는 것으로 농지에서 얻어지는 부를 중히 여기는 사상이다. 이로 인하여 도시민이 자연을 탐방하게 되고, 농민 및 농업에 대한 관심을 갖게 되고,

도시의 청년은 농촌 생활을 동경하며 농촌에 뛰어들기도 하였다. 또 다른 사상은 계몽주의를 극복하려는 루소의 낭만주의이다. 이는 고전주의적 전통에 반대하여 인간의 자유·개성·공상·자연의 감정 및 충동을 소중하게 여기는 사상이다. "철인과 같이 사색하며 농민과 같이 일하라," "자연에 돌아가라" 등의 명구절을 담은 루소의 《에밀》(1762)의 출현은 그 사회 비판과 더불어 요원의 불길과 같이 유럽에 퍼져, 식자들의 마음을 사로잡았다. 이것은 특히 청년들에 깊은 감화를 주어 개개인의 직업 선택에 영향을 주었다. 도시인을 감동시켜 농민이 되게 한 이런 정신적 상황은, 2, 30년 전에는 상상도 못할 일이었다.

이런 문화적·사회적·경제적·사상적 변혁의 시대에 태어난 페스탈로치는 그의 다정다감한 천성 때문에 더욱 한층 깊은 영향을 받으며 질풍노도의 삶을 개척해 나간다. 그의 참삶의 맛과 멋, 의의 및 교육 이론은, 이런 사상의 교차 및 격동 속의 시대 정신의 이해에서만 올바르게 이해되어야 할 것이다. 시대적 배경을 이렇게 훑어보는 의의가 여기에 있다.

2. 페스탈로치의 가정

페스탈로치의 전기의 결정판을 내고자 필생의 사업으로 그의 생애를 연구하여 4권으로 된 《페스탈로치 전》(Zur Biographie Pestalozzi's, 1868-89)을 저술한 몰프에 의하면, 페스탈로치의 옛 조상은 북이탈리아의 크레벤(사벤나) 지방에 살고 있었다 한다. 안토니오 페스탈로치는 구교도가 많은 이 지방에서,

활달한 신교를 지키기 위하여 유학을 구실로 1534년에 스위스의 취리히에 이주해 왔다. 그는 여기에서 결혼하여 시민권을 얻고 정착하게 되었다. 이분이 바로 우리의 주인공 요한 하인리히 페스탈로치(Johann Heinrich Pestalozzi)의 증조부이다. 취리히의 류덴 조합 회관의 뒤에 광장이 있고, 그 남쪽 모서리에 '검은 피리'(das schwarze Horn)를 옥호(屋號)로 가진 집이 있었다. 페스탈로치는 이 집에서 1746년 1월 12일에 탄생하였다. 그의 할아버지는 취리히 근교의 신교의 목사였다. 그의 아버지 요한 바프티스트는 충실하고 정직한 외과 의사 겸 안과 의사였다. 그의 어머니인 스잔나 호쓰는 리히터스바일의 출신으로서, 유명한 호쓰 장군의 조카되는 사람이었다. 그러나 이들은 모두 아무런 정치적 권리를 갖지 못한 중·하층 계급에 속하는 사람들이었다.

그런데, 페스탈로치가 다섯 살을 겨우 넘겼을 때, 아버지가 33살의 젊은 나이로 갑자기 세상을 떠나게 되었다. 그에게는 한 살 위인 형과 두세 살 아래인 누이 발바라가 있었다. 아버지는 아내와 세 아이들을 뒤에 남기고 별다른 재산도 없이 눈을 감았던 것이다. 그의 어머니는 어려운 살림으로 자녀를 교육시키기 위하여 곤궁한 생활을 해야만 했다. 그녀의 나이 이제 겨우 30! 철모르는 세 아이들을 앞에 놓고, 대들보가 넘어진 집을 생각할 때 얼마나 서러웠으랴!

그러나 세월은 슬픔을 씻어준다. 그녀는 앞만 바라보았다. 그녀의 오빠도 의사였는데, 그는 과부된 이 누이를 위하여 경제적으로 원조의 손을 뻗치려고 하였다가 거절을 당했다고도 한다. 그녀는 남에게 지기를 싫어하는 여장부였다.

페스탈로치의 가정에서 간과할 수 없는 사람이 또 하나 있다. 그것은 가정부인 바베리(발바라의 애칭)이다. 페스탈로치의 아버지 바프티스트는 죽음을 예감하고 임종시에 식구 아닌 가정부 바베리를 불러 다음과 같이 부탁한다. "바베리야, 우리 식구들을 버리지 말아 다오. 내가 죽으면 저것들은 거리를 헤매게 되며 차디찬 남들의 손에 넘어가게 되리라. 부디 잘 돌보아다오." 이에 대하여 그녀는 "주인님이 돌아가셔도 아씨님이 저를 마다하지만 않으신다면 죽을 때까지 같이 있겠습니다"하고 약속을 하였다. 의리심과 의협심이 강한 이 바베리는 아직 처녀의 몸으로 큰 희생을 각오하고 약속을 했으며, 이 약속을 지키고 그 후 30여년 동안 평생 페스탈로치 일가에게 봉사하였다.

후에 페스탈로치는, 《린할트와 겔트루우트》(1781), 《겔트루우트의 자녀교육법》(1801) 등의 교육 소설 또는 교육 이론을 쓰면서, 모성들의 위대한 교육적인 힘을 찬양하고 있는데 그 구원의 여성의 모델이 다름 아닌 이 바베리인 것이다. 페스탈로치는 자서전격인 《백조의 노래》(1825)에서 자기 어머니와 이 여성을 다음과 같이 회상하고 있다. 어머니는 그 나이에 세속적인 유혹에 매력을 느꼈지만 눈을 감고 우리의 교육만을 보람으로 살았다. 어머니는 퍽 검약한 생활을 하였으나 공공 자선사업이나 축의, 선물 등에는 돈을 아끼지 않고 지출하였다. 바베리는 한통의 배추, 몇 개의 사과를 싸게 사기 위하여 장사군이 파하고 돌아가는 시간에 시장에 나갔으며, 아이들이 옷을 더럽히지 않도록 늘 충고를 하여 주었다.

페스탈로치는 이렇게 따뜻한 사랑 속에서 자랐다. 그러나,

그러기에 그에게는 남성적인 힘, 남성적인 경험, 남성적인 사고 방식, 남성적인 훈련이 결핍되어 있었다고 스스로 술회도 하고 있다.

그를 감싼 정신적 분위기는 사랑·감사·신뢰·신앙·극기·인내·헌신이었다. 그의 정신 속에 풍부하게 발로된 도덕적·종교적인 힘은 이런 환경과 안방에서 싹터 견고하게 발전하여, 마침내 그를 교육의 혁명가로 만들어 세상을 흔들게 만들었던 것이다. 정말이지 위대한 것은 남성적인 것인지, 여성적인 것인지 모른다. 그러나 괴테는 《파우스트》 일부의 끝에서, 인류를 구원하는 것은 "여성적인 것"(das Weibliche)이라 했고, 또 페스탈로치의 경우를 보아도 그것이 여성적인 것에 가까운 것임을 알 수 있다. 그가 기나긴 괴로운 경험과 사업을 쌓은 뒤에 다듬어 낸 '기초도야의 이념'(基礎陶冶의 理念: Idee der Elementarbildung), 즉, 민중의 정신적·도덕적·신체적 힘을 조화·발전시키고자 한 이념은 결국 그가 자란 안방의 높은 도덕적·종교적·정신적인 명예로운 기념비에 지나지 않는다.

인간이란 외부에서 인공적으로 그려져야 할 백지(tabula rasa)도 아니며, 또 외부로부터 재료를 채워 받아야 할 빈 그릇도 아니다. 인간의 본성이란 삶의 최초의 순간에서부터 영원한 법칙에 의하여 스스로 발전되는 여러가지 능력의 총화이다. 이런 선천적·내재적 힘은 우선 어머니의 충실한 양육에 의하여 도야된다. 페스탈로치는 이 힘을 어머니와 바베리에 의하여 슬기롭게 도야받음으로써, 인간에게 가장 중요한 사랑·순종·신뢰·헌신의 정신을 배웠던 것이다.

가난한 페스탈로치 댁에 대한 바베리의 충성심은 나라를 위하여 싸움터에서 목숨을 비치는 충성심과 조금도 다를 바 없다. 미천한 가정부에게도 발로되는 이 위대한 인간의 힘, 한 걸음 더 나아가 인간의 선에 대한 그녀의 신앙은 페스탈로치로 하여금 인간성에 대한 신앙을 체험케 했고, 자기가 받은 사랑의 빚을 인간성의 발전이란 교육 사업을 통하여 가난한 농민들에게 갚게 하였다. 참으로 "한 빈민이 죽음에 이르기까지 평생 나에게 사랑을 베푼 것처럼, 나도 죽음에 이르기까지 빈민에게 사랑의 손을 뻗치자"는 것이 그의 필생의 교육적인 노력의 원천이었다.

또 하나 페스탈로치의 가정에서 주목할 것은 그의 피 속에 신교도의 피가 살아 약동하고 있었다는 것, 그의 가정이 중산층이었다는 것이다. 그는 여성에 의하여 인류에 대한 사랑을 알게 되고, 종교에 의하여 자기 삶의 의미를 알 게 되었다. 참으로 경제적으로나 사회적으로 희비가 교차하는 중산층의 건전한 삶을 통해서, 민족의 슬기로운 문화와 전통이 계승되며 발전된다. 한 나라 한 민족의 교육은 자기네의 문화와 전통을 아끼며 간직하는 중산층에 의해서 건전하게 발전된다. 이런 예는 우리 겨레에서도 볼 수 있다. 신사임당의 감화 없이 어찌 이율곡이란 학자가 생겼을 것인가. 한국의 페스탈로치라고 볼 수 있는 도산 안창호, 남강 이승훈, 한서 남궁억, 그리고 가까이는 인촌 김성수 등은 모두 지방의 중산층 출신임을 우리는 주목해야 한다. 페스탈로치는 자신이 중산층 출신이며, 따라서 가난한 자들의 친구임을 언제나 자랑스럽게 여기고 있었다.

3. 페스탈로치의 학창생활

그는 요람 시대부터 몸이 약했고 포유질이었으나 심정의 힘과 의지의 힘은 남달리 강했다고 한다. 얌전하면서도 괴팍한 데가 있었고, 언제나 몽상을 즐기곤 했다. 기초교과에는 성적이 좋은 편이었으나, 직업교과·실기교과, 특히 체육교과 등에서는 좋지 못했다. 그는 어렸을 때부터 헬더어가 평한 것처럼, 어떤 정신적인 세계에 살며, 성스러운 본능의 직관에 충동적으로 사는 면이 있었다. 그러기에 친구들은 그를 '바보 같고 괴상한 하이리'(Heiri Wunderi von Toriken)이란 별명을 붙여 놀렸다. 그의 성격의 일면을 나타내는 몇 개의 일화를 소개하기로 한다.

어느 해에 스위스에 큰 지진이 있었다. 그가 초등학교를 마치고 라틴어 학교 하급반에 다니고 있을 때였다. 지진이 나자 같이 공부하고 있던 학생들은 교실 밖으로 뛰어나갔고, 그의 말에 의하면 교사는 학생들의 머리 위를 뛰어 넘어 밖에 나갔다. 지진이 끝난 다음 또 지진이 올까 무서워 아무도 교실에 들어가지 않았는데, 페스탈로치는 태연히 혼자 들어가서, 친구들의 모자며 책들을 가져다 주었다 한다. 페스탈로치는 음악에는 능력도 없었고 취미도 없었다. 그런데, 어느 음악 시간에 술에 취해 가지고 들어온 교사가 멍하니 앉아 있는 그의 머리를 때렸다. 그러자 페스탈로치는 열화와 같이 분노를 터뜨려 그 교사에게 대들고, 나중에는 학급 담임을 쫓아가 다시는 그 선생에게 음악 수업을 받지 않겠으며 그것이 허락 안 되면 퇴학

하겠다고 따지고 들었다. 담임 선생은 이 소년의 말에 일리가 있다고 보고, 그 후 음악만은 결석해도 좋다고 승낙했고 페스탈로치는 의기양양하게 개선했다 한다. 또 한 번은 어느 시험에 '주(主)의 기도문'의 암송이 나왔다. 그는 이게 우스꽝스러워 끝까지 외우지를 못하고 말았다. 이런 일로 미루어 이 아이는 아무리 힘써도 제대로 사람이 되지는 못할 것이라고 교사들은 생각했다. 이 일화가 잘못 전해져, 페스탈로치는 장차 목사가 되려고 했는데, 최초의 시험 설교에 실패했기 때문에 그것을 단념하지 않으면 안 되었다고 하는 전기작가도 후에 생겼다. 그러나 그가 시골 마을에서 목사를 하시던 조부의 영향을 받고 목사가 되려 했던 것만은 확실하다.

그는 모국어를 가르치는 초등학교에 6세에 입학했고, 9세 때에 라틴어 학교에 입학했고, 16세 때에 콜레기움 후마니타스(문과고등학원)에 입학했으며, 18세 때 신학을 주로 하는 콜로세움 카로리눔(뒤의 취리히 대학)에 입학했다. 처음에는 신학의 연구에 뜻을 두고, 그 기초 과정인 언어학 및 철학을 공부했으나, 진취적인 학생 운동에 가담함으로써 이것을 마치지 못하고 자퇴하여, 법률 연구를 시작했다. 학창시대의 그의 성적은, 페스탈로치 연구가 훈치커에 의하면, 과목에 따라 기호가 심하고 성적도 우수는 아니고 우량정도이며, 콜레기움 후마니타스에서는 40명 중 30번째, 어떤 때는 34명 중 6번째였다 한다. 또 카로리눔 대학에서는 10명 중 5번째였었다고 하는데, 이런 사항은 자이팔트가 편집한 《페스탈로치 전집》의 제 1 권에 상세히 나와 있다.

아뭏든 그는 자신의 내면적 요구에 따라 자신을 도야하는 학창생활을 즐겼다. 그런데 사람들은 그가 바보이거나 저능아에 가깝고 초등학교 준교사의 검정 시험에도 응할 힘이 없다고 평하였다. 교사들이 위인이 될 생도의 내면 생활의 촛점이 어디에 있으며, 천재의 개성이 어디 있었는가를 이해 못한 데서 나온 말이다. 아인슈타인이 늦둥이었고, 뉴우톤이나 처칠의 학업 성적이 끝에서 세번째였었다는 일들과 더불어 재미 있는 이야기일 것이다.

당시의 취리히는 아주 활기가 있는 곳이었다. 독일의 철학, 이탈리아의 예술, 프랑스의 사상이 교차되는 곳이었고, 독일의 경건, 프랑스의 정열, 이탈리아의 낭만을 한몸에 지닌 곳이었다. 이곳에서 대학 생활을 지낸 페스탈로치에게 가장 영향을 준 교수들은 히부리어의 브라이팅거, 정치학의 보드머 교수였다. 이들은 고대의 도덕과 가정의 축복을 찬양하였으며, 행복은 물질에 있지 않고 정신에 있으며, 조국을 부흥시키는 길은 도덕적인 갱생에 있다고 주장하였다. 보드머 교수의 말에 다음과 같은 유명한 것이 있다. "행복은 나의 마을에 나의 아버지의 집에 있었던 것이다. 그런데, 나는 몇 천 마일이나 떨어진 곳 — 페르샤·인도·일본 — 에서 찾으려 했다. 그리하여 갖가지 고난을 겪고 고향에 돌아와 나는 이곳에서 비로소 그것을 발견했다."

페스탈로치는 이 분들을 통해서 조국애에 눈을 떴고, 복스러운 가정생활, 민중과 고락을 같이 하는 생활 및 이상주의에 눈을 뜨게 되었다. 이 낭만주의는 그의 생애의 양식이 된다. 그는 이 무렵 자기수양을 하기 위하여 한 벌의 옷만 걸치고 판자방에 1주일 동안이나 기거도 해 보았고, 야채와 물만으로 1주일을 넘겨 보기도 하였다.

페스탈로치에게 강한 영향을 준 사람으로 시골에서 목사를 지내던 조부를 빼 놓을 수 없다. 그는 방학 동안에는 꼭 찾아 오는 페스탈로치에게 농민들의 생활을 익히 보게 하였다. 페스탈로치는 이곳에서 농촌의 아이들이 그릇된 학교 교육에서 정신적으로 위축되어 있고, 또 가혹한 노동으로 신체적으로 건전한 발달을 저해받고 있음을 보았다. 그가 '눈에 보이지 않는 하나님'을 사랑하는 길을 버리고, '눈에 보이는 형제'를 사랑하는 길을 택하게 된 이유도 여기에 있다 할 것이다. 그의 신앙은 너무도 지극하였기에 관념에서 만족 못하고 행동으로 표현되어야만 했다. 이리하여 그는 신학을 포기하고 법률학을 연구함으로써 땅 위에 하나님의 나라를 건설하고자 하였다. 말하자면 사회 개혁자로 개종한 것이다. 이 무렵부터 그는 정치 운동에 말려들게 되어 마침내 학교를 버리기도 하며, 전과자가 되어 추방도 당한다. 다음에서 이 경위를 우리는 좀더 자세히 보아야 하겠다.

당시의 스위스는 중세기의 정치 체제를 그대로 물려 받아 13의 자치주가 연합하여 연방을 이루고 있었다. 주마다 각각 다른 헌법을 가지고 독립하고 있었기 때문에 정치적인 근대화에 뒤떨어져 있었다. 그러기에 식자들은 통일된 공화국을 만들고자 활발한 운동을 전개하였는데, 그 중에서 가장 큰 것은 보드머 교수를 중심으로 하여 창립된 '헬베티아 피혁조합'이다.

시민들은 이 회원들을 '애국단'이라고도 불렀다. 그들은 조국의 개혁의 길을 모색코자 1주일에 한번씩 회합을 갖고 독서와 토론을 하였다. 그들은 몽테스큐와 루소의 저서를 탐독하며,

그 계몽사상과 낭만주의에 매혹당했다. 그들은 계몽적 경향을 가지면서도 한편으로는 스파르타적인 고행과 스토익적인 덕행에 힘쓰며, 자아 혁신을 통해서 조국 근대화의 요청에 부응하려 하였다.

이 애국단원들은 관헌 및 보수적인 시민들로부터 의혹의 눈으로 감시를 받고 있었다. 몇 가지 충돌사건이 있었지만 그중의 하나만을 소개키로 한다.

1765년 《민약론》 및 《에밀》의 저자이며, 때마침 제네바에 망명해 온 루소에 대하여 정부는 추방령을 내렸다. 이 조치에 대하여 식자·시민·학생들은 궐기해서 반대하였는데, 정부는 군대를 동원하여 이를 진압시켰다. 이 때 학생 중에 '농민문답'이라는 소책자를 만들어 배포하고 무력 간섭을 날카롭게 비난한 자가 있었는데, 이가 다름 아닌 페스탈로치의 친구인 신학강사 뮐러이었다. 뮐러는 추방되어 독일에 가서 후에 베를린 대학의 교수가 되었으나, 덕분에 페스탈로치는 이 사건에 관련되어 3일 동안의 구류처분을 당했고, 당국으로부터 이후 반정부운동에 가담하면 시민권을 박달하고 국외에 추방한다는 선고를 받았다. 이 사건을 계기로 그는 농촌에 들어갔으며, 다시 농업 사업에 실패하자 교육 사업에 투신하게 된다. 그를 이렇게 신학 → 법률학 → 농업 → 교육 사업의 차례로 이끈 것은 신의 섭리할 수밖에 없다.

4. 처음 저작들

이리하여 '애국단'은 해산을 당하였고, 그들이 발행한 기관

지 《경각자(警覺者)》(Der Erinnerer)라는 주간지 신문의 발행
도 정간을 당하였다. 이 주간지에는 정치 문제보다 도덕 문제
에 관한 논문이 많았는데, 페스탈로치는 그 으뜸가는 기고가의
한 사람이었다. 우리는 겨우 19세가 된 그가 어떤 생각을 갖고
있었는가를 그의 단면에서 엿볼 수 가 있다. 그는 '희망'이란
제목으로 다음과 같이 말한다.

"제 아무리 낮은 계층에 속해 있는 사람일지라도 그가 정직
하고 근면하면 경멸해서는 안 된다."

"이웃사람의 좋은 소식을 들으면 그의 결점을 청취하고 다
니는 것처럼 빨리 이웃에 알려 줄 것."

"양친은 자신의 자녀를 위하여 친구들의 선택에 한층 주의
를 할 것."

"가장 낮은 시민이나 농민에게도 잘 알 수 있고 또 교육의
원리를 쉽게 풀이한 3, 40면의 소책자를 독지가가 엮어서 이것
을 싼 값이나 혹은 무료로 배포하여, 모든 부모가 합리적이며
기독교적인 교육의 원리를 익히면 좋겠다."

"거울 앞에 비친 자기 얼굴을 감상하며 두세 시간이나 허비
하는 여성들(그녀들도 아마 혼은 가지고 있을 것인즉) 이런
쓸모 없는 짓을 버리고 좀더 교육에 시간을 바쳤으면 어떨지."

"사내들의 노리개에 지나지 않는 부인 및 이런 노리개를 가
지고 노는 것을 단 하나의 낙으로 삼고 있는 사내들이 있는데
나는 이런 사람들을 제일 경멸한다. 그들에게 이런 일이 경멸
받을 일임을 알게 해야 한다. 그러면 얼마나 많은 사람들이 그
들의 마술의 손에서 구원을 받을 것인가."

"자기 손으로 일하며 근면·검약·독립의 생활을 사랑하는

사람들만이 우리의 자유의 기둥이다."

"모든 동포가 스위스의 역사와 각 현의 법률을 연구하여 새로운 스위스의 사회를 위해 기여했으면!"

그의 마음가짐을 엿볼 수 있는 또 하나의 문헌이 있다. 그는 많은 논문을 학창 시절에 썼으나 법률이 꼭 정의 편은 아니라는 생각에서 법률 연구를 버리고 수기와 원고를 거의 불태워 버렸다. 그런데 다행히도 그가 《현대명작집》(1766년 간)이란 평론 속에 투고한 것이 하나 남아 있다.

'아기스'(Agis)라는 번역 소개를 겸한 논문인데, 자이팔트는 이것을 페스탈로치 전집의 제1권에, 그리고 바움갈트너는 제4권에 각각 수록하고 있다. '아기스'란 한 스파르타 왕의 이름인데, 국민이 도덕적으로 퇴폐하여 무기력해진 것을 한탄하고, 옛날의 리클구스 헌법을 되살리며 토지 분배를 평등하게 다시 하려다 실패하고 죽은 비극적인 왕이다. 희랍어 교수가 이 왕을 소재로 한 데모스테네스의 연설을 번역하였는데, 페스탈로치는 그 번역에 불만을 느끼고 자기 나름으로 뜻을 살려 의역을 하여 칭찬을 얻었던 것이다. 아기스왕이 개혁하다 쓰러진 이러한 비극적인 생애를 그가 동경한 것은, 그 자신 역시 조국 스위스의 개혁을 꿈꾸다 갖가지 괴로움을 맛보았기 때문이리라.

그러나 그의 고유한 사명은 교육에 있었다. 사회 개혁운동 및 농촌사업에 실패함으로써 그는 비로소 자신의 천직이 교육에 있음을 깨닫게 되고, 그 결과 인류의 교사가 된 것이다. 이것이 하나님의 깊은 섭리였다.

Ⅱ. 빈민노동학교의 창설과 경영

스위스 페스탈로치아눔(문제 소년·소녀 직업훈련소)으로 발전한
옛 노이호프

Ⅱ. 빈민노동학교의 창설과 경영

1. 농민 페스탈로치

페스탈로치는 법률 연구를 포기하고, 노트를 불에 던지고, 새로운 삶을 모색했다. 페스탈로치 전기작가들은 "이 때부터 교사가 되어야 하겠다"고 결심했다고 말하고 있으나, 이것은 사실이 아니다. 천직으로서 교사의 길을 택하게 된 것은 이 사건으로부터 5년 후인 장남 야곱의 탄생을 계기로 하여 비롯된다.

페스탈로치는 농민이 되어 농촌에 들어가 평안하게 살 수 있는 완전한 모범적인 농가가 되고자 했다. '애국단'은 그의 직업 선택에 영향을 주었을 것이다. 그러나, 그는 '불근신하고 야성적인 영광'에서 먼저 깨어나, 그들과 헤어지는 것이었다. 후에 페스탈로치는 애국단 시대를 스스로 비판하고, 이 운동을 지도한 보드머 교수로부터의 영향을 자기 소년·청년 시대의 세 가지 불행 중의 하나로 들고 있다. 그가 열거한 자신의 다른 두 가지 불행은 너무나도 여성적이었던 자기의 가정, 그리고 자신의 말재주·글재주·손재주 없는 일이었다. 보드머 교수는 페스탈로치의 몽상적인 천성을 더욱 심하게 자극시켜 줌으로써, 그에게 삶의 견고한 준비를 소홀히 여기게 했던 것이다. 교수는 작은 스위스를 마치 위대했던 그리이스와 로오마에 비유키도 하고, 《에밀》의 비실제적인 꿈과 같은 이야기로 그를 현혹시켜 일찍이 학업을 중단하고 '자연'에 돌아가게 했다. 또 그가 농업을 택하게 된 이유를, 그가 설교에 실패하여 목사로서의 자질이 없음을 자인해서인가, 아니면 목사직이 자기의 뜻과는 맞지 않아서인가를 흔히 전기작가들이 논하고 있는데 이것은 억측에서 나온 것이다. 이러한 사실이 억측이라는 것은 페스탈로치의 자서전적인 수기가 그가 죽은 지 60년 후, 즉 19세기 말엽에 발견된 것으로 규명되었다.

사실은 앞서 본 바와 같이 뜻 있는 청년들이 농촌에 들어가는 것이 그 시대의 일반적인 경향이기도 했다. 사실 그는 "남이 이론으로 주장하는 일을 나는 실천으로 옮겨 보겠다. 나의 가슴은 뛴다. 나의 가슴은, 나의 명성과 사랑을 사상과 탐구의 길 위에서가 아니고, 희생과 복지의 길 위에 힘차게 새기고자 설레인다"면서 농민이 되기를 원했던 것이다.

그는 처음부터 자기 직업을 조국을 위하여, 더욱 정확하게는 동포를 위하여 자신을 바치는 길로 택했다. 따라서 자신의 입신 영달을 희생시켰다. 도시인에서 농민으로 전향하는 것은 한 계급 낮아지는 것을 의미했던 당시로서는 이것은 아주 상식에 어긋난 행위였다. 그의 생애에 있어서 이런 행위는 그 후 몇 차례 거듭된다. 신문사 편집장으로 있다가 고아원의 원장을 원해서 가는 따위도 그렇고, 황제 앞에서 허물 없이 행동하는 따위도 그렇다. 결과보다 동기가 중요하다고 생각하여 그의 직업 전환의 동기를 이렇게 따져 보는 것이다.

페스탈로치는 친구의 소개로 당시 베른의 농업가이며, 왕년에 재판소의 서기를 지냈던 찌페리를 찾아 갔다. 그는 킬히벨크에서 농장을 운영하며 큰 수입을 올리고 있었다. 그는 빨간 염색 재료의 원료가 되는 빨간무를 재배하고 있었다. 이 농장에서 10개월 동안 견습·실습원으로 일한 페스탈로치는 일에 자신을 얻고, 독자적으로 농장을 경영할 것을 결심하기에 이르렀다. 그래서 1768년 경작에 적합한 토지를 사들여 알가우 지방에 있는 빌펠트 평야에서 빨간무를 재배하기 시작했다.

이 농장에서 동쪽으로 4~5분 걸리는 거리에 로이스라는 시내가 흐르고, 시내를 따라 뮤리겐이라는 마을이 있었는데, 페스탈로치는 이 마을에 그 전에 귀족이 쓰던 집과 창고와 외양간을 빌려 정착하게 되었다. 물론 페스탈로치에게는 아무런 자본이 없었기 때문에 그는 취리히에 사는 슐테스라는 친구의 주선으로 그의 아버지인 은행가에게 만 5천 글덴을 출자시켜, 공동으로 이 농장을 차렸다. 이 농장의 경영의 성패 여부는 뒤로 돌리고, 그의 결혼 경위를 써야 할 차례인 것 같다.

페스탈로치가 찌페리의 농장에서 견습생으로 일하면서 취리히를 오가고 있을 무렵, 그는 자기 집 이웃에서 큰 식료품 및 과자 공장을 하는 부상의 딸 안나 슐테스라는 연상(年上)의 여성을 알게 되었다. 안나 슐테스는 경제적으로 윤택하고 교양도 풍부한 부모 밑에서 자랐기 때문에, 어느 면으로 보나 페스탈로치와는 어울리지 않는 여인이었으나, 페스탈로치의 낭만적인 정신과 천진난만한 성품에 끌려 끝내는 부모의 반대를 물리치고 그와 결혼하게 되었다. 그러나 안나 슐테스와는 전혀 인연이 없었던 바는 아니었다. 그는 학생 운동시절에 부룬츄리라는 연상의 선배를 따랐는데, 안나는 바로 부룬츄리의 애인이었다. 그런데 부룬츄리가 갑자기 죽게 되자 페스탈로치와 안나와는 우정이 생기게 되었고, 급기야는 사랑으로 변하게 되었다. 그에게 46년 동안 반려자가 되며 헌신적인 뒷받침을 한 안나를 얻게 된 것은 이렇게 선배의 덕택이었다. 페스탈로치는 얼굴도 못 생겼고 — 얼굴이 조금 얽었고 괴상한 인상을 주었다고도 함 — 몸도 허약하였다. 일과 공부로 지친 페스탈로치에게 의사는 농촌에서의 휴양을 권할 정도였다.

그는 복장에도 무관심이었고, 때로는 방심한 탓으로 넥타이도 매지 않고 양말 대님도 매지 않고 다니기가 일쑤였다. 또한 아무런 재주도 없었고, 예의 범절도 모자라는 데가 많았다. 한 마디로, 페스탈로치는 여성을 끌 만한 아무런 매력이 없었다. 이런 남성에게 안나가 끌린 것은 그의 정신 속에 도사리고 있는 '숭고한 넋'이었다고 안나는 술회한다. 그들은 1767년에 약혼하였다. 이 때부터 1769년에 결혼할 때까지의 만 2년 동안에 그들은 많은 편지를 주고 받았다. 페스탈로치의 편지가 약 300여통, 안나의 편지가 약 200여통, 합해서 약 500여 통의 편지가 지금도 남아 있어, 《페스탈로치 전집》에 수록되어 있다. 사회적·경제적으로 어울리지 않는 이 두 사람의 결합은 신의 섭리랄 수밖에 없다.

페스탈로치는 뮈리겐에서의 고독한 총각 생활에 지쳐 빨리 결혼해 줄 것을 안나에게 요청했으나, 안나는 부모의 반대 때문에 선뜻 받아들일 수가 없었다. 결국은 주위 사람들의 설득으로 부모님의 허락을 받았으나, 단 '아무런 혼수도 없이'라는 조건부였다. 안나의 아버지의 일기에는 "딸이 가게 내버려 두었다"고 적혀 있었으며, 안나는 옷과 피아노와 저금 통장만 가지고 나왔다고 한다. 그리고 안나의 어머니는 딸을 보내면서 "너는 물과 빵만으로 살게 될 것이다"고 하면서 한숨을 지었다고 몰프의 《페스탈로치 전》에 기록되어 있다.

그들은 드디어 1769년 게비스돌프의 교회에서 결혼했다. 페스탈로치는 23세, 안나는 7세 위인 30세였다. 이들 부부는 뮤리겐에서 새 살림을 시작했고, 나중에는 안나의 부모의 마음도 풀려 사위의 사업을 경제적으로 도와 주기에 이르렀다. 이 부부는 좀 무리를 하여 새 집을 지어 이사했다. 그들은 이 집을 노이호프(새 주택)라고 명명하였다.

그러나 농장 경영은 순조롭지 못했다. 페스탈로치는 10리 가까이 떨어져 있는 농장에 아침 저녁으로 쏘다니며 정성을 쏟았는데도 결과는 여의치 못하였다. 뜻밖에 심한 눈싸라기가 내려 농산물을 망치는가 하면, 연일 비가 와서 농토는 겉흙이 씻겨 모래밭이 되어 가기도 했다. 골샌님이었던 그가 사들인 땅이니 그리 좋은 땅은 아니었으리라. 여기에 악천후가 겹친 것이다. 이 때 마침 공동 출자한 은행가가 둘러보러 왔다가 이 꼴을 보고 실망하여 다소의 손해를 본 채 이제 자기는 손을 떼겠다고 잽싸게 달아나 버렸다. 그는 후에 "나의 생애의 꿈, 즉 나의 주위의 행복에 찬 생활, 큰 활동 영역의 중심을 평화롭고 조용한 가정에 찾는다는 희망은 완전히 수포에 돌아갔다"고 실패를 자인하였다. 이것이 1775년의 일이니 신혼 6년째의 일이다. 이 때에 지게 된 많은 부채는 하는 수 없이 부인 안나의 돈으로 청산했다.

　이러한 환멸과 비애 속에서도 이 부부에는 1770년에 낳은 장남 야곱이 죽순같이 자라나는 것을 보는 재미가 있었다. 농장 경영에 실패하자 그의 관심은 야곱의 교육으로 옮아갔다. 루소의 《에밀》을 본따 참 교육을 시키겠다고 야곱을 데리고 산으로 들로 산책하며 새롭고 자연스러운 교육 방법을 모색했고, 이 결과를 일기의 형식으로 기록하며 여러 교육의 문제들을 아울러 생각했다. 이것이 부인 안나와 더불어 쓴 《육아일기》이며, 이 속에는 위대한 교육가로서의 이론보다는 직관적인 귀한 체험들이 주옥같이 담겨져 있다. 페스탈로치는 농민으로 실패하자 교육자로서 재기할 것을 꿈꾸었고, 그것을 우선 자기 아이에게 실천하였던 것이다. 그가 얼마나 《육아일기》를 정성들여 썼으며, 또 어떻게 아이들을 가르쳤는가를 보기 위해, 그 하나를 소개해 본다.

　1774년 1월 27일
　나는 물이 졸졸 산에서 흐르는 것을 야곱에 보여 주었다. 야곱은 즐거워했다. 나는 물을 따라 내려 갔다. 야곱은 나를 따라 오면서 말을 걸었다. '보셔요, 아버지! 물도 따라와요. 물은 높은 데서 낮은 데로 내려와요……' 나는 야곱에게 또 짐승을 두어 종류 들으면서 물었다. "개와 고양이는 짐승이고, 아저씨나 아주머니, 아빠는 인간이다." "그러면 소나 송아지나 쥐나 염소는 무엇이며, 목사님은 무엇인가?" 야곱은 대개 옳게 대답했다. 나는 또 짐승의 죽음에 관해서 이야기했다. "그러면 대야는 짐승인가?" "그것은 벌써 죽어 있다." "침대는 짐승인가?" "아니요" "왜?" "몰라요" 등의 회화가 오고갔다. 삶과 죽음의 개념, 즉 자유로운 운동과 그 가능 여부의 개념은 동물과 무생물을 구별하는 데 필요한 것임을 알았다.(이하 생략)

교육학자로서의 페스탈로치의 처녀작이라고도 할 수 있는 이 일기에서 우리는 그의 교육 사상의 편린(片鱗)을 볼 수 있다. 농장 경영에 실패하여 절망 속에 있을 때 이런 일기가 씌어졌다는 것은 놀라운 일이다. 그는 루소 이외의 교육서를 연구한 일이 없다고 호이바움은 주장하고 있는데, 그럴법도 하다. 인류의 교육사에 있어서의 페스탈로치의 의의를 오사다(長田新)의 말을 빌려 생각해 본다면, 루소의 꿈을 82년의 사랑과 헌신으로 지상에서 실행하며, 실증하고, 그럼으로써 루소의 예언을 한층 심화하고 발전시켜, 인류가 영원히 안심하고 교육의 길을 걸을 수 있는 기초를 닦은 데에 있다 할 것이다.

2. 빈민노동학교의 창설과 경영

뮤리겐의 농장 경영이 뜻대로 되지 않자, 페스탈로치는 농장을 빈민의 자녀들에게 개방하여 교육의 마당으로 삼으려 하였다. 그는 이것을 자선사업으로 여기지 않고, 교육사업으로 여겼다. 자선사업이란 일반적으로 빈민의 불행을 더욱 조장시키는 것이며, 참된 구제사업일 수는 없다, 참된 구제는 '인간을 일깨워 선사'하는 데에 있다고 그는 생각했다. 페스탈로치는 50명의 빈민의 자녀를 교육시킬 것을 목표로 삼고, 몸소 거리에 나가 아이들을 모아 왔다. 그는 그들과 더불어 여름에는 땅을 경작하고, 겨울에는 솜에서 실을 뽑아서 천을 짬으로써 그들을 돕고 가계도 유지하려 하였다. 이러는 사이에 아이들의 마음 속에 가난을 극복하여 자립하려는 생각, 노동에 대한 즐거움이 생기게 되었고, 또 스스로 선천적으로 지니고 나온 능력을 발휘하는 데 보람을 갖게 되리라고 그는 생각했다. 일하면서 국어와 산수를 공부할 수 있게 하였고, 실을 짜면서 즐거운 노래를 부르도록 했다. 이런 초보적인 지식은 노동과 생활을 통해서 도리어 잘 익혀진다고 생각했다. 또 이런 협동 공동 생활을 통해서 모든 인간은 모두 한 유대로 묶인 존재임을 알게 했고, 신에의 신앙이 도덕의 터전임을 깨닫게 했다. 페스탈로치가 만든 고아시설은 단순한 빈민구제원(Armenhaus)도 아니고, 빈민학원(Armenanstalt)도 아니었다. 가난하지만 인간으로서의 자각을 촉구하는 인간학교(Menschenschule)였던 것이다.

"모든 것을 남에게 비치고 자기에게는 아무 것도 남기지 않았다"는 그의 묘비명이 말하는 것처럼, 그가 82년의 생애에서 꿈에도 잊지 못한 관심사는 빈민구제였다. 가난한 사람들에 대한 사랑과 동정은 그의 모든 행동의 기조였다. 지금 우리가 알고 있는 노이호프의 빈민 노동학교의 경영(1774~80)을 비롯하여, 슈탄쓰에서의 고아원 경영(1798~99), 클란디에서의 빈민학교의 경영(1818~19)들을 보면, 첫째가 30년대, 둘째가 50년대, 셋째가 70년대에서의 일이었다. 페스탈로치의 생애를 통하여 빈민 교육에 대한 관심이 조금도 시들지 않고 있음을 우리는 그의 이러한 생의 역정에서 알 수 있다. 그리고 만년에, 당시의 유럽에 명성을 날리던 그의 이벨당 학원을 해산하고, 패잔의 몸을 다시 자기 삶의 출발점이었던 노이호프에 기대었을 때에도, 가슴 속에 설레이고 있었던 것은 여전히 빈민학원의 건설이었다. 그가 자서전격인 《백조의 노래》에서 술회한 것처럼 28세의 나이로 시작한 노이호프의 빈민 노동학교의 꿈, 즉 '청년 시대에 품었던 꿈과 같은 희망'은 그대로 죽음에 이르기까지 지속된다. 가난한 사람들에 대한 사랑과 동정의 천재였던 페스탈로치의 생애는 참으로 이 한 마디로 표현될 것이다. 그러나 여기에서 특히 주목할 점은, 페스탈로치는 교육을 통한 사랑과 동정의 천재라는 점이다.

교육역사에서 2대 거인을 든다면, 플라톤과 페스탈로치가 될 것이다. 플라톤은 국가사회주의적인 이념 하에 세 계급의 인간을 자기 직분에 맞게 교육시킴으로써 스파르타적인 전제주의 체제를 유지하는 수단으로 교육을 이용했다. 인간은 금으로 상징되는 철인(哲人)계급, 은으로 상징되는 군인계급, 동 또는 철로 상징되는 생산계급으로 나뉘어진다. 철인계급은 이성을, 군인계급은 기백을, 생산계급은 절제를 각각 도야함으로써 국가에 봉사해야 한다는 게 플라톤의 기본적인 교육사상이다.

플라톤은 모든 인간은 세 계급의 소질의 하나를 각각 타고 나온다고 생각했다. 그러나 플라톤은 특히 철인계급을 양성하는 엘리뜨의 교육에 관심을 가졌다. 이에 비하여 페스탈로치는 하층계급, 특히 빈민계급의 교육에 관심을 갖고 국민 대중의 교육에 힘 썼다. 페스탈로치는 자기 생각을 이론적으로 뒷받침하기 위하여 모든 인간은 다 같은 인간적인 소질을 가지고 태어난다고 역설했다. 빈민노동학교를 세우게 된 가장 큰 동기도 여기에 있었다.

이 무렵에 페스탈로치는 노동과 교육과의 관계를 많이 생각했다. 아이들의 성장을 막는 것은 결코 아침부터 저녁까지 계속되는 노동이 아니고, 실은 아이들에게 꼭 필요한 것이 결핍되어 있거나, 또는 없어도 좋은 불필요한 것이 지나치게 주어져 있는 데 있음을 알았다. 그러므로 해로운 환경에서 멀리하게 한다든가, 유리한 환경을 조성시켜 주면 아이들의 성장은 촉진될 수 있음을 알았다. 어린이는 또 지속적인 노동에 의하여 인간적인 힘을 기를 수 있으며, 노동에 의하여 그들은 생활에 유용한 기능을 습득함과 동시에 도덕적인 힘을 함양하며, 신뢰심과 우정을 얻을 수 있다고 생각했다.

인간은 자기가 태어난 계층에 알맞은 교육을 받아야 할 것인가, 그렇지 않으면 만인에게 평등한 인간 교육을 받도록 해야 할 것인가는 페스탈로치가 평생을 두고 생각한 문제이다. 이 계층교육(Standesbildung)과 인간교육(Menschenbildung)과의 관계에 대하여, 그는 어느 때는 계층교육을 강조했고, 어느 때는 인간교육을 강조했다. 이 대립되는 두 갈래 사상은 서로 의지하며 지탱하고 있다. 그가 빈민노동학교를 설립한 초기에 있어서는 계층적 관점이 우세했으며, 이것이 인간 교육의 전제라고 생각했다.

페스탈로치는 "모든 계층은 그들의 자녀를 노년의 궁핍한 생활에 견딜 수 있게 훈련시켜야 한다"고 말한다. 빈민의 교육자는 "아이들이 장래에 안정된 생활을 확보할 수 있게 교육시켜야 할 것이다. 따라서 빈민학교는 생산과 관계해야 한다. 빈민의 자녀는 자선을 받아서는 안 되며, 노동하는 것을 배워야 한다"고 말한다.

이 학원은 이듬해 50명 정도의 아이들을 수용하는 시설이 되었다. 많은 방직공·청부·식모들이 고용되어 제법 큰 기업체 같은 양상을 띠게 되었다. 아이들은 6세에서 18세까지의 비교적 넓은 층에 걸쳐 있었고, 남자뿐만이 아니고 여자도 있었다. 어느 아이들은 손재주·일재주가 좋았고, 어느 아이는 몸은 약하지만 미술에는 천재적인 재능이 있는가 하면, 어떤 아이는 우둔하지만 음성을 듣고 가리는 데에는 뛰어났다. 이 시설은 공장도 아니며, 학교도 아니고, 하나의 큰 가정 같았다고 페스탈로치는 말한다. 이런 시설의 설립자는 가정의 어버이 같아야 했다. 아이들이 지능면·기능면·덕성면에서 진보를 보이자, 그는 어버이 같은 즐거움을 느꼈다. 이 시설은 인간성의 욕구를 채워 주는 것이어야 하며, 동시에 빈민의 형편과 환경에도 맞는 것이어야 했다. 그러므로 그는 교사의 입장에서가 아니고, 어버이의 입장에서 모든 생활과 노동의 기회를 통해서 기본적인 지식과 덕성을 길렀던 것이다.

그러다 커져만 가는 이 노동학원의 자립이 힘들다는 것을 알게 되자, 그는 이 시설을 원조해 줄 것을 식자들에게 호소하기 시작했다. 이것이 '인류의 친구와 식자들에게 호소함'을 비롯한 네 개의 논문인데, 이 속에는 그의 빈민교육의 이념, 구상 및 실천 보고가 담겨져 있다. 그는 모금을 가능한 한 삼갔기 때문에 외부로부터의 지원은 거의 받지 못했다. 그에게 또 하나 괴로운 일은, 시설에서 일하는 아이들이 그의 헌신적인 노력에 대하여 의심을 품는 일이었다. 그들은 거지로 자랐기 때문에 성격이 거칠고 도벽이 심하며 행실도 고르지 못했고, 질서 있는 생활에 익숙치 않으며, 남을 의심하는 버릇이 남아 있었다. 그들의 부모는 페스탈로치가 아이들에게 일을 시키고 착취하는 줄로 알았다. 아이들에게 좋은 옷을 입혀 놓으면 부모는 아이를 데리고 가버리면서 이렇게 말하는 것이었다. "집에 간들 이렇게 일하면 밥을 못 얻어 먹을 리 있나? 어서 가자!"

사태는 점점 악화되었다. 그는 장사에 재주가 없었다. 학원에서 생산한 천을 거래하다가 실패도 했고, 그 해따라 여름에 난데 없는 우박이 내려 농작물을 완전히 망쳐버린데다가 그의 아내마저 오랫동안 병을 앓게 되었다. 이 모든 것은 그로서는 도저히 감당 못할 일이었다. 학원의 몰락은 이제 도저히 피하지 못하게 되었다. 그는 비통한 마음을 억누르며 많은 아이들을 집에 돌려 보냈으며, 정 갈 곳 없는 아이들은 그대로 두었다. 이리하여 1774년부터 전후 7년 동안 경영했던 학원을 1780년에 완전히 폐쇄하였다.

이번의 실패는 전번의 농업 경영에서의 실패보다 더욱 큰 충격이었다. 왜냐하면 이번에는 자신이 천직이라고 느꼈던 일에 무능을 드러내어 좌절을 당했기 때문이다. 이제 페스탈로치는 완전히 무일푼이 되었다. 물에 빠진 아이를 보고 수영도 못하면서 뛰어들어 같이 물에 빠진 사람의 꼴이 되었다. 농장과 부동산 등은 채권자에 넘어가고 간신히 몸담을 집 한 채와 밭 몇 백 평만 겨우 남게 되었다. 그는 이웃들 친지들의 신뢰마저 잃게 되었다. 길을 거닐면 사람들은 비웃으며 말하는 것이었다. "저 친구 불쌍하게도 이제 다 되었군! 자신은 날품팔이만도 못하면서 민중을 구원한다고 허풍을 떨더니 말이야!"

사실 이 무렵 페스탈로치는 양로원이나 정신병원에서 일생을 마칠 것으로 여겨졌다. 그는 이 무렵의 자기를 '뭇새들에게 대낮에 조롱을 받는 올빼미'같았다고 후에 회상한다. 세상이

어둡고 모든 새가 잠들 때, 올빼미는 홀로 눈을 밝힌다. 세상 사람이 보지 못하는 것을 그는 보았다. 그러나 그것을 설득시키지 못했고 실천하여 결실을 얻지도 못했다. 선구자, 예언자는 고향에서, 세상에서 버림을 받는 것이다.

3. 작가로서의 재기

교육을 통해서 국민을 향상시키며 새 시대에 알맞은 사회를 가져오려 했던 노이호프에서의 사업의 실패는 그의 교육의 신념을 조금도 흔들리게 하지 않았다. 다만 이것을 실천하는 수단과 원조의 손이 사라져 버린 것이다. 그는 너무도 실망했고 사태를 심각하게 여겼기 때문에, 한 때는 건강과 생명이 위태로울 정도였다. 그러나 이러한 절망의 시기에 그의 천분과 뜻을 잘 이해하고 정신적으로 위로와 격려를 아끼지 않는 사람이 몇 있었는데, 그 중의 하나가 바젤시의 이제린이다. 그는 파젤시의 저명한 서기이며, 《에페메리덴》(인류의 향상을 위함이라는 뜻)이란 잡지의 편집장이기도 하였는데, 페스탈로치의 사업에 공명하고 잡지에 광고를 내 주면서 모금을 하여 그의 사업을 도와 온 사람이었다.

이제린은 페스탈로치의 문학자로서의 소질을 발견하고 그를 초대하여 문필 생활로 재기할 것을 권고하였으며, 페스탈로치의 저작을 잡지에 게재시켜 주었다. 페스탈로치는 《린할트와 겔트루우트》의 제 2 권을 그에게 바치고 그가 죽은 다음에 자신이 편집한 교육신문 《스위스 주보》에다 존경과 감사의 염(念)에 넘치는 추도문을 발표했다. 이 추도문은 왕학수 교수에 의하여 번역이 되어, 《세계교육명저총서》의 제1권에 수록되어 있다. 다음에 그 몇 구절을 소개키로 한다.

> 그는 최후까지 인간이었다. 그리하여 인간을 발견했다. ……
> 그는 생애의 황혼기에 나를 발견하고 따뜻하고 즐겁게 나를 포옹했다. 그것은 나를 알고 있는 모든 사람의 대다수가 내가 그 옆을 지나면 어깨를 움츠리던 바로 그 때였다. 나를 사랑한 모든 이가 내 말을 들었을 때 탄식할 뿐, 정녕 그 시기에 이제린이야말로 내게 환희의 미소를 준 내 아버지이며, 내 교사이며, 나를 지지하고 끌어 올려 준 사람이었다.

그는 이제 사업의 실패로 시간의 여유를 얻어 추위와 배고픔을 견디면서, 붓을 들고 더욱 근본적인 문제, 즉 인간이 무엇이며, 교육은 왜 필요하며, 사회는 어떻게 발전하는 것인가를 이론적으로 탐색한다. 그럴수록 그가 실천 못한 이념의 진실성은 날로 새로워지는 것이었다. 그가 몸소 추위와 배고픔에 시달려봄으로써, 빈민에 대한 동정심과 사랑은 또한 관념으로서가 아니고, 생활로 새로워지는 것이었다.

노이호프에서의 사업의 붕괴는 결국 세계의 교육에 복된 결과를 가져왔다. 그야말로 큰 전화위복이었다. 이 사업에 성공했더라면, 거지들의 어버이가 되려 했던 그는 실제 활동의 영역에서 정력을 다 써 버림으로써, 한 고을의 개혁자이자 자선가로 생애를 마쳤을 것이다. 이런 실천적 영역에는 그는 천분이 없었던 것 같다. 그는 이제 붓을 들어 널리 세계를 향하여 새로운 모습의 삶을 개척해야만 했다. 이리하여 그의 저작 중의 유명한 것들이 이 시기에 쏟아져 나왔는데, 《숨은이의 저녁

노을》(1780),《린할트와 겔트루우트 제 1 권》(1781),《안방에
서의 아동교육》(1781),《스위스 교육주보》의 발간(1782),《린
할트와 겔트루우트 제 2 권》(1783),《입법과 영아 살해》(1783),
《린할트와 겔트루우트 제 3 권》(1785),《린할트와 겔트루우트
제 4 권》(1787),《초등학교와 직업학교의 결합에 대하여》
(1790),《인류의 발전에 있어서의 자연의 과정에 대한 연구》
(1993), 프랑스 혁명의 원인에 대하여 쓴 《가(可)냐, 부(否)
냐》(1793),《가정에 관한 강화(講話)》(1797),《초등 교과서를
위한 예화(例話)」(1797),《헬베티아 국민에게》(1798),《각성
하라 조국이여》(1798),《조국이여》(1798),《헬베티아 입법부
에 붙인다》(1798),《인류의 현재와 미래에 대하여》(1798) 등
이 이것이다.

그의 논설 및 사회평이 이제 명성을 떨치게 되자, 그는
「헬베티아 국민신문」의 편집장으로 위촉을 받고 1798년 9월에
그 제1호를 발간하게 된다. 그러나 이 일을 석 달도 보지 못하
고 그는 슈탄쓰에 새로 생긴 전쟁 고아를 위한 고아원장으로
취임하게 된다.

그는 20년 동안의 저작활동을 통해서 이미 자신의 사상을
세상에 호소도 하지 아니 했던가! 이제 그는 다시 사랑의 교육
실천의 길로 나서야 했다. 그래서 그는 신문사의 편집장 감투
를 헌신짝 같이 버리고, 자기를 기다리고 있을 고아원에 단신
부임한다.

고기는 물 속에서 살아야 하듯이, 페스탈로치는 고아원에
서 살아야 했다. 그 속에서만 그는 참된 삶을 느끼고, 마음의
안정과 편안한 보람을 느꼈던 것이다. 그에 있어서 직업이란

'부름을 받은 일'이었다. 자기 아니면 하지 못할 일을 맡아 그 일에 자기 삶을 불태우는 일이었다.

직업이란 생활 자료를 얻는다거나, 자기의 소질을 발로시키는 일일 수만은 아니었다. 이런 철저한 사명감이 그의 전 생애를 지배했다.

이상, 우리는 그의 생애를 두 차례로 나누어 보았으나, 다음에는 저작을 중심으로 이 시기 그의 교육 사상을 체계적으로 개관키로 한다.

III. 《숨은이의 저녁 노을》

Ephemeriden
der Menschheit,
oder
Bibliothek der Sittenlehre, der
Politik und der Gesezgebung.

Fünftes Stück. Mai 1780.

Erster Theil.

Abhandlungen.

I.
Die Abendstunde eines Einsiedlers.

Vatersinn Gottes; Kindersinn der Menschen. Va-
tersinn des Fürsten, Kindersinn der Bürger. Quel-
len aller Glückseligkeit.

Der Mensch, so wie er auf dem Throne und
im Schatten des Laubdaches sich gleich ist; der
Mensch in seinem Wesen, was ist er? Warum
sagens dieWeisen uns nicht? warum nehmen die er-
habenen Geister nicht wahr, was ihrGeschlecht sey?
Braucht auch ein Bauer seinen Ochsen, und lernt
ihn nicht kennen! forschet ein Hirt nicht nach der
Natur seiner Schafe!

Und ihr, die ihr den Menschen brauchet, und
saget, daß ihr ihn hütet und weidet; nehmet auch

Ephem. Mai 780.   R f

《숨은이의 저녁 노을》이 게재된 《에페메리덴》

1. 최초의 생활기록부
2. 문헌적 고찰
3. 주요 구절 음미
4. 《숨은이의 저녁 노을》의 근본사상

Ⅲ·《숨은이의 저녁 노을》

1. 최초의 생활기록부

　페스탈로치의 작품 중에서 가장 널리 읽히고 있는 것은 《숨은이의 저녁 노을》이리라. 교육자는 물론이요, 철학자, 신학자에게도 "옥좌 위에 앉아 있으나, 초가의 그늘에 누워 있으나 인간으로서의 본성은 다 같다"는 그 첫구절은 널리 알려져 있다. 이 책은 페스탈로치의 교육학적인 처녀작이며, 대표작이다. 그리고 이 책은 페스탈로치의 교육철학의 설계도이기도 하다. 저자가 사범계 대학에 다닐 무렵, 어느 목사 한 분이 페스탈로치의 《숨은이의 저녁 노을》이라는 책을 읽어 본 일이 있느냐고 묻기에, 아직 못 읽었다고 하니까, 교사될 사람이 아직까지 그것도 안 읽어서야 말이 되느냐고 꾸지람을 들은 적이 있다.

　이 《숨은이의 저녁 노을》을 소개하기에 앞서, 《빈민노동학원기록》 중에서 교육사에서 특기할 만한 사항을 하나 소개하려 한다. 이 기록은 네 개의 논문체의 호소문으로 되어 있는데, 이

중 두 개의 기록에는 생도 하나하나에 대한 생활기록이 담겨져 있다. 그 첫째 것의 하나를 보면,

> 루디 베크리. 우수하다. 기도에 경건하다. 아주 부지런하다. 이해가 빠르다. 산수에 뛰어난 재질이 있다.

로 되어 있다. 그리고 둘째의 기록에는 무려 37명의 고아들의 개인 기록이 담겨져 있는데 한 예를 들면,

> 발바라 브르너. 취리히 출신. 17세. 3년 전 극도로 무지한 상태로 입원(入園). 그러나 재능이 뛰어남. 실을 잘 짜고, 일기 쓰기도 잘 함. 노래에 천분이 있음. 이 아이는 요리를 주로 맡음.

으로 되어 있다.

일을 시키며 밥을 먹이며 글을 가르치며 또 돈을 벌기 위해 장사도 하는 바쁜 생활 중에서도, 이렇게 하나하나 고아의 기록을 작성해 놓은 것은 놀라운 정성의 소치가 아닐 수 없다. 이 기록이 교육사에서 최초의 조직적인 생활기록부라고 저자는 생각한다.

2. 문헌적 고찰

페스탈로치는 앞서 본 바와 같이 이 이상 교육사업을 계속하면서 자기의 이념을 실현시킬 수가 없게 되었음을 깨닫고, 이제 문필에 의하여 그의 필생의 목적을 이루려고 다짐하였다. 그는 고아원을 해산한 직후 《숨은이의 저녁 노을》을 써서 이제

린의 《에페메리덴 지(誌)》의 1780년 5월호에 발표하였다. 이 것은 페스탈로치의 교육에의 신앙고백이며, 페스탈로치의 숭고한 이념과 이상을 토로한 189개로 된 격언집이기도 하다. 그리고 이 작품은 그의 대표작으로 지금도 널리 읽혀지고 있다. 말하자면 저자는 이 작품을 구약성서의 「시편」에 해당하는 것이라고 생각해 본 적이 있다. 이 작품으로 페스탈로치는 교육학의 터전을 굳게 다졌으며, 우리에게는 교육에의 영원한 소망을 간직하게 했다. 그런데 불행하게도 이 작품에는 페스탈로치의 서명이 없기 때문에 그의 저작집에서 이따금 제외되는 경우가 있었다.

페스탈로치의 전기 연구가 몰프는 이 점을 심히 유감되게 생각하여 이 작품이 페스탈로치의 저작임을 논증하였으며, 아주 이례적으로 그 전문을, 《전기》 제1권의 부록에 수록하고 있다.

오늘날 남아 있는 《숨은이의 저녁 노을》의 원문에는 세 종류가 있다. 페스탈로치 연구가인 후꾸시마 마시오는 이것을 각각 '정본(正本)' '이본(異本)' '고본(稿本)'이라고 부르고 있다.

정본이란 방금 소개한 《에페메리덴 지》에 처음으로 게재된 것인데, 거기에는 30여 개의 오식이 있고 서명이 없었다. 또 기이하게도 이 작품은 그의 생전에 간행된 전 15권으로 된 《페스탈로치 전집》(코타판)에도, 그가 1775년에서 1780년에 걸쳐 쓴 다른 어느 저작의 일부로도 들어 있지 않다. 그러나 이 작품의 사상과 표현방법 및 이 무렵의 그의 편지 등으로 미루어 보아, 그의 것임을 의심할 여지가 없다. 사실 그 이듬해인 1781년에 나온 그의 《린할트와 겔트루우트》는 격언적 표현으로 이 작품의 사상을 서사적으로 풀어 쓴 소설에 지나지 않는다.

다음 이본이란 것은 그의 제자인 니데러가 재구성한《숨은이의 저녁 노을》을 말하는 것이다. 니데러는 본문의 순서를 바꾸고, 글귀를 고치고, 더러는 문장을 생략도 하면서 자기 뜻에 맞게 이것을 재구성하여, 1807년《인문교육주보》제13호 및 제14호에 발표했다. 니데러는 당시 스승 페스탈로치가 비종교적 교육을 하고 있다는 일부 인사들의 비난을 일축하기 위해 흩어진 격언들을 모아, 전체를 아홉 개의 부분으로 분류하여 각각 다음과 같은 표제를 붙였다.

(1) 교육의 일반적 과제 : 교육자의 출발점이 되어야 할 근본 동기
(2) 인간의 본성을 만족시키는 재료와 방법과의 근원 : 모든 교육의 기초
(3) 교육의 목적과 범위
(4) 인간의 발전에 있어서의 자연의 본질적 과정
(5) 정신적 또는 지적 도야
(6) 심정의 도야
(7) 가정적 도야
(8) 종교적 도야
(9) 국가 및 공민적 도야

니데러가 스승을 원호하기 위하여 이 작품을 일반인이 읽기 쉽게 재구성한 의도는 좋았으나, 페스탈로치 자신이 일관되고 생명 있게 쓴 것을 몇 개의 단편으로 쪼개, 스승의 저작의

내적 생명의 율동을 흐트러 놓은 것은 그의 과오이며, 또 이 이본(異本)이 갖는 치명적인 결함이라 아니할 수 없다. 그러나 이 이본은 일반인에게 알기 쉽기 때문에 자이팔트의 《페스탈로치 전집》(1869～95), 만의 4권으로 된 《페스탈로치 선집》(1897)에도 이것이 채택·수록되어 있으며, 몰프가 전기의 부록에 게재한 것도 이 이본이다.

다음에 고본(稿本)이란 페스탈로치의 서거 100년을 기념하여, 부헤나우, 슈프랑거, 슈테트바헬이 공동 편집하여 출판한 《페스탈로치 전집》의 제 1 권에 수록되어 있는 것으로서, 그 때까지는 페스탈로치의 수고, 즉 손으로 쓴 원고 그대로 남아 있었던 것이다. 페스탈로치 자신의 정본의 원고는 애석하게도 오늘날 남아 있지 않지만, 이 고본의 원고는 친필로 된 것이 남아 있다. 이 친필의 원고는 원래 스위스의 취리히 도서관에 있다가 베를린 도서관으로 이관되었는데, 후꾸시마는 이 초고의 가치를 더욱 높이 보고 있다.

페스탈로치 연구는 정본으로 해야 함이 물론이겠지만 좀 다른 각도에서 본 이본도 도움이 된다. 여기에서 이런 문헌학적 고찰로 귀중한 지면을 할애하고 있는 이유는, 그의 사상 연구에는 문헌학적 고찰이 필요하기 때문이다.

참고로 우리 나라에서 번역된 페스탈로치의 저작을 소개하면, 왕학수 씨가 번역한 《숨은이의 저녁 때》(숨은이의 저녁 노을), 《겔트루우트는 어떻게 그의 아들을 가르치나》, 《린할트와 겔트루우트》(요약), 《이제린의 영전에》가 있고, 김선양 씨가 번역한 《겔트루우트는 어떻게 그의 자녀를 가르치나》, 《우화선(寓話選)》이 있고, 저자가 번역한 《은자의 황혼》, 《백조의 노

래》, 《교육론》(Ⅰ, Ⅱ, Ⅲ), 《종교론》(Ⅰ, Ⅱ), 《학원강연》,
《슈탄쓰 고아원통신》이 있다. 특히, 왕학수 교수의 역서에는
방금 소개한 초고의 원문 및 번역이 수록되어 있어, 많은 참고
가 된다. 참고로 초고의 첫 구절 및 정본의 첫 구절을 소개하
면 다음과 같다.

　　보좌에 앉은 왕자나, 초가집 그늘에 사는 사람이나, 사람으
　로서의 본 바탕은 평등한 것이다. 그러나 그 사람이란 도대체
　무엇인가. 왜 현인은 이것을 우리에게 말하지 않는가? 철인은
　왜 그 참 뜻을 말하지 않는 것일까. 소의 성질을 모르면서 소
　를 부리는 농부나, 양의 본성을 모르면서 양을 치는 목동이 이
　세상에 있을 것인가? 감히 민중을 다스리고, 지도한다고 자임
　하는 그대들이여, 그대들은 그 민중에 대하여 저 소를 부리는
　농부처럼 수고를 감수하는가? 또한 양을 치는 목동처럼 인자
　한 마음을 갖고 있는가? 그대들의 지혜는 민중에 대한 지식인
　가? 그대들의 마음은 민중에 대한 어진 목자의 인자한 마음인
　가? (정본, 왕학수 역)

　　인간은 마음의 고요를 가져야 한다. 그렇지 않으면 인생에
　일어나는 일이 그를 항상 번민하게 하고, 그로 하여금 스스로
　도울 수 없게 하고, 고요한 사람에게 성스러운 행복이 되는 것
　을 불행으로 여기고, 그의 가정살림을 문란하게 한다. (이본,
　왕학수 역)

　그는 이 저작에서 '인간이란 무엇인가' '인간을 행복하게
하는 것은 무엇인가' 등의 교육의 기본적인 문제를 생각했다.
교육사가 라우머는 《교육학사》의 부록에 이 저작을 실으면서,

노이호프의 빈민노동학원의 실패는 페스탈로치에 있어서, 또 우리에게 있어서도 참으로 행복한 일이었다고 말하고 있다. 이는 교육사업실천의 파탄을 계기로 그가 교육사상을 건설하게 된 것을 말한다.

43년이나 걸려 그의 전기를 쓴 몰프도 이 작품을 모두 좋아하며, "가장 아름다운 희망의 폐허 위에 선 숨은이의 마음을 일별하고, …… 어떤 폭풍에도 상하지 않았던 그의 강렬한 사랑에 감동되지 않는 사람은 없으리라"고 찬양하고 있다. 참으로 이 작품은 그의 가슴 속에 간직되어 있던 시적인 힘의 표현이며, 성경의 시편 또는 예언서를 읽는 느낌을 우리에게 준다. 4권으로 된 《교육학사》를 완성한 슈미트도 이 작품을 "은 접시에 담긴 금싸라기"라고 칭찬하고 있다.

3. 주요 구절 음미

이 저작의 근본 사상을 몇 개의 기둥으로 나누어 풀이하기에 앞서, 그의 근본사상을 표현하는 몇 구절을 소개하기로 한다. (번역은 저자에 의함)

○ 인간, 그는 옥좌에 있으나 초가의 그늘에 있으나 같다. 본성으로 본 인간, 그는 무엇일까? 왜 현자는 이를 말해 주지 않는가? 왜 철인은 인류가 무엇인가를 모르는가? 농부일지라도 소를 몰면 소에 대하여 알지 않는가! 목자도 양의 성질을 연구하지 않는가!

○ 그대들, 사람을 다루면서 이를 보호하고 기른다고 자칭하는

사람들이여! 그대들은 농부가 소에게 바치는 것과 같은 수고를 하고 있는가? 그대들은 목자가 양에게 바치는 만큼의 정성을 들이고 있는가? 그대들의 지혜는 인류에 대한 것인가? 그대들의 자애심은 백성을 총명하게 다스리는 목자의 자애심인가?

○ 인간이란 무엇인가? 그에게는 무엇이 필요한가? 무엇이 그를 높이는가? 무엇이 그들을 더럽히는가? 무엇이 그들을 굳세게 하는가? 무엇이 그들을 약하게 하는가? 백성을 다스리는 목자에게 필요한 것은 바로 이것이다. 또 이것은 가장 누추한 오두막집에 사는 사람에게도 필요한 것이다.

○ 인류에게 온갖 순수한 축복을 주는 힘은 기교나 우연이 주는 선물이 아니다. 그 힘이 될 기본적인 소질은 모든 인간의 본성 깊은 곳에 놓여 있다. 이것을 완성시키는 것이 인류의 일반적인 욕구이다.

○ 흡족하고 배부르게 먹은 젖먹이는 어머니로부터 무엇인가를 배운다. 그리고 어머니는 어린이의 마음 속에 감사의 본질인 사랑을 길러 준다. 아버지가 주는 빵을 먹으면서 아버지와 나란히 화로에 불을 쬐는 아들은, '의무'니, '감사'니 하는 낱말을 이해하기도 전에 이 자연의 길을 따라 아들로서의 의무를 다하면서 생을 누리게 된다.

○ 인간의 본성에 있는 여러 힘은 순수한 인간의 지혜로까지 길러진다. 이것은 가장 천한 사람들에게까지도 교육의 일반적 목표가 되어야 한다. 각자의 특수한 경우와 처지에 알맞게 그 힘과 지혜를 연습·응용·사용하는 것이 직업교육이며 계층교육이다. 이러한 교육은 언제나 인간 교육의 일반 목표에 종속되어야 한다.

○ 인간의 힘을 계발시킬 자연의 길은 공명하고 순탄해야 한다. 또 참되고 아늑한 진리로 이끄는 인간 교육은 단순하며, 또 일반적으로 응용될 수 있는 것이라야 한다.

○ 자연은 인류의 모든 힘을 연습을 통해서 개발시킨다. 그리고 그 힘은 사용함으로써 성장한다.

○ 인간 교육에 있어서의 자연의 순서는 지식·재능·소질을 응용하며 연습하는 힘이다.

○ 그러므로 단순하고 순박한 사람은 자기 인식을 참되고 순수하게 응용하며, 또 자기의 힘과 소질을 조용하고 착실하게 사용함으로써 참된 인간의 지혜를 자연을 통해서 도야한다. 이와는 반대로, 마음 속 깊은 곳에 자연의 질서를 파괴하고, 또 자기 인식에 순종하는 참된 마음이 약한 사람은 진리가 주는 성스러운 복을 즐길 수 없다.

○ 인간이여! 자녀의 아버지들이여! 손쉬운 연습으로 어린이의 힘을 길러라. 그러기 전에 그들의 정신을 먼 곳으로 밀어내지 말라. 그리고 냉혹과 과로를 삼가라.

○ 자연의 힘, 그것은 거슬리지 못할 힘으로 진리에 이끈다. 그러나 조금도 그 과정에 어색한 점은 없다. 부엉이가 어둠 속에서 울면 자연의 삼라 만상은 상쾌하고 자유롭게 약동한다. 거기에는 조금도 억압적인 과정의 그늘의 없다.

○ 진리의 헛된 그늘만을 향하여 쓸모 없이 기력을 소모하는 충동, 아무 흥미도 없고, 아무 응용도 없는 부스러기 지식의 소리와 말과 글에 대하여 갖는 갈망, 딱딱하고 일면적인 학교 교육에만 인간의 모든 힘을 맡기는 것, 말만 오고가는 유행적인 교육방법의 수천 가지 기술들, 이러한 것들이 인간 교육의 기반이 될 때, 인간교육은 자연의 길에서 벗어나

게 된다.

○ 가벼운 지식의 날개로 맴돌기는 하나, 자기 지식을 조용하고 굳세게 응용하지 못하는 사람도 역시 자연의 길을 잃는다. 그는 굳세게 맑고 조심스러운 눈과, 아늑하고 화평하고 참된 즐거움으로 진리를 받아들이는 감정을 잃는다.

○ 인류의 가정적인 관계는 으뜸가며 가장 뛰어난 자연의 관계이다.

○ 인간은 직업을 가지고 일하고 있으며, 사회적 제도의 무거운 짐을 지고 있다. 이것은 인간이 가정적인 복에서 나오는 순수한 성복을 편안히 누리기 위해서이다.

○ 그러므로 직업을 위한 인간교육과 계층을 위한 계층교육도 이 순수한 가정적인 복을 누리게 하는 궁극적인 목적에 따라야 한다.

○ 그러므로 아버지의 가정, 이것이 인류의 모든 순수한 자연교육의 터전이다.

○ 아버지의 가정이여! 그대야말로 도덕과 국가의 학교이다.

○ 인간은 마음 속이 평안하도록 교육받아야 한다. 자신의 처지와 자기 손에 미치는 복으로 만족하는 것, 어떠한 어려운 고비에서도 인내하고, 아버지의 사랑을 믿고 존경하는 것, 이러한 것이 인간을 지혜로 이끄는 교육이다.

○ 불만에 찬 사람은 복된 가정 안에서도 성화를 부린다. 그리하여 축제일에 그의 춤이, 음악회에서 그의 바이올린이, 강당에서 그의 웅변이 사람들을 매혹하지 못했다고 화를 내는 것이다.

○ 평안과 아늑한 즐거움, 이것이 인간 교육의 으뜸가는 목적이며 총아이다. 인간이여! 그대의 지식과 명예욕도 이 높은

목적에 따라야 한다. 그렇지 않으면 호기심과 명예욕은 견디지 못할 고통과 불행이 될 것이다.

○ 보라 인간이여! 느끼지 않느냐! 땅의 자녀들이여, 상류 계층들은 소위 교육한답시고 마음 속의 힘을 얼마나 많이 잃게 하고 있는가를!

○ 보지 못하느냐 인간들이여! 그들은 자연의 이 슬기로운 질서에서 벗어나, 공허하고 황폐한 불행을 얼마나 많이 그들 자신에게 가져오며, 또 그로 인해 백성에게도 그것을 가져오고 있는가를!

○ 그대들은 느끼지 못하는가! 대지여! 인류가 대대로 이어 온 가정적인 관계란 이 순수한 성복에서 벗어나, 지식을 뽐내고, 명예욕을 채우기 위하여 도처에서 거칠고 눈부신 무대에 자신을 밀어내고 있다는 것을!

○ 아득한 먼 곳으로 길 잃은 인류가 떠돌고 있다.

○ 하나님은 인류에게 가장 가까운 관계이다.

○ 하나님은 그대들의 가정의 아버지이시며 복의 근원이시다. 하나님은 그대들의 아버지이시다. 그를 믿음으로써 그대들은 평안과 힘과 지혜를 얻게 되고, 어떠한 폭력과 무덤에도 흔들리지 않는다.

○ 하나님에 대한 신앙은 본성의 가장 높은 곳에서의 인간감정의 표현이며, 하나님의 어버이 마음을 신뢰하는 자녀의 마음의 표현이다.

○ 하나님에 대한 신앙은 평안한 삶의 근원이고, 평안한 삶은 마음의 질서의 근원이며, 마음의 질서는 우리의 여러 능력을 고르게 응용하는 근원이며, 우리의 여러 능력을 응용하는 질서는 우리를 성장시키며, 도야해서 지혜로 이끄는 근

원이며, 지혜는 인류의 만복의 근원이다.

○ 하나님에 대한 신앙, 그것은 인류의 본성 안에 깃들어 있다. 선악을 판별하는 감각, 의와 불의를 판별하는 불타는 감각, 이러한 것이 그대의 본성 깊은 곳에 인간 교육의 기초로서 요지부동하게 깃들어 있다.

○ 하나님에 대한 신앙, 이것은 교육된 지혜에서 나오는 결과나 성과는 아니다. 이것은 순수하고 순박한 마음에서 나온다. 하나님은 우리 아버지라는 자연의 소리에 순박하게 귀를 기울이는 데서 나온다.

○ 자녀 마음과 순종심은 완성된 교육에서 나오는 결과도 아니고, 또 그 뒤에 따르는 성과도 아니다. 그 자체가 인간 교육의 이른 시기의 기반이 되어야 한다.

○ 군주, 그는 하나님의 자녀이며, 그 역시 아버지의 아들이다. 군주, 그는 그의 아버지의 아들이며 그의 백성의 아버지다. 신하, 그는 하나님의 아들이며, 그의 아버지의 아들이다. 신하, 그는 그의 아버지의 아들이며, 그의 군주의 아들이다.

○ 군주의 지위는 하나님의 상징이며, 한 국민의 아버지이다. 신하의 지위는 군주의 아들, 그 군주는 그의 신하와 더불어 하나님의 아들이다. 인류는 이와 같이 자연의 관계로 엮어져 있다. 이 얼마나 아늑하고 힘차고, 깨끗한가!

○ 하나님에의 순종 안에 그의 권리와 의무의 원천을 찾지 않는 군주여! 그대는 백성이 그대의 힘에만 아첨하는 불안한 모래 위에 옥좌를 세우고 있는 것이다.

○ 하나님에 대한 신앙, 이것이 군주와 백성의 유대이며, 인류의 복된 관계를 안으로 통일시켜 주는 유대이다.

○ 하나님의 빛, 그것은 사랑이며 지혜이며 어버이 마음이다.

오! 누구나 나의 초가에 찾아 오너라. 나는 그대에게 하나
님의 힘의 영상이 되련다. 오! 태양이여! 하나님의 힘의 상
징이여, 그대의 날은 저물었도다! 그대는 나의 산을 넘는구
나. 오! 나의 완성의 날이여! 다가올 아침의 소망이여, 네
신앙의 힘이여!

페스탈로치 연구가 만의 분류번호에 의하면 189의 격언으
로, 그리고 자이팔트의 분류번호에 의하면 180개의 격언으로
구성된 《숨은이의 저녁 노을》의 주요한 구절을 초역하면 이상
과 같다. 그 기조는 깊은 신앙에서 나오는 것으로서, 인간의 본
질의 평등, 자연에 따르는 교육의 원리, 가정 교육의 중요성,
기독교적인 가부장 질서의 부활, 신앙에 의한 인류의 공동 운
명체의 자각 등에 있다.

4. 《숨은이의 저녁 노을》의 근본사상

이 저작에 담겨져 있는 근본 사상은 가정이라는 하나의 생
활의 중심점을 핵으로 하고, 층을 이루며 확대하여 가는 생활
권의 사상이다. 그의 하나하나의 명제는 직선적인 추론과는 달
리 하나의 보금자리, 즉 신앙을 중심으로 맴돈다. 그러므로 이
믿음을 중심으로 하는 인간의 가정관계가 어떻게 확대되어 가
는가를 밝혀 보기로 한다. 슈프랑거는 명저 《페스탈로치의 사
고형식》(1947)에서, 이 저작의 사상을 도식적으로 분석하였는
데, 그는 이것을 세 개의 군건한 외적 영역과 하나의 내적 영
역으로 풀이하고 있다. 그 주요 골자를 저자는 《교육과학》에

소개한 적이 있는데, 다음에 이것을 요약하여 본다.

페스탈로치는 계몽이성에서와 같은 막연한 보편 타당한 진리를 구하지 않고 생활과 맺어질 진리, 불안한 영혼이 편히 쉴 진리를 구한다. 이것을 그는 '자연의 길'에서 찾는다. 그런데 이 자연이란 무엇일까? 그것은 신이 사물과 인간 생활에 준 영원한 질서를 말한다. 자연의 관계에 맺어진 영역들의 참 모습을 들면 다음과 같다.

(1) 인간에게는 가정적 관계가 으뜸가는 자연의 관계이다. 그러므로 '아버지의 집'이 인간의 모든 순수한 자연교육의 터전이 된다. 페스탈로치는 이 첫 생활 영역을 안방의 힘에 의하여 움직이는 영역이라 했다. 그러기에 그는 이 저작의 부제를 "하나님의 어버이 마음: 인간의 자녀의 마음. 군주의 어버이 마음: 시민의 자녀의 마음, 모든 성복의 근원"이라고 붙였다. 그는 가정적인 것을 중히 여기기에, 피가 통하지 않는 계몽주의·독재주의·산업주의 등을 일괄하여 안방의 '약탈'이라고 부르고 있다.

(2) 가정은 둘째의 외적 영역, 즉 노동의 자리로서의 직업이라는 생활권에까지 확대된다. 그러나 직업도야 및 계층도야도 일반 목표에 종속되어야 한다. 직관적인 경험과 감정이 미치는 범위 안에서만, 그리고 친근한 사물을 통해서만 지적 능력도 도야된다. 그것은 직업교육을 포함한 교육일반이다.

(3) 생활권의 셋째의 영역은 국가와 국민이 관계하는 마당이다. 그는 이것을 부자관계의 확대로 본다. 특히 초기의 그의 사상에는 기독교적인 가부장적 도덕관이 농후하다. 어버이 마음이 통치자를 도야하고, 동포감이 시민을 도야한다. 이 양자

가 국가와 가정의 질서를 만든다. 그대가 태어난 가정이 바로 '도덕과 국가의 학교'라고 그가 말한 뜻도 여기에 있다.

프랑스 혁명이 터지기까지는 그는 군주를 어버이 마음을 갖게 각성시킴으로써 민중을 위한 교육을 제도적으로 보장받을 수 있으리라 믿었다. 페스탈로치의 소설 《린할트와 겔트루우트》도 이런 원리를 피력한 농민계몽소설인 것이다.

(4) 이로써 인간의 세 개의 외적 생활권이 그려진 셈이다. 이제 그는 이 외적 생활권을 하나로 묶는 신앙·종교·도덕 영역을 말한다. 인간의 외적 생활은 신앙 안에 조화 상태를 이루어야 하며, 신의 인력에 끌려야 한다고 그는 말한다. 생활의 중심은 신이다. 따라서 신은 인간에게 가장 가까운 관계로서 인간은 신을 필연적으로 자신의 내부에서 발견한다. 어버이 마음과 자녀 마음 사이에 싹트는 신에 대한 신앙의 근본 체험 및 예감, 이것이 인간을 우주와 연결시켜 주는 유대이다. 따라서 불신앙은 고향상실이며 파열된 존재임을 말한다.

그러므로, 그의 사고과정은 직선적이 아니고, 구심적인 원환을 그리면서 자기 → 가족 → 신앙 → 사회 → 국가를 거쳐 다시 자기에게 되돌아 온다. 이상이 《숨은이의 저녁 노을》에 대한 슈프랑거의 분석 결과이다.

《숨은이의 저녁 노을》은 그의 교육 체계의 '설계도'이었기 때문에, 모든 페스탈로치 연구가 자기 나름의 해석을 이것에 가하고 있다. 다음에 몇 연구가의 관점만을(시점이라고 하는 것이 더 좋을지도 모른다) 참고로 소개키로 한다. 우선 뮬러는 이 시점을 자연은 선하다(gute Natur)에 두고 있고, 질버는 생활권의 확대(Lebenskreise)에 두고 있고, 월춰는 인간이란 무엇인가(the concept of man)에 두고 있다. 일본 교육학계에는 페스탈로치 연구가 또는 전문가로 불리우는 학자들이 고 오사다를 비롯하여 20여명이 넘는데, 모두가 다소 다른 시점으로 연구하여 왔다. 우선 오사다 씨는 인간의 행복은 내면생활의 정화에 있다고 보았고, 후꾸시마 씨는 '어버이 마음과 자녀의 마음'이 만복의 근원이라 보고 있고, 마쓰다 씨는, 이 저작에서 교육의 4대 원리로서의 자기활동·직관·조화발전·사회화의 원리를 캐 내고 있다.

Ⅳ. 《린할트와 겔트루우트》

판을 거듭한 《린할트와 겔트루우트》

Ⅳ. 《린할트와 겔트루우트》

1. 농민교육소설

페스탈로치는 전 42권의 방대한 저작을 남겼다. 일기·수필·논문·호소문·소설·편지가 이 안에 수록되어 있다. 이 중에서 꼭 한 권만 골라 읽고 싶다는 사람이 있다면, 나는 서슴치 않고 《린할트와 겔트루우트》란 그의 너무나도 유명한 교육 소설을 추천하고 싶다.

린할트는 빈촌의 석공(石工)이며, 겔트루우트는 슬기로운 그의 아내다. 이 빈촌이 빈곤·타락·죄악의 어두운 그늘에서 어떻게 벗어나 밝은 빛을 바라보며 살 수 있게 되었느냐 하는 과정을 그린 계몽소설이다. 여기에는 수많은 인물들이 등장한다 농민·오리(汚吏)·성주·장로·상인·아낙네·절름발이·술주정꾼·깡패 등이다. 또한 여기에는 농촌의 낡은 전통·인습·미신과 이에 대립하는 새로운 세대가 그려져 있다. 이 작품이 독일어로 된 최초의 농민소설이라고 붙인 이유도 여기에 있고, 페스탈로치가 이 소설에 '농민에게 보내는 책'이란 부제를 붙인 이유도 여기에 있다.

이 소설에서 우리는 페스탈로치의 빈민에 대한 사랑, 교육에 대한 꿈, 사회에 대한 눈을 남김 없이 볼 수 있다. 페스탈로치의 생애는 이 꿈을 실현하는 데 바쳤다고 볼 수 있다.

앞에서 본 《숨은이의 저녁 노을》은 문체와 내용이 너무 딱딱하여 그리 호평을 받지 못하였다. 페스탈로치가 대중의 주목을 끄는 작가로서 등장하기 위해서는 좀더 부드러운 문체와 재미 있는 소재가 필요했다.

하루는 사회를 풍자한 글을 출판업자 휴스리에게 보냈더니, 휴스리는 이 글이 마음에 들었던지 그에게 작가가 되라고 권고하여 주었다. 그러나 이 노이호프의 숨은이는 이 권고에 따를 마음이 없었다. 자신이 작가로서 성공할 수 있으리라고는 믿어지지 않았기 때문이다. "10년간 나는 거의 책 한 권도 읽지 못하고 무지한 농민들 속에 파묻혀 살아 왔다. 나는 한 줄도 오자 없이는 글을 쓰지 못할 지경이다"고 사양하였다. 그러나 한편 끼니를 잇지 못하는 처자를 생각할 때 이 권고를 그저 저버리고만 있을 수도 없었다.

처음에 그는 어느 유명한 기성 작가의 문체를 본따 습작하여 보았으나 시원치 않았다. 그런데 하루는 돌연 영감을 받은 듯이 몸이 설레였다. 자신이 그토록 잘 아는 가난한 농민들의 모습, 그들의 눈물과 웃음, 그들을 둘러싸고 있는 악과 인습, 그리고 진흙 속에서 움터 나오는 밝은 새싹, 이 새싹을 길러 내는 교육이념, …… 이런 것을 그려 보겠다는 마음이 떠 올랐다. 이것에는 절대 자신이 있었다. 페스탈로치는 홀린 듯 미친

듯 이 순간부터 붓을 들었다. "무의식중에 붓끝에 사상이 흘러 내렸다. 나는 아무 줄거리도 생각지 않았다. 저절로 되어 갔다. 몇 주일 지난 뒤에 나도 모르는 사이에 원고가 되어 있었다"고 후일 그는 이 소설에 대하여 술회한다. 적빈(赤貧), 씻은 듯 가난했던 당시의 그는, 원고지를 살 돈마저 없어, 자기가 빈민노동학원을 경영하던 때 쓰던 회계부의 줄 사이 여백에다 이 원고를 썼다고 전해지고 있다. 그의 새 출발은 가난과 그늘 속에서 이렇게 시작되었다.

2. 이 소설의 개요

다음에 우리는 우선 이 소설의 개요를 보기로 한다. 이 소설의 첫 페이지는 이렇게 시작된다.

보날이란 마을에 한 석공이 살고 있었다. 석공은 린할트, 아내는 겔트루우트이다. 아이는 일곱이나 된다. 린할트는 곧잘 돈을 번다. 나쁜 버릇, 나쁜 친구만 없었던들 그의 살림은 그리 궁색하지는 않았을 것이다. 그러나 그는 늘 주막에 끌려간다. 이곳에 발만 들여 놓으면 그는 바보가 되는 것이었다. 여기에는 능청맞고 간사하고 교활한 사내들이 모여 있었다. 그들은 이 곧고 단순한 린할트를 꾀어 등쳐먹고 산다. 그들은 린할트를 노름판에 꾀어 땀 흘려 번 돈을 빼앗는다. 이튿날 아침 그는 후회한다. 집에 돌아와 겔트루우트와 아이들이 밥을 먹지도 못하고 기다리고 있는 모습을 볼 때, 그의 마음은 몹시 상한다. 그는 눈물을 가리운다. ……

겔트루우트는 마을에서 제일가는 얌전한 아내였다. 그러나 남편이 이 꼴이니 언제 집이 날아가며, 모자가 떨어져 살게 될지 모를 일이었다. 겔트루우트는 파탄이 가까워진 것을 예감하고 울었다. 목장에서 풀을 날라 올 때에도, 건초를 모을 때에도, 우유를 깨끗한 그릇에 담을 때에도 — 아! 논과 밭, 그리고 이 오두막집까지도 언제 날아갈지 모른다! 그녀는 괴로웠다. 아이들이 그녀를 둘러싸며, 그의 무릎에 달려 올 때에는 우울한 마음은 눈물로 변하여 그녀의 하얀 볼 위를 흘러 내리는 것이었다.

이렇게 파탄에 직면한 농촌의 한 가정을 그리는 데에서 이 소설은 시작한다 어머니의 눈물을 보고 따라 우는 아이들, 이 광경을 보고 "내가 바보다"고 외치며 머리를 쥐어짜며, 아내의 무릎 위에서 흐느끼는 약한 남편, 이렇게 페스탈로치는 한 폭의 그림과도 같이 한 농가의 파탄을 그려 간다. 남편은 다시는 주막에 들리지 않겠다고 약속한다. 그러나 이것은 허사이다. 이 주막은 오리(汚吏) 홈멜이 경영하고 있다. 린할트는 이 홈멜에게 빚이 있는 것이다. 만일 주막에 들리지 않는 날이면, 빚 독촉이 빗발친다. 홈멜은 자기가 지니고 있는 작은 권력과 빚을 이용하여 이 순박한 농민들을 완전히 자기 주막을 무대로 착취한다. 공갈·사기·거짓·가난이 이 보날 마을을 뒤덮고 있다. 빚—술—놀음—빚, 이런 악순환과 가속도로 다가오는 가난 속에서 농민들은 어떻게 해방될 것인가?

이 '가난에서의 해방'과 주막으로 상징되는 '악의 근절'이 이 소설의 2대 주제이다. 그는 이것을 양면으로 다룬다. 먼저 평화롭고 질서 있는 가정이 확보됨으로써 가정교육이 슬기롭게 이루어져야 한다. 교육이 내부로부터의 인간의 계발이라면, 정치는 외부로부터의 인간의 개조이다. 교육과 정치는 내·외란 차이는 있지만, 인간을 일깨운다는 뜻에서는 같은 기능이다고 이 무렵의 그는 여겼다.

　다음에 소설로 엮어진 페스탈로치의 이 두 과제에 대한 방안을 간추려 보기로 한다. 그 줄거리는 다음과 같다.

　겔트루우트는 그날도 돌아오지 않는 남편을 기다리면서 잠을 이루지 못하고 있다. 남편을 위하여 아이들과 같이 기도도 드렸다. 그러나 남편의 약한 마음과 힘만으로는 도저히 이 굴레에서 벗어나지 못함을 이제 겔트루우트도 깨달았다. 그 이튿날 겔트루우트는 젖먹이를 업고 영주 알넬이 사는 성을 찾았다. 겔트루우트는 자기의 괴로운 형편을 호소하면서, 자기가 아이들의 교육비에 쓰고자 푼푼이 모은 돈을 보관하여 주도록 애원하였다. 그러면서 또 마을의 악의 근원이 되고 있는 오리 훔멜이 남편을 공갈·협박 않도록 보살펴 줄 것을 호소하였다. 영주는 린할트의 빚을 자기가 청산하겠다고 위로하면서, 이렇게 마을 사정을 알려 준 것을 도리어 고맙게 여긴다고 위로하여 주었다. 그는 겔트루우트의 아이들에게 써 달라고 돈까지 하사해 주는 것이었다.

　이튿날 영주 알넬은 우선 황폐한 교회당을 재건할 것을 결심하고, 마을로 내려와서 훔멜에게 만반의 준비를 갖추도록 지시한다. 그리고 린할트에게 회당의 개축 공사의 청부를 맡겼다. 일감을 얻어 농민들에게 오랜만에 활기가 감들었다. 산에서 돌 닦는 소리마저 흥겨웠다.

　영주의 생각에 의하면, 교회의 개축에는 두 가지 의의가 있었다. 첫째는 농민에게 일감을 줌으로써 그들을 가난에서 구출하자는 것이요, 둘째는 교회당을 중심으로 농민들의 잃었던 도의심을 다시 찾게 하자는 것이었다. 이것만으로도 큰 진전이었다. 그러나 현명한 겔트루우트에게는 마음에 걸리는 게 하나 있었다. 그것은 오리 훔멜의 주막이 회당 바로 옆에 있어서 꺼림직한 것이었다. 그녀는 영주에게 귀띔을 한다. 영주는 이것을 알아차려 충분한 보상을 주면서, 기한부로 이 주막을 철거시킨다. 회당의 공사는 착착 진행된다. 분한 마음과 자기의 생활의 기반을 잃었다는 생각에서 훔멜은 공갈·협박·모략을 다하여 깡패마저 동원시켜 이 개축을 중단시키려 든다. 그러자 영주는 드디어 훔멜을 구속한다. 회당은 순조롭게 개축되었고, 죄를 회개한 농민들의 경건한 기도 소리와 아늑한 찬송가 소리가 흘러나온다. 평화가 다시 이 마을을 감싼다. 악의 뿌리는 뽑혔고, 잃었던 착한 마음들이 되살아나오기 시작했다.

한편, 평화스러운 가정이 확보된 겔트루우트는 아이들의 교육에 여념이 없었다. 교육이란 하나님이 주신 착한 싹을 자연스러운 생활을 통하여 계발·발전시키는 것이라고 그는 본능에 가까운 심정의 힘으로 예감한다. 교육은 머리 속에 부스러기 지식을 때려 넣는 것이 결코 아니다. 밥먹을 때, 일할 때, 놀 때, 즉 생활 전체가 교육의 마당이며 교육 자체인 것이다. 어머니의 치마에 매달려 아이들은 말을 배우며, 노래를 배우며, 예의 범절을 배운다. 이것이 가장 뛰어난 교육 방법이다. 도덕교육, 종교교육이란 교리문답서를 외우는 것이 아니다. 밥상에 모여 앉아 기도드리는 생활 자체가 그것이다. 한 개의 과자를 이웃 아이들과 나누어 먹는 아이들의 마음 속에 가장 귀한 도덕·종교의 핵심인 사랑이 싹트는 것이다. 어머니의 따뜻한 모습을 통하여 아이는 하나님의 사랑을 예감하게 되고, 아버지의 일 하시는 모습을 보고 아이는 맡은 바 직업에 대한 자랑과 사명과 의무를 예감하게 된다. 가정생활을 통한 철저한 조기교육 위에 인간의 조화적인 교육이 이루어져야 한다. 가장 슬기로운 교육은 어머니가 스승이 되며, 생활이 교재가 되며, 자연이 방법이 되며, 흥미가 동기가 되는 '안방교육'이어야 한다.

이것이 네 권으로 완성된 그의 유일한 소설의 첫 권의 개요이다. 이 첫 권은 원저로 250면에 걸쳐 100절로 되어 있음을 참고로 부기해 둔다.

3. 2·3·4권의 내용

이 소설이 세상에 나오자 모든 계층의 사람들이 앞을 다투어 읽게 되어 페스탈로치는 일약 유럽의 저명 인사가 되었고, 낙양의 지가를 올리게 되었다. 판을 거듭하게 되자 우선 페스탈로치 자신이 놀랐다. 이 책 속의 격언이 적힌 칼렌더는 벽촌에까지 흩어졌다. 베른의 농민회는 페스탈로치에게 감사장을 보내면서 '최량(最良)의 시민에게'란 명문(銘文)이 새겨진 금패(金牌)까지 선사했다.(그는 선물을 받고 좋아 했으나 생활에는 여전히 쪼들려 팔아 써 버렸다.) 제복을 착용한 마부를 시켜 그를 식사에 초대하는 인사까지 있었다. 토스카아나 대공(大公)은 그를 후일 교육고문으로 모시겠다고 약속하였고, 프러시아의 황후 루이스는 일기 속에 작가가 있는 스위스에 자유롭게 갈 수 없는 몸임을 한탄하기까지 했다. 후일 페스탈로치가 불크돌프, 이벨당에서 사범학교를 창설하였을 때 프러시아에서 많은 유학생이 오게 되었는데, 그 뒤에는 이 황후의 열성이 숨어 있었던 것이었다. 이 소설을 읽고 감격 발분하여 잠을 이루지 못한 피히테는, 후일 《독일 국민에게 고한다》는 14회에 걸친 열변에서 페스탈로치의 교육 이념과 방법을 소개하면서, 나폴레옹의 군화에 짓밟혀 황폐한 독일이 소생할 길은, 페스탈로치의 교육 이념을 본 따 국민 하나하나가 도덕적으로 완성하는 길밖에 없음을 역설한다. 근세 독일의 눈부신 발전은 이 피히테의 업적이 큰 것이다.

그러나 페스탈로치가 '민중에게 바친다'라는 부제까지 부쳐서 읽어 주리라 기대했던 민중들은 이 소설을 고소하고 재미있는 이야기거리로만 읽었다. 그들은 그 속에 흐르는 자신들의 '재생과 개조'를 읽지 못하였다. 그러므로 그는 이듬해 이 소설의 사상을 해설한 《크리스토프와 엘제》라는 작품을 썼다. 이 소설은 부부가 교재로 쓰면서 그의 근본 사상을 토론한다는 줄거리다. 그런데 설교와 잔소리가 많아서 이 해설판은 환영을 받지 못하였다.

페스탈로치는 첫권에서 다룬 주제를 사회·경제·정치·종교 면에 더욱 부연하여 이 소설적 교육론의 제 2 권을 1783년, 제 3 권을 1785년에 그리고 제 4 권을 1787년에 출판하였다. 그러나 멜로드라마적인 흥미가 없는 해설판 같이 되어서 식자 이외는 읽어 주지 않았다. 페스탈로치가 그린 이상촌은 실현 불가능하다고 욕하는 사람도 있었다. 사실 이상향을 뜻하는 유토피아는 라틴어로서 유토피아 'Utopia' 즉, 이 세상에는 그런 장소(topia)가 없다(U)는 뜻이다. 그러나 백여년이 지난 오늘날, 이 이상촌이 실현되어 지상의 낙원 스위스를 이루고 있음을 우리는 잊어서는 안 된다.

2권, 3권, 4권의 내용은 무엇일까? 그의 붓은 겔트루우트의 작은 안방에서 밖으로 확장되어 나온다. 안방 교육의 방법을 본 따 교사 그류피는 새로운 학원을 건설한다. 목사 에른스트는 이런 가정과 학교 위에 인간의 영의 문제, 도덕의 문제를 보살피게 된다. 가정·학교·교회의 운영을 보살피는 영주 알넬은 선한 입법자로 나타난다. 가정·학교·교회·정치, 이 4대기관이 완전히 조화되고 서로 협조함으로써 건전한 국민교육이 이루어진다.

제4권에는 비생산적인 공유지의 분할, 십일조세의 감면, 예금, 은행의 설립, 교수형의 폐지, 교회학교의 설립, 생활의 요구에 맞는 학교의 설립 등이 논의되고 있다. 페스탈로치가 사상 최초로 교육형의 개념, 즉 형은 응징이라기보다는 참회시켜 사람되게 교육시키는 데 의의가 있다는 새로운 개념을 제창했다고 논증한 형법학자가 있음은 흥미롭다.

오스트리아의 재무 장관 짓펜돌프는 페스탈로치를 뷔엔나에 초대하였으나 그는 가지 않았다. 짓펜돌프는 제2권을 읽고 그에게 다음과 같이 써 보내 왔다. "빈민교육, 특히 귀하가 국민교육에 원하시는 모든 것, 한마디로 입법에 관한 귀하의 의견과 실험은 나에게 큰 과제입니다. 귀하의 글에 최대의 관심을 가지고 읽고 있습니다." 또 제4권을 읽고서 다음과 같이 전해 왔다. "나는 제4권을 두 번 읽었습니다. 귀하의 견해를 실행에 옮기기 위하여 첫째로 할 일은 영주 알넬의 생각을 모든 귀족들, 부를 독점하고 있는 사람들이 갖게 하는 것입니다. 그들이 자기의 아이들을 농촌의 아이들과 같이 기를 것, 그리고 농촌에 사는 것을 행복하게 생각게 할 것 등입니다."

1787년 페스탈로치는 그에게 다음과 같은 회신을 보냈다. "몇몇 행정관과 정치가들은 제 4 권을 호평하여 준 것은 사실이나, 대부분의 독자에게는 흥미가 적었으리라 생각됩니다. 교육은 여기에서 모든 것이 흘러 나가야 할 중심점입니다. 국가는 이것을 가장 기본적인 활동이라 생각하고, 그 외의 모든 것을 이에 종속시켜야 합니다."

1792년 프랑스의 혁명정권은 페스탈로치에게 명예시민의 칭호를 선사하기로 의결하였다.《린할트와 겔트루우트》는 민중의 교육에의 큰 길과 빛을 주었다고 그 공을 치하한 것이다. 이 때 같이 명예시민의 칭호를 받은 명사의 이름을 참고로 들면, 워싱톤·쉴러·크로프트슈톡·벤담 등이다. 그러나 프랑스는 끝내 정치와 혁명이란 외면적인 일에 바쁜 나머지, 페스탈로치의 교육의 핵심을 받아들이지는 못하였다. 피히테의 프러시아의 발전에 비하여 나폴레옹의 프랑스가 그 후 근대화에, 국민교육에 뒤진 이유도 여기에 있었으리라고 믿어진다.

《린할트와 겔트루우트》에서 논의된 가정교육, 악의 근원, 종교·교육·정치 등에 대하여는 개별적으로 분석·숙고해야 할 것이므로, 이것은 뒤에 미루기로 하고, 다음에 이 소설의 중요 테마인 '악'과 '국민교육'의 문제만을 좀더 살피기로 한다.

4. '악'의 문제

페스탈로치는《숨은이의 저녁 노을》에서 한 마디로 '선한 자연의 왕국의 상'을, 그리고 교육이란 '인류의 재건'을 맡는 일이라고 단정하였다. 그러나 그는 결코 공상가가 아니었다. 현실의 역사에서 '악의 힘'이 거세게 활개치고 있음을 그는 누구보다도 잘 알고 있었다. 여기에 그는 큰 모순에 부딪치게 된다. 선한 본성이 인간의 밑뿌리에 있다면 도대체 악은 왜 생기는 것일까? 그는 이 물음을 철학으로서가 아니고, 경험으로 풀려고 하였고, 교육의 문제와 관련시켜 풀려고 하였다. 《린할트와 겔트루우트》의 제 1 권과 제 2 권은 이 '악'의 문제가 주된 테마로 되고 있다.

그는 루소와 더불어 인간의 본성은 선한데, 환경이 나빠서 그 본성을 발휘하지 못하고 타락하고 있다고 생각했으며, 따라서 그 책임은 환경에 있다고 생각하였다. 이 환경도 여러 가지 있을 수 있다. 가정·사회·교회·국가가 그 으뜸가는 것이었다. 이것이 온통 타락하였을 때 어디에서부터 손을 댈 것인가? 페스탈로치는 타락하지 않고 남은 단 하나의 곳으로서 겔트루우트의 '안방'을 들고 있고, 이 가난한 석공의 안방에서부터 인류 재건의 길의 첫발을 디디게 하였다. 이러한 발상은 종교개혁자 루터가 가정교육을 중시하고, 교육의 역사상 처음으로 공공적인 초등교육의 의무화를 제창한 것과 입장을 같이하는 것이다.

페스탈로치에 의하면 "인간에게는 가정적인 즐거움이 이 땅에서 가장 아름다운 것이며, 어버이의 즐거움은 자식을 돌보아 주는 데에 있고, 이것이 인류의 가장 성스러운 즐거움이다. 아늑한 가정은 인간을 경건하게 만들며, 인류로 하여금 하늘에 계시는 하나님을 예감케 한다. 이러한 가정을 만드는 것은 주부의 역할이다. 페스탈로치는 영원의 모성으로서의 겔트루우트를, 이른 아침부터 저녁 늦게까지 축복된 빛을 발하는 태양에 비유하고 있다. 그러나 그녀의 직분, 즉 맡아서 해야 할 일은 극히 간단하다. 그녀는 남편과 자식을 위하여 따뜻한 음식과 옷을 자기 손으로 마련하여 주며, 가정을 질서 있게 꾸려 나가며, 아이들에게 생활과 놀이를 통하여 말과 글과 셈을 가르치며, 식탁에서 기도함으로써 믿음과 감사의 씨를 뿌리는 일이다. 그러므로 '사랑'이 가정에 충만케 하는 일이다. 다음의 글은 《린할트와 겔트루우트》에 나오는 유명한 사랑의 찬가이다.

사랑은 땅 위의 모든 것을 맺어 주는 유대이다. 사랑은 하나님과 인간의 유대를 마련해 주는 것이다. 사랑이 없는 인간에는 하나님이 없다. 그리고 하나님이 없으면 사랑이 없다. 이 외에 인간에게 무엇이 필요하단 말인가?

페스탈로치는 주부가 지식을 위해서 책을 너무 많이 읽어 이런 의무를 소홀히 하는 것을 극히 경계하고, 여성에게는 책이란, '나들이 옷'에 지나지 말아야 한다고 극언한다. 그리고 주부가 너무나도 신앙심이 많아 하늘 나라에만 관심이 있고, 이 세상의 자기 가정의 의무를 소홀히 하여, 아이들과 남편을 불행하게 만든 한 주부의 가정을 세밀하게 그려내고 있다.

겔트루우트가 선을 대표한다면, 오리 훔멜은 악을 대표한다. 그런데 이 악은 어디에서 발생하는 것인가? 페스탈로치는 이것이 건전한 '안방'이 없는 데에서 비롯됐다고 말한다. 그리고 이 훔멜이 걸어 온 비참한 역사를, 목사의 입을 빌려, 장장 61면에 걸쳐 그려내고 있다.

훔멜은 경솔하고 게으르고 사랑 없는 부모 밑에서 태어났

다. 그는 14세에 집을 뛰쳐나와 남의 집 목동이 되었다. 주인
은 그를 자기 양보다도 푸대접하였다. 홈멜은 화풀이로 양을
찔레숲 속에 몰아넣어 상처를 입혀 즐거워하며, 남의 집 과수
원에 몰래 들어가 익지 않은 과일을 몽땅 따가지고 시궁창에
던지기도 한다. 이러다가 하급관리가 되어 권력을 쥐게 되자,
이것으로 마을 사람을 착취하게 되고 불행한 자기의 과거의 앙
가픔을 하게 되어, 온 마을을 타락의 구렁이에 빠지게 하였다.

목사는 설교 끝에 아주 중대한 발언을 한다. "홈멜이 이렇
게 된 것은 그에게 '아늑한 안방'이 없었기 때문이며, 그 책임
은 우리들 전부가 같이 져야 한다. 홈멜도 우리와 완전히 같은
인간이다"고. 홈멜은 범죄자로 태어난 게 아니고, 범죄자로 된
사람이며, 그도 역시 희생양이다. 우리는 그를 경멸·저주할 것
이 아니라, 이해하며 용서해야 할 것이라고 목사는 결론짓는다.

슈프랑거는 이 무렵의 페스탈로치의 사상을, 환경을 조정
함으로써 인간의 선한 본성을 거침 없이 발로시킬 수 있다는
환경교육학의 원리와 인류의 구원은 안방 교육의 힘에서 비롯
한다는 두 원리로 특징지우고 있다.

이 작품은 또, 아이들은 일찍부터 자기 처지에 알맞은 직
업교육을 받아야 할 것이며, 아이들이 왼편 오른편을 알기 전
에, 정차 맡아야 할 자신의 계층에 알맞은 교육을 시켜야 한다
고 역설하고 있다. 이런 면에서 그는 소위 계층교육을 주창함
으로써 신분질서의 수구적 유지에 힘 썼다는 비판을 받기도 한
다. 페스탈로치는 아이들에게 따지며 이유를 묻게 하지 말고,
아이들을 자기 계층에 "휘어 넣어라"는 심한 말도 하고 있다.
기독교적인 가부장 질서의 유지를 위하여 가정·학교·교회가

힘 써야 한다고 그는 이 무렵에 굳게 믿고 있었다.

5. 국민교육의 구상

이 소설의 제3권은 주로 겔트루우트의 교육의 이념을 본
딴 새로운 타입의 학교의 설립·운영 과정을 다루고 있고, 제
4권은 주로 영주 알넬에 의한 선한 입법에 관해서 논하고 있다.
여기에서 말하는 '국민교육'이란 민중교육·서민교육을 의
미한다. 페스탈로치는 이 국민교육의 교사로서 퇴역장교인 그
류피를 등장시키고 있다. 이 교사는 겔트루우트와는 달리 독수
리와 같은 눈과 의지를 가진 사람으로서, 훈련과 질서, 명령과
복종, 사랑과 엄격성을 공히 지니고 있는 사람이다. 그는 단순
한 교사가 아니고, 하나의 확고한 철학을 가지고 있었다. 페스
탈로치는 이것을 '장교의 철학'이라고 부르고 상세히 그려내고
있는데, 이것은 루소의 《에밀》속에 나오는 '사보이 사제의 고
백'에 해당된다. 저자는 이 국민교육의 문제를, 장교철학, 새
학교의 개념, 새 학교의 교육 내용의 세 부분으로 나누어 다음
에 약술하여 보고자 한다.

(1) 장교의 철학

그류피는 겔트루우트의 생활교육 및 가정교육의 원리는 받
아들였지만, 자신의 방법은 아주 이와는 달리 엄격하다. 그는
아이들을 내버려 두어서는 안 된다고 굳게 믿는다. 그는 사랑
보다도 규율을 중히 여긴다. 그래서 마을 사람들은 그를 비기
독교적이라고도 생각한다. 그는 아이들이 순종치 않거나 게으

르거나 약속을 어기면 2~3일 동안 아무 말을 않고 일깨워 주지만, 악의적인 장난이나 거짓말에 대하여는 매질하여, 1주일 동안 정학을 시키고 철저하게 다스린다. 그는 인간 도야보다 직업교육을 중시한다. 학교는 우선 아이들 신분에 맞는 직업을 갖게 훈련시켜야 한다고 여기는 것이다. 그는 이런 점에서 지식만을 주입하던 것을 중시했던 과거의 교육을 부정한다. 그는 또 실속 없는 종교교육을 꺼린다. 배고픈 아이들에게 하나님의 은총을 이야기한들 무슨 소용이 있는가! 배고픈 병정에게 나라를 위해 싸우라는 것과 같다고 비꼰다. 그는 교회를 신랄하게 비판한다. 그에 의하면, 인간이 신을 위해서 존재하는 게 아니고, 신이 인간을 위해서 존재한다는 것이다. 참된 종교교육은 성경의 말을 풀이하는 데 있지 않고, 거지를 사랑하며 이웃에 봉사하는 행위 속에 있다고 한다.

그는 또한 교육이 정치보다 앞서야 한다고 굳게 믿고 있다. 그의 학교 앞에서 개천이 있는데, 비가 오면 아이들이 건느지 못한다. 이 때에는 교장인 그류피가 몸소 바지를 걷고 따뜻한 자기 등으로 업어서 건네준다. 이것을 보고 마을 사람들이 관가에 이야기해서 정치가가 다리를 놓아 준다. 참으로 교육은 따뜻한 자기 체온으로 민족의 꿈을 키우는 일이다.

(2) 새 학교의 개념

교사 그류피에 의하면, 학교란 지역사회를 혁신시키는 가장 강력한 수단이다. 그러므로 자라나는 새 세대는 구세대와는 낮과 밤처럼 차이 있어야만 했다. 그류피는 겔트루우트의 안방교육의 이념을 확대시킨다. 학교는 사회와 국가의 협조를 받아야 한다. 아이들은 사회를 위하여 교육을 받아야 할 것이며, 따라서 자신을 '사회와 조정'시켜야 할 것이다. 국가는 교육의 영위에 대한 의무를 제일 중요시해야 할 것이며, 이 의무를 입법을 통해서 수행해야 한다. 페스탈로치가 이곳에서 특히 강조한 점은 교육은 사회혁신을 위한 것이며, 따라서 그것은 여러 가지 사회기능 중의 하나로서 독특한 지위를 가져야 한다는 것이다. 페스탈로치는 극단론에 빠지기 쉬운 교육만능론도 배제하고, 교육무능론도 배제한다. 이런 극단론은 열매를 가져오지 못할 것이다. 그는 다음과 같이 말한다.

"교육이란 사회라는 고리줄의 고리 하나에 지나지 않는다. 이 고리는 서로 다른 고리와 엮어져 있다. 그런데 종래의 교육자들은, 교육이라는 고리 하나만을 고리줄에서 떼어 내어, 이것을 은과 금으로 장식하여 반짝이게 하였다. 그러니 이것이 무슨 쓸모가 있었겠는가?"

그가 교육의 위치와 기능을 명백히 하고 교육의 마당을 가정에서 학교와 사회로 확장시킨 것은 참으로 큰 의의를 갖는 일이며, 그의 큰 공적이며, 그 자신의 교육역정 위의 큰 성장이라 할 것이다.

(3) 새 학교의 교육내용

교육의 내용은 사회의 요구를 반영시켜야 하며, 또 앞으로의 새로운 사회가 필요로 하는 것을 준비시키는 일이라고 페스탈로치는 굳게 믿고 있었다. 종래의 농민들은 농경생활을 중심으로 살아 왔기 때문에 일상생활을 통한 무의도적 모방으로도 교육은 족했다. 그러나 이제 농촌에도 가내수공업이 침투하여 농민의 아이들은 새로운 지식과 의도적인 교육이 필요하게 되었다. 새 시대에 대처하기 위하여 그들은 다음 두 가지 것을 배워야 한다고 그는 말하고 있는데, 하나는 노작이고, 또 하나는 절약이다.

새 학교는 또 노작교육(Arbeitsschule)인 동시에 직업교육(Berufsbildung)의 곳이어야 했다. 아이들은 베틀 위에 책을 놓고 일하면서 공부해야 하고, 셈하면서 사고력을 훈련받아야 한다고 그는 말한다. 노동을 통해서 직업을 익히고, 산수를 통해서 사고력을 익혀야 한다. 이런 말투에 페스탈로치의 페스탈로치다운 면목이 드러난다. 직업교육과 인간교육(Menschenbildung) 중의 어느 것이 앞서야 할 것인가의 문제는 그를 오랫동안 괴롭힌 문제였다. 그는 만년에는 인간 도야가 절대 우선해야 한다고 굳게 믿었으나, 이 소설을 쓸 무렵에는 그류피의 입을 빌려, 빈민에게는 직업도야가 인문교육, 언어교육에 우선해야 한다고 논하고 있다.

페스탈로치에 의하면, 겔트루우트의 생활교육법과 그류피의 학교교육법과 목사 에른스트의 종교교육법이 잘 조화될 때, 즉 가정교육·학교교육·사회교육이 잘 협력·조절될 때 올바른 교육이 이루어진다. 그러면, 국가는 교육에 어떤 역할을 담당하는 것일까? 영주 알넬로 상징되는 정치는 위의 세 마당의 교육이 잘 이루어지게 입법을 통해서 협력·조정·감독하는 일을 맡는다. 정치는 교육을 이끌며 이용하는 것이 아니고 교육을 도와야 한다. 즉, "정치는 교육의 시녀이다." 이것이 페스탈로치가 《린할트와 겔트루우트》에서 그린 국민교육, 즉 국민 대중에 대한 보통·일반·기초 교육의 구상이다.

Ⅴ. 침묵의 10년

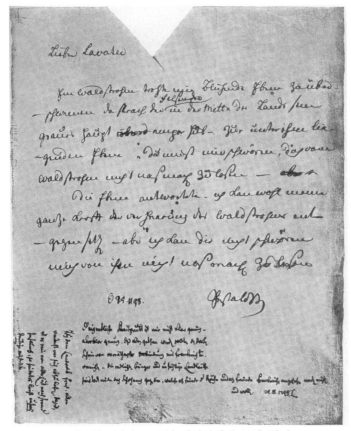

페스탈로치가 1798년 라파타에게 보낸 편지

V. 침묵의 10년

1. 침묵의 10년

1787년, 즉 《린할트와 겔트루우트》의 제 4 권이 출판된 해부터, 《탐구》라는 철학서를 출판한 1797년까지의 장장 10년을 그는 침묵으로 일관한다. 문필로 유럽에 명성을 떨치던 그가 왜 갑자기 침묵을 지키게 되었는가? 페스탈로치 연구가들은 이기간을 '침묵 10년기'라고 일컫고, 그 원인들을 연구하고 있다. 독자들은 이 시기가 프랑스 혁명이 발발한 1789년을 전후한 10년임을 상기하시리라! 다음에는 우선 이 시기의 그의 주변을 살펴 보기로 하자.

그는 실천에서 떠나 저술생활을 하는 사이에 건강을 회복할 수는 있었지만, 원고료는 생계를 유지할 수 있는 정도는 아니었다. 그는 일반 민중의 저속한 취미에 영합하여 자신을 속이고 마음에 내키지 않는 글을 쓰는 사람은 아니었다. 그의 저작은 낡은 관습·습관·종교·교육에 대한 개혁의 제창이며,

시대에 대한 거침 없는 충고였다. 그러므로 그의 글은 관념과 공리를 가지고 노는 자칭 혁명가들에게는 너무나도 비논리적인 것이었고, 우매한 일반 민중에게는 너무나도 지루했고, 정객들에게는 실천 불가능한 이상이기도 하였다.

그의 글을 이해하여 주는 사람은 극소수였다. 그는 원래 독실한 기독교 신자로서 급진적인 파괴사상을 가진 사람은 아니었으나, 사회를 비판하다 보니 자연히 정치를 비판하게 되기 마련이어, 그를 위험한 혁명사상의 소유자라고 오해하는 이도 있었다. 더우기 이웃 프랑스에는 혁명의 기운이 차츰 조성되어, 귀족과 승려에 대한 농민들의 반항이 높아가고 있었다. 물론 그의 사상은 프랑스 혁명을 유발시킨 볼테르나 루소의 사상과 일면 상통하는 점이 없지는 않았으나, 외적인 정치 혁명으로 인간과 교육의 과제가 해결된다고 생각하기에는 그는 너무나도 보수적이었다. 그는 새 시대의 도래를 예감하면서, 우선 자기와 가족을 보호하며, 마음의 준비와 사상의 정리를 하기 위하여 붓을 버리고 손에 삽을 쥐고 일하면서 묵묵히 사색하였다.

1789년 드디어 혁명이 발발하였다. 파리에 소동이 일고 바스티유 감옥이 터지고, 각지에 폭동이 일어났다. 바로 이어 혁명헌법이 제정되고, 입법의회가 개설되어 1792년 역사적인 공화국이 탄생하였다. 이듬해 루이 16세는 기로틴의 이슬로 살아지고, 이어서 수많은 사람들이 학살되었다. 학생시대에 진보사상을 갖고 퇴교한 페스탈로치인지라, 이 혁명의 추이에는 남다른 관심이 있었다. 그는 혁명이란 '인심의 부패'에서 오는 것이므로, 인심을 바로잡기 위하여는 혁명이 필요하다고 여기고 있었다. 말하자면 혁명은 필요악이었다. 그러나 혁명이 폭동과 학살을 수반하는 데에 그는 몹시 실망하였다.

그는 이런 생각을 프랑스 혁명의 원인을 분석한 논문《가냐 부냐》로 정리하여 보았다. 그러나 페스탈로치는 이 논문을 공표하지 않고 후에 니데러 부인에게 그 원고를 넘겨 주었다. 이 때 그가 이 부인에게 다음과 같이 말했다 한다. "이 시대가 지나가고 새로운 50년이 와서 청년들이 우리 대신 일을 맡게 될 때 또는 유럽이 갖은 잘못을 되풀이하고 민중의 불행을 더욱 심하게 가져와 사회의 기초가 흔들리게 될 때, 이 때 비로소 나의 필생의 교훈이 이해되리라. 이 때 비로소 슬기로운 사람들은 민중의 불만과 괴로움을 종식시키는 유일한 방법은 민중을 교육을 통하여 높힘으로써, 다수의 독재이든, 소수의 독재이든, 독재를 없애는 길밖에 없다는 것을 알게 될 것이다." 그는 이제 폭력혁명을 미워하고, 평화로운 진보를 열망하게 되었다. 외적인 체제의 개혁을 통해서 가치를 실현시키고자 하는 것이 정치적인 세계관이라 한다면, 내적인 인간의 개조를 통해서 가치를 실현시키려는 게 교육적 세계관이라 할 것이다.

프랑스 혁명을 계기로 하여, 그의 사상에 이런 위대한 전환이 온다. 그는 계급독재(절대왕정 따위), 일인독재(크롬웰, 칼빈적인 신권정치), 폭력혁명을 단호히 배격한다.

이렇게 구체제에도 신체제에도 만족치 못한 그는 혁명의 동조자도 아닌 중립적인 입장을 취하면서 교육만을 생각하게 되었다. '혁명론'이라고도 불리우는《가냐 부냐》라는 논문의 결론 부분의 한 구절을 소개하면 다음과 같다.

"군주들이여! 그대들이 백성들에게 법적으로 보장된 권리를 줌으로써 백성들이 시민적인 복지와 자주성을 누릴 수 있게 하라. 그들이 교육을 통하여 향상되게 하라."

2. 괴테와 페스탈로치

항가리 귀족 여류 음악가 브른쓰빅의 술회에, 자기가 이
세상에서 본 가장 아름다운 눈이 둘 있는데, 하나는 베에토벤
의 눈이고 또 하나는 페스탈로치의 눈이었다고 한다. 이 두 사
람 공히 고뇌를 이기며 큰 꿈에 살았으며, 사랑에 굶주리며 사
랑을 베풀면서 살았다. 그리고 단 하나의 영혼이라도 자기 품
에 안을 수 있다면, 이 세상에서 환희의 노래를 부르라고 한
사람들이며, 거꾸로 사랑을 얻지 못했다면, 슬퍼 꺼져야 한다고
생각한 사람들이다.

제 9 교향곡의 위대한 합창에 나오는 쉴러의 사랑과 환희의
노래는 베에토벤과 페스탈로치에게 가장 알맞는 노래이다. 그
들의 괴로움에 일그러진 얼굴과 촌티나는 언동 속에 더욱 아름
답게 빛나는 파랗고 순진한 눈들을 상상하여 볼 때, 우리는 어
떤 성스러운 손으로 우리 영혼이 어루만짐을 받는 듯한 포근함
과 편안함을 느낀다.

페스탈로치는 여러 위인들과 만났고, 또 이에 대한 재미
있는 일화들을 우리에게 남겼으나, 여기에서는 괴테와의 관계
만을 살펴 보기로 한다.

페스탈로치는 1746년에 태어나 1827년에 서거했고, 괴테
는 1749년에 태어나 1832년에 서거했으니, 이 둘은 거의 동시
대에 살았다고 볼 수 있다.

그리고, 이 둘은 공히 거대한 존재로서 일세의 주목을 받

으면서 살았기 때문에, 이 둘의 관계를 살피는 일은 사상사적으로도 흥미 있는 일이라 할 것이다. 사실 괴테와 페스탈로치와의 관계만을 연구한 논문도 있으므로, 이것들을 중심으로 해서 간추려 소개하기로 한다.

(1) 저작을 통해서 본 양자의 관계

페스탈로치는 《숨은이의 저녁 노을》의 끝 부분에서 어버이 마음을 갖추지 못하고 미와 힘만을 추구하는 괴테를 다음과 같이 신랄하게 야유하고 있다.

오오, 높은 자리에 있는 군주여!

오오, 힘센 괴테여!

어버이 마음이 그대들의 의무가 아닌가.

그런데 오오, 괴테여! 그대의 길은 자연의 길이 아님을 나는 유감으로 여기노라!

연약한 자를 안스러워하며, 이를 위하여 자신의 힘을 베푸는 어버이 마음, 어버이의 목적, 어버이의 희생, 이것이 인류의 순수한 고귀성이다.

오오, 높은 자리에 앉아 있는 괴테여! 나는 그대를 나의 낮은 자리에서 높이 우러러 보고 무서워 떨며, 침묵하며, 그리고 한숨짓는다.

그대의 힘은 나라의 영광을 위해서는 몇 백만 명의 국민의 행복을 희생시키는 대군주들의 충동과도 같다.

약자에 대한 사랑과 어버이 마음을 버리고, 미와 힘만을 추구한 괴테에게 페스탈로치는 이렇게 생리적으로 반발하고 있다. 이것은 페스탈로치의 기독교적인 세계관과 괴테의 희랍적인 세계관과의 대립이기도 하며, 괴테의 《파우스트》에 등장하는 두 이질적 여인상 그레트헨과 헬렌과의 대립이기도 하며, 또 경건한 필레몬 부부와 파우스트와이 대립이기도 하다.

괴테는 희랍적인 미의 추구의 하나로서 가정의 아름다움을 노래했는데, 페스탈로치는 이 시만은 즐겨 《린할트와 겔트루우트》의 제 1 권에 수록하고 있다. 아버지가 하루의 일에 지쳐서 돌아올 때, 아이들이 맞으면서 부르는 노래다.

> 그대 하늘에서 내려오사
> 우리의 슬픔, 외로움, 괴로움을 식혀 주사이다.
> 그대는 더욱 애처로운 자를 더욱 측은히 여기시나이다.
> 오오, 나는 이 세상살이에 지쳤고, 괴로움에 소름치며, 거센 욕정에 소름치나이다.
> 달콤한 마음의 편안이여
> 오소서, 오오, 내 가슴 깊숙히

인간이 인간 자신의 미와 욕정을 추구하다가 지친 뒤, 달콤한 마음의 편안을 가정 속에서 구하는 이 노래를 페스탈로치는 퍽 즐겼다 한다.

한편, 괴테도 페스탈로치의 교육 이념에 퍽 관심이 있었다. 최근의 토마스 만의 연구에 의하면, 괴테는 페스탈로치가 자기에 대하여 반발과 존경심을 같이 가지고 있다는 사실을 알고 있었다 한다. 또 괴테는 페스탈로치의 교육 이념에 대하여, 그것이 초보적인 읽기·쓰기 등에는 성공했으나, 아이들이 너무 자신만만하여 버릇이 없다는 뜻의 비판을 가하고 있었다고 전해지고 있다.

(2) 회 견 설

많은 연구가들에 의하여 페스탈로치는 1775년 가을에 괴테와 만난 것으로 단정되어 있다. 그리고 두 번째는 1792년 페스탈로치가 독일의 라이프찌히에 출가한 누이 동생 안나 발바라를 방문하려 여행하는 길에 만난 것으로 되어 있다. 요컨대, 그들이 두 번 만났는지, 한 번 만났는지 단정을 하기 어려우나, 이 양자가 만난 일이 있었다는 점에 대하여는 모든 연구가들이 긍정하고 있다.

(3) 사상적 관계

괴테와 페스탈로치는 서로 사상에 영향을 주고 받은 사이였던가? 괴테는 시인이며, 교육이론가가 아니다. 그러나 그의 시와 소설에는 참으로 심원한 교육사상이 담겨져 있음을 아무도 부인 못할 것이다. 우리는 괴테를 시인으로 찬미하는 나머지, 교육사상가로서 소홀히 하고 있지 않을까! 괴테가 교육에 얼마나 큰 관심을 가지고 있었는가 하는 것은, 그가 《빌헬름 마이스터의 편력시대》의 제2권에 그려 낸 '교육공동체'를 일독하면 알 것이다. 이런 교육공동체가 스위스의 어느 마을에 존재하고 있었음이 1897년의 융만의 연구로 밝혀졌다. '교육공동체'에서는 어떤 교육이 행해졌던 것인가?

괴테는 말한다. 건전한 사회는 그 구성요소인 개인의 건전성에 의존한다고. 우선 개인을 하나의 인격으로서 완성시켜야 한다. 이 목적을 달성키 위하여 '교육공동체'에서는 직업교육과 종교적 정서 도야를 중시한다. 직업교육은 두뇌만의 교육을 배제하고 페스탈로치식으로 표현하면 머리와 손이 서로 보완하여 사색과 행동이 결합되게 한다. 또 종교적 정서 도야는 외경(畏敬)의 염을 심어 넣어 주는 일부터 시작한다. 외경은 인간이 선천적으로 타고 나오지 못하는 단 하나의 것이라고 괴테는 생각한다. 이것은 교육으로 주어지며 심어져야 한다. 그리고, 이것은 인간이 인간이 될 불가결의 조건이다. "자연은 모든 사람에게 평생 필요한 것을 다 주었습니다. 이것을 발전시키는 것이 우리의 의무입니다. 더러는 스스로 발전하는 것도 있습니다. 그러나 꼭 하나만은(외경) 아무도 가지고 태어나지 않습니다."

괴테에 의하면 외경에는 세 가지 꼴이 있는데, 이 세 가지가 융합하여 전체를 이룰 때, 참된 종교가 생기고 또 여기에서 힘이 생긴다. 이 세 외경이란, 위에 대한 외경(신·스승·어버이), 아래에 대한 외경(아래 사람·자식·약한 자), 그리고 동등한 자에 대한 외경(이웃·친구)이다.

이 세 외경에서 최고의 외경, 즉 자기 자신에 대한 외경이 생기며, 이 속에서 또한 세 외경이 성장하며, 이것을 통하여 인간은 그가 도달할 수 있는 최고의 것에 도달하며, 자신과 신과 자연이 낳은 최고의 예술품으로서 자기를 완성시킬 수가 있다.

이 괴테의 사상은 페스탈로치의 사상과 너무나도 상통하는 점이 많다. 사실 '교육공동체'의 모델은 페스탈로치의 새 학교였다는 설도 있는데, 이것은 과한 말이고, 페스탈로치와 한 때 협동해서 학교를 경영한 펠렌벨크의 새 학교를 괴테가 참고했다는 말이 옳을 것이다. 또한 괴테가 후에 독일에 생긴 '페스탈로치주의 학교'에서 국어교육에서의 페스탈로치 방법을 흥미롭게 참관했다는 것은 사실인 것 같다.

이런 사실이 있음에도 불구하고, 페스탈로치의 저작이 괴테의 사유와 창작에 영향을 끼치지는 못했다고 단정하는 연구가도 있다. 그 증거의 하나로서 괴테는 페스탈로치의 1897년의 저작《탐구》초판을 소장하고 있었으나, 그는 이것을 읽은 흔적이 없다는 것이다. 괴테의 일기·서한·저작 어느 곳에도 페스탈로치에 대한 언급이 없고, 또 괴테는 책에 밑줄을 치면서 읽는 버릇이 있었다는데,《탐구》에는 전연 줄이 쳐져 있지 않았다는 것이다. 또 하나의 증거로서 괴테가 늘 책을 빌려 보던 바이말의 도서관의 서적 대출란에 그가 페스탈로치의 저작을 빌려 간 흔적이 없다는 점이다.

위에서 살핀 대로, 괴테가 직접 페스탈로치의 사상적 영향을 받았다고 볼 수는 없으나, 이들은 사상적으로 통하는 면이 있고, 또 괴테는 페스탈로치의 교육이념을 잘 알고 있어, 그 나름으로 평가·비판했다는 것이다.

3. 페스탈로치의 괴테관

페스탈로치는 괴테가 예술의 세계에 왕자와 같이 군림하며, 반기독교적인 연애를 미화하는 것을 싫어하고, 그를 '천사와 악마의 중간자', '순박한 여성을 꾀어내는 유혹자'라고도 불렀다. 페스탈로치의 소설에는 대중소설의 단 하나의 소재인 '연애'가 없었고, 그의 생활에도 부부 이외의 사랑은 하나도 없었다. 그러나 괴테의 작품은 연애로 시작하여 연애로 끝나며, 그의 사생활도 소설 못지 않게 연애로 시작하여 연애로 끝난다. 14세에 연상의 소녀 그레트헨을 사랑하고, 74세에 19세의 소녀 레보쓰오를 사랑한다. 그리고, 또 그는 그 사이에 무수한 여성을 사랑한다. 이런 괴테를 페스탈로치가 부도덕하다고 청교도적인 입장에서 비난하는 것도 무리가 아니다. 페스탈로치의 사랑은 값 없는 자를 측은히 여기는 기독교적인 아가페의 사랑이며, 그 사상이 가정교육론에 나타나 있고, 괴테의 사랑은 대상이 갖는 가치를 사랑하는 희랍적인 에로스의 사랑이며, 이 사상은 '교육공동체'에 나타나 있다.

아가페는 무가치한 대상에 가치를 창조하는 사랑이며, 베푸는 사랑이며, 못난 아이일수록 사랑이 더 가는 어버이의 사랑인데, 에로스는 상대방이 갖는 미와 가치를 사랑하며, 스스로의 힘으로 인격을 완성하려 드는 인간 중심의 사랑이며, 상대방에서 무엇인가 빼앗아 자기를 위하여 소유하는 사랑이다. 괴테가 미의 탐구자라면, 페스탈로치는 선의 계발자라고 볼 수 있다.

교육에 있어서 어느 사랑이 더 중요하며, 미와 선 중의 어느 것이 더 중요한가에 대해서는 이 자리에서 논할 게제가 아니나, 이것들이 다 필요하며, 이 이질적인 것을 극단적으로 대표하는 사람이 괴테와 페스탈로치라 할 것이다.

4. 작은 저작들

그의 유일한 체계적, 철학적 저작 《탐구》의 사상은 다음에 다루기로 하고, 너무나도 유명한 그의 슈탄쓰 고아원 사업의 소개로 넘어가기에 앞서 이 사이에 쓴 저작의 내용을 간단하게 해설코자 한다.

늙은 누에가 실을 뽑아 집을 짓듯이 페스탈로치는 끝없이 사상이 흘러 나오는 것을 느꼈다. 그는 이제린의 권고를 받아들여 1782년에 자신의 기관지로서 《스위스 신문》을 창간하였다.

이 신문은 한 번에 16면씩 나오는 주간 신문이었고, 매주 목요일에 발간되었다. 신문이라고 이름 붙인 이상, 보통 신문과는 그 근본 성격이 다르다 할지라도, 체제와 내용의 범위는 풍속·습관·도덕·종교·교육·사회의 전반에 걸친 것이었고, 기사의 체제는 대화도 있고, 창작도 있고, 우화도 있고, 수신담도 있고, 시가도 있고, 논설도 있는 것이었다. 저술가로서 최고조에 달한 1780년대의 그의 사상의 기조는 교육입국의 주창이었으므로, 교육에 의한 사회 개혁론을 펴는 데는 이 신문은 큰 의의를 지녔다 할 것이다. 그는 이 신문으로 특히 상류계급의 식자들을 계몽시키고자 원했다. 여기에는 사회 문제, 정치 문제도 다루어지게 되어, 자연히 자신의 계급의 무사안일적인 안정을 원하는 상류층 독자들의 의구심을 낳게 하고, 따라서 독자의 수도 차츰 줄어, 창간한 지 만 1년도 채우지 못하고 겨울에는 폐간되었다.

그러나 이 신문이 유럽에 준 영향은 절대로 적지 않다. 그 예를 한 두개 들어 보면, 제2호에 실린 《영아살해》에 관한 논설은 유럽에 큰 반향을 일으켜 감화원제도와 수인교화법을 비롯하여 여러 제도를 개혁시키는 계기가 되었다.

유럽의 군주 중에는 페스탈로치의 자문을 얻고자 관리를 파견한 사람도 있엇다. 그가 이 신문에서 중점적으로 다룬 것은 교육문제이며, 이 신문이 갖는 중요한 의의의 하나는 — 여기에 서술된 그의 교육론은 후기의 그의 저작에서 볼 수 있는 제자들의 영향이 없다는 점에서 — 그 자신의 독창적인 사상을 접할 수 있다는 점이다. 다음에 이 신문에서 다룬 논문 중에서 중요한 것을 몇 소개한다.

(1) 《교육론》

생활하는 것, 자기 신분 안에서 축복받게 되며, 자기 주위에 쓸모 있게 된다는 것, 이것이야말로 인간의 사명이다. 이것은 또한 어린이들을 교육·향상시키는 목표이기도 하다.

그는 교육의 목적을 이렇게 명쾌하게 정의하고, 바로 이어 다음과 같이 논한다.

그러므로 수단과 방법을 모색하여, 모든 어린이가 자기 처지 안에서 자연스럽고 손쉽게 기능·감각·판단·기호를 터득하고, 이것을 통하여 자기 신분 안에서 행복하게 살며, 자기 처지 안에서 사회에 유익한 구성원이 되게 하라. 이것이 모든 교육의 기초이다. 또 그러므로 여기에서 다음과 같은 원리가 나온다. 인간의 처지는 각각 다르며, 그의 욕구와 습성과 기호도 각각 다르다. 그러므로 자기 처지 안에서 조용하고 행복한 인간이 되게 교육시키는 심정과 기술을 도야하는 수단과 방법도 각각 다르다.

교육의 목적을 무엇에 두느냐, 이 문제는 참으로 큰 문제이다. 저자는 세 사람에 의해서 주장된 이질적인 교육목적론이 존재한다고 생각해 본 적이 있다. 그리고, 근복적으로는 이 셋 이외에는 없다고도 생각한다.

첫째는 플라톤의 생각인데, 그에 의하면, 교육이란 인가의 영혼에 불을 질러 육체라는 감옥을 벗어서 영혼이 이념을 바라보며 하늘을 향해 스스로 걷게 하자는 것이고, 둘째는 페스탈로치의 생각인데, 교육이란 천성의 힘을 고루 발달시켜 각자 주어진 분을 지켜 아늑하고 편안하게 살게 하자는 것이고, 세째는 듀이의 생각인데, 교육이란 경험의 꾸준한 재구성을 통하여 생활에 부딛치는 문제를 해결하고 나아가서 사회 혁신을 기하자는 것이라고!

이 불꽃 튀기는 이상의 추구, 평화로운 인간생활, 그리고 개인의 문제해결과 사회혁신의 세 기조는 마치 교향곡에 있어서의 주제 멜로디와 같이 서로 변주되면서 조화를 이루어야 하며, 따라서 이 중 어느 하나를 소홀히 해도 그 교육은 힘 없는 것이라고 나는 믿는다. 오늘날 교육에서 실은 이 중 소홀히 되고 있는 것이 플라톤과 페스탈로치의 교육이념이 아닐는지!

(2)《종교론》

페스탈로치에게는, 종교는 인간의 행복을 위한 것이며, 따라서 신은 인간에게 가장 가까운 관계였다. 이 점에서, 그는 소위 '속죄'라는 기독교의 근본 교리와 '내세 혹은 재림' 및 '처녀 탄생'을 믿지 않은 것으로 여겨져, 카톨릭 교회에서는 그를 이단시하고도 있었고, 이로 인하여 그의 교육사업에 지장도 초래하였다. 이것은 인간의 선한 본성과 그 도야 가능성을 전제로 하는 그의 교육적 세계관에서 나오는 당연한 귀결이다. 그러나 또 한편 그는 심정적(!)으로는 경건하고 정통적인 기독자, 즉 위의 세 교리를 그대로 믿는 신자이기도 하였다. 이런 그의 모습을 그의 종교론에서 볼 수 있다. 서로 모순되는 귀절만 하나씩 소개한다.

인간은 자기를 위하여 신을 믿는다. 왜냐하면 인간이 신을 믿고 안 믿고는 신에게는 아무런 관계가 없기 때문이다.

이것이 그의 종교관의 특색이다. 즉, 그에 의하면 신앙은 신에게 영광을 돌리기 위한 것이 아니고, 인간이 자기를 완성하는 데 필요한 것이다. 그러나 그는 또한 다음과 같이 전통적인 신앙을 고백하기도 한다.

죽음이 있는 자가 신에게 무엇을 말하려는가. 그는 신에게 다음과 같은 말만을 해야 할 것이다. 신은 선하다. 신은 아버지이시다. 감사 위에 감사를 그에 드릴지어다! 인간이 신에 대하여 이 이상 무엇을 알며, 이 이상 무엇을 말할 수 있단 말인가! 지상의 만물은 소리를 모아서 다만 다음과 같이 말할지어다!
그는 선하다!
그는 아버지이시다!
그리고 감사 또 감사!
그리고, 입을 다물고 기도하라.
그리고, 그의 영원한 은총과 죽음의 저쪽에 일, 광명을 믿고 소망하라.

그의 종교관은 이러한 두 가지 이질적이고 상반되는 모티

프로 형성되어 있다. 그러기에 그는 어느 때는 인간의 찬가를 소리높이 부르는가 하면, 어느 때는 가슴을 치며 하나님 앞에 엎드리며 회개하고 참회하는 기도도 한다. 화석처럼 굳혀진 종교가 아닌 한, 원래 신앙이란 이런 것이 아닐까!

Ⅵ. 학문적 탐구와 인간적 애환

독일 프랑크프르트와 라이프치히에서
출판된 《입법과 영아살해》

Ⅵ. 학문적 탐구와 인간적 애환

1. 페스탈로치 산맥의 발굴

플라톤을 철학자·교육학자·사회학자·문학자로 연구해야 하듯, 페스탈로치도 철학자·교육학자·사회학자·문학자로서 연구되어야 하며, 또 이렇게 연구되어 왔다. 이들은 하나의 큰 산맥을 이루고 있으므로 여러 각도에서 발굴이 되어야 할 것이다. 사실 오늘날에도 독일·프랑스·스위스·일본에서는 여러 각도에서 연구한 논문이나 책들이 계속 나오고 있다.

월취라는 미국의 가톨릭 대학의 수녀는, 처음에는 페스탈로치의 종교관이 정통적인 기독교와는 어긋나는 것임을 논증하려고 그를 비판적으로 연구하다가 나중에는 그의 교육학 체계에 더욱 마음이 끌리게 되어, 그를 사회교육적 측면·심리학적 측면·방법론적 측면에서 연구하여, 색다른 학위 논문을 완성시켰다. 이것이 1952년에 발간된 「페스탈로치와 그의 교육이론」이다. 페스탈로치의 사상은 독일·영국·프랑스를 통하여 간접적으로 미국에 소개되었으나 후에는 직접 그의 저작을 연구하며, 그의 학원을 참관하는 사람이 나타나게 되어, 미국의 교육, 특히 초등학교 교원의 양성기관인 사범학교에 이것이 뿌리를 박게 되었다. 셀돈을 중심으로 한 새 교육 운동으로서의 '오스웨고 운동'은 페스탈로치의 실물교수법과 구두문답교수법의 방법을 채택한 것이었다. 그 후 미국에서의 페스탈로치 연구는 미국인의 실용 중시, 심리학적 방법론 중시 및 교육학에서의 고전경시의 생리 때문에 침체 상태를 면치 못했는데, 위의 윌취 수녀 같은 연구가가 나오게 된 것은 경하해 마지 않을 일이다.

일본에서는 교육철학의 측면에서 지금까지 많이 연구하여 왔으나, 근래에 와서는 사회 교육적 측면에서 연구가 활발히 전개되고 있고, 또 최근에는 교과교육학적 측면에서 — 예를 들면, 사회생활과 교육, 음악과 교육, 수학과 교육 등의 측면에서 연구가 진행중에 있다. 페스탈로치는 교육학적 센스로 각 교과의 교육 원리를 직관적으로 피력하고 있기 때문인 것이다. 그가 사상 최초로 초등학교의 수학교과서를 체계적으로 만들었고, 또 수학교육의 원리를 인간도야의 입장에서 논술한 학자였었다고 말한다면, 그를 고아원의 사랑의 교사로만 알고 있는 독자들은 아마도 놀라리라! 사실 이스라엘이라는 페스탈로치 연구가는 그에 대한 연구 논문 제목을 1,200여 편 수집하여, 이것을 세 권의 책으로 압축 기록하여 페스탈로치 연구문헌의 목록을 만들었는데, 이런 이야기는 다음에 다시 할 기회가 있으리라.

저자는 앞으로 우리 나라에도 많은 페스탈로치 연구가가

나오기를 기대하여, 또 이들에게 연구의 실마리를 제공하기 위하여 우선 그의 저작을 많이 소개하고자 하는 바이다. 이 책에서 그의 생애보다도 그의 저작 소개에 중점을 두고 쓰고 있는 이유도 여기에 있다.

고전은 몇 백년의 시련을 겪고 수천 수만 권의 잡서를 물리치고 살아 남은 인류의 유산이다. 저자는 이 책의 제한된 지면을 최대한 유효하게 이용하여, 그의 연구에의 입문을 위한 계몽적인 작업을 진행시킬 것이다.

이번 장에는 이 시기의 작품 중에서 중요한 것을 세 편만 골라서 그 내용을 소개하고, 이 시기의 그의 주변 및 그의 가정의 인간적 애환도 적어 보기로 한다. 그리고 다음 장에 그의 너무나도 유명한 슈탄쓰 고아원의 활동 및 그 수기를 소개할 것이다.

2. 《입법과 영아살해》

일본에서의 일인데, 해마다 열리는 페스탈로치 축제의 기념강연회에 한 번은 법학자가 뛰어들어 꼭 페스탈로치에 대한 자기 연구를 소개할 기회를 달라고 졸라 교육학자들을 놀라게 한 일이 있었다. 이 법학자는 페스탈로치의 사회교화에 관한 논설을 연구하면서, 페스탈로치가 법학에도 공헌을 한 사람임을 알게 되었다는 것이다. 이 학자의 말에 의하면 형법에서의 형에는 응징형·격리형·교육형의 세 가지가 있는데, 역사상 최초로 교육형의 개념을 제창한 사람이 다름 아닌 페스탈로치라는 것이었다. 응징형이란, 범죄의 대가를 괴로움을 통해서 치

루게 하는 형이며, 격리형이란, 범죄란 나쁜 유전 또는 정신 분열 등에서 비롯하는 것이므로 죄인의 회개는 기대할 수 없고, 따라서 죄인은 일반 사회와 분리시켜 수용할 수밖에 없다는 생각에서 오는 형이며, 교육형이란, 범죄는 후천적인 환경과 교육의 잘못으로 오는 것이므로 교육과 환경 개선을 통해서 죄인을 회개시킬 수 있다는 생각에서 비롯한 형이다. 페스탈로치의 다재다능한 일면과 또 그의 깊은 통찰력과 교육적 센스를 잘 나타내는 한토막 일화이다.

그가 이 교육형의 개념을 서술한 것이 《입법과 영아살해》라는 저작이다. 페스탈로치가 취리히 대학에서 법학공부를 하고 있을 때, 스위스의 바트 주의 두 소녀가 갓난아이를 죽인 죄로 사형을 받는 일이 있었다. 이 사건은 그에게 큰 충격을 주었고, 많은 식자들에게 충격을 주었다. 그의 표현에 의하면 "비둘기가 상처를 입고 피를 흘리는 것을 보고도 무서워서 떠는 아릿다운 소녀들"이 왜 이처럼 인류의 본성에 어긋나는 무서운 범죄를 저지르게 되는 것일까? 페스탈로치는 이런 사실을 곧이듣지 않았으나, 재판 결과 이것이 사실이며, 또 영아 살해가 혼함을 알고 경악했다. 그의 표현에 의하면, "다리 밑에서 사는 거지들도 아이들을 들장미같이 향기롭게 키우는데, 왜 소위 문명의 자녀들은 떨리는 손으로 아이들을 목졸라 죽이지 않으면 안 되는 것일까?"

페스탈로치는 이 문제를 오랫동안 생각한 끝에, '입법과 영아 살해'라는 제목으로 1780년부터 논문을 쓰기 시작하여, 그가 교육주보를 낸 이듬해인 1783년에 완결시켜 세상에 내 놓았다. 이 연구는 그의 많은 연구 중에서도 특이한 연구인데, 이 속에서 우리는 그의 뛰어난 사회개혁론의 일반적 본질을 파악할 수 있다.

그에 의하면 소녀가 아이를 죽이는 것은 '절망의 결과'에서란다. 자기를 꾀어 낸 다음 배신한 사내에게 절망하며, 영달의 길이랍시고 자기를 도시에 내 보낸 어버이에 절망하고, 엄하게 법으로만 다스리는 국가에 절망하고, 또 자기를 이런 처지에 몰아 넣은 신에 절망할 때, 소녀는 아이를 죽인단다. 즉 인간성에 절망할 때 살인이 자행되는 것이었다. 그 책임은 어디에 있는가? 사회에 있다! 냉혹한 사회는 그 원인을 생각지 않고 법으로 제재하기 때문에 이런 범죄가 연이어 일어난다.

페스탈로치에 의하면, 이런 낙태, 영아 살해 등의 범죄를 방지하는 비결은 우선 벌하지 않는다는 것이었다. 왜냐하면 악은 악을 가지고는 바로잡을 수 없으며, 비인간적인 처사로는 인간을 도야할 수 없기 때문이란다. 비인간적인 처벌은 도리어 이들 딱한 소녀들의 마음을 더욱 경화시켜 인간성을 잃게 하고, 매춘부로 전락시킴으로써 범죄를 가중케 한다. 어떠한 범죄에도 사형은 부당하다고 페스탈로치는 주장하는데, 그 이유는 죽음은 죽음을 부르기 때문이란다. 그에 의하면 죽음에 대한 공포는 죽음을 부르게 되며, 처벌에 의한 치욕·조소·불명예는 여성의 모성적인 본능과 인간으로서의 선을 잃게 함으로써 더욱 큰 범죄와 악덕을 자아내게 한다는 것이다.

그에 의하면, 범죄를 막는 둘째의 방법은 교화를 통하여 범죄자의 마음 속에 사랑·감사·신뢰의 정을 불러 일으키는 일이었다. 그는 인간의 조화적 교육을 통하여서만 범죄를 방지할 수 있지, 응징·격리 등의 국부적·말초적 수단으로는 불가능하다는 것이었다.

그는 낙태, 영아 살해의 원인과 그 예방책을 다음과 같이 여덟 항목으로 나누고 세밀하게 논하고 있는데, 다음에 그 개요만을 소개한다.

① 첫째 원인: 남성들의 배반

정식 결혼관계 이외의 관계로 임신한 소녀는 임신 수 개월 후에는 법원에 계출함으로써, 교제한 남성이 누구인지 법관에 알리게 하고, 법의 보호를 받을 것.

② 둘째 원인: 음란의 법적 처벌

부부 외의 성관계가 발각되면 둘 다 동액의 벌금을 물도록 되어 있는데, 이것을 시정하여, 남성의 경우에는 그의 재산·교육의 정도에 따라 벌금을 많이 과할 것.

③ 셋째 원인: 빈곤

농촌의 소녀는 가난으로 도시의 식모살이에 나가게 되어, 별과 같이 반짝이는 다이아몬드를 낀 부자집 주부 밑에 살며, 또 20 마을이나 먹고 살게 할 수 있는 재산을 가진 호화롭고 윤택한 살림을 보게 됨으로써 허영심에 빠져 범죄를 저지르게 되는데, 이를 막는 길은 하층계급 사람들이 자기 처지에 만족하면서 살도록 교육시키고, 상층계급 사람들을 지혜와 정의·관용에 입각해서 살도록 교육시킬 것.

④ 네째 원인: 식모살이

도시에 식모살이 나온 소녀들은 자기 신분에 맞지 않는 생활을 동경하여 죄에 빠지기 쉬우므로, 이를 예방해야 하며, 또 피임약·낙태약을 쉽게 구하지 못하도록 예방할 것.

⑤ 다섯째 원인: 양친·친척에 대한 공포

양친과 친척은 불쌍한 이들 소녀를 따뜻하게 보호해야 하며, 또 이들이 소박한 관습과 생활에 만족하게 살도록 지도할 것.

⑥ 여섯째 원인: 위선적 품행 방정

소년·소녀들이 위선적인 행동 규범에 얽매이지 말고, 발랄하고 솔직하게 감정을 표현할 기회를 줄 것.

⑦ 일곱째 원인: 옛 죄의 결과

젊었을 때 죄를 저질러 처벌을 받고 그늘에서 사는 불안정한 미혼 생활이 범죄를 유발하기 쉬우니, 그들이 빨리 안정된 가정생활을 할 수 있게 도울 것.

⑧ 여덟째 원인: 해산의 괴로움

아무 준비도 없이 비웃음이나 냉대 속에서 해산을 하게 될 소녀들을 불쌍히 여겨 보호하라. 동물들도 해산이 가까우면 안락한 장소를 택해 놓고 준비를 해 둔다! 우리는 이들 소녀를 보호해야 한다. 이들의 해산 비용을 일체 국가 부담으로 해야 하며 해산을 돕지 않는 자는 법으로 처벌해야 한다.

페스탈로치는 범죄는 사회 전체의 책임이며 따라서 이것을 방지할 수 있는 길은 부의 불평등을 시정하고 복지사회를 이룩하는 길과, 교육을 통하여 인간성을 순화시키는 길밖에 없다고 생각하고 있다. 그는 이 저작의 부제를 '진리와 꿈'이라고 붙였는데, 그것은 진리이기는 하지만, 이루기에는 요원한 이상이라는 뜻에서였을 것이다. 그러나 그의 교육형의 개념, 사형폐지론, 부의 균등화, 출산비용의 국고부담 등의 생각은 오늘날 복지사회에서 널리 채택되고 있는 것들이다. 참으로 그는 실천에는 무능했지만 꿈에는 유능했다! 인류에 꿈을, 민족에 꿈을, 그리고 어린이에게 꿈을 꾸게 하는 것이 참교육임을 그의 생애와 저작을 통해서 실감나게 볼 수 있다.

그는 영아 살해를 방지하기 위하여 슬기로운 입법을 권장하고, 이 속에 임신 소녀를 보호하기 위해서 적어도 다음 다섯 개의 사항을 구체화할 것을 재안하고 있는데, 그것은,

① 비공개(비밀)의 풍기재판소를 설립할 것.
② 풍기재판소의 지부를 각 지방에 둘 것.
③ 양심적인 전담 직원을 배치할 것.
④ 이 지도원 밑에 비밀을 보장할 수 있는 산파를 배속시킬 것.
⑤ 상담·해산 등의 일체 비용을 물지 말게 할 것.
등이다.

마지막으로 이 저작의 결론을 소개하기로 한다.

진정한 입법의 정신과 공권력은 다음과 같은 지주 위에 서야 한다.
• 신에 대한 외경(畏敬) 위에 세워진 정의
• 겸손한 생활 위에 세워진 인간성
• 사랑에 용솟음치는 관용
• 악이 싹트기 전에 그것을 미리 막는 지혜
• 필요하다면 국가와 국민에게 몸을 바칠 수 있는 고결한 마음.

3.《우   화》

　　바움갈트너는 페스탈로치 선집 제 5 권에 《우화》를 수록하고 있다. 페스탈로치는 약 300편에 가까운 우화를 창작했는데, 그 중에는 뛰어난 것도, 더러는 습작 같은 것도 있다. 이것들은 1780년에서 1790년 사이의 10년간에 씌여진 것인데, 그는 프랑스 혁명을 전후한 시기에 농촌에 도사려 앉아서 일하고, 사색하고, 대자연의 묵시를 받으면서 이것들을 썼다. 그는 《우화》를 정리하여 1797년에 출판하였고, 1823년에 재판하였다.

　　이 저작의 정확한 표제는 '나의 ABC책을 위한, 즉 나의 사상의 초보적 원리를 이해하기 위한 우화'로 되어 있다. 그는 우화를 통해서 교육의 진리, 자연의 진리를 가볍게 말하고자 했다. 우화의 교육적 가치에 대하여는 말할 필요가 없으리라. 유럽에서는 어린시절에 이솝의 우화를 많이 읽게 하고 있고, 종교개혁자 루터도 우화의 가치를 높이 평가하고 있다. 그러나 페스탈로치가 숭배한 루소는 이솝의 우화가 어린이에게 간교한 지혜를 가르치게 되어 정서 발달에 해롭다고 《에밀》에서 논하고 있다.

　　페스탈로치는 왜 루소의 생각을 쫓지 않고 우화를 썼는지는 확실치 않다. 그러나 그의 우화에 뛰어난 것이 많아, 대개의 전집에 이것을 한권의 책으로 수록하고 있다. 우리는 이 속에 그의 탁월한 관찰력과 천재적인 기지, 문학적인 자질, 그리고 뛰어난 교육적인 감각을 엿볼 수 있다. 다음에 그 중에서 몇 개만 소개하기로 한다.

① 병든 나무

아버지가 심어 준 나무를 어린이는 정성들여 가꾸고 물을 주었다. 그런데 나무는 매일 조금씩 시들어 죽어 갔다. 착한 이 어린이는 시들은 나무잎을 따면서 슬픔에 잠겼다. 그런데 어느날 나무는 어린이에게 타일렀다. "나의 병은 뿌리에 있단다. 뿌리만 살려 준다면 나는 다시 싱싱하게 자라 푸른 잎을 보여 줄 수 있는데." 어린이는 나무 밑을 파고 뿌리를 보았다. 그런데 정말 뿌리에는 쥐가 구멍을 뚫고 살고 있었다.

② 보리수와 왕

왕, "너에게 잎이 많이 붙어 있는 것처럼 나에게도 신하가 많이 붙어 있었으면 얼마나 좋을까."

보리수, "나는 나의 몸에 있는 자양분을 잎으로 보내고 있습니다. 내가 잎에서 얻은 것보다 더 많은 자양분을 말입니다."

③ 산과 평원

산, "나는 너보다 높다."

평원, "홍, 그러나 산아! 나는 전부이고, 너는 나의 작은 일부에 지나지 않는다는 것을 모르느냐!"

④ 상한 마음

아빠 수탉이 새끼 병아리를 피가 나도록 쪼았으나 엄마 암탉은 병아리를 감싸 주지도 않고, 아빠 수탉이 하는 대로 보고만 있었다. 피투성이가 된 새끼 병아리는 간신히 짚단이 쌓인 곳으로 도망쳐 숨었지만 상처가 너무 깊어 말리지 않는 엄마 암탉을 원망하며 숨졌다.

이 우화들이 말하고자 하는 진리는 명백하다. 저자는 이 마지막 우화, 즉 '상한 마음'이 퍽 교육적 진리를 잘 나타낸 것이라고 본다. 교육에는 객관적인 가치 규범과 인류의 영원한 이상을 강압적으로 요구하는 엄격한 아버지로서 대표되는 '의(義)'가 필요하며, 동시에 어린이의 욕구와 필요를 채워 주며, 그 성장을 도우며 감싸 주는 따뜻한 어머니로서 대표되는 '사랑'이 필요하다. 이 의와 사랑, 즉 이 서로 모순되는 두 가지 방법이 공히 필요하다는 점에 교육의 어려움이 있다. 페스탈로치는 사랑의 교사이지만, 체벌도 필요하다고 말했다. 마치 식물이 커 가는 데 냉기와 온기가 공히 필요하듯이!

오늘날 교육의 마당에, 그리고 특히 가정에 이 의와 사랑이 공존 못하고 있음을 저자는 슬퍼한다. 가정의 교육적인 기능이 오늘날 급격하게 상실되어 가고 있다. 아버지는 의를 대표하여 매를 들어야 할 것이며, 어머니는 자기 몸으로 아이를 감싸며 대신 매를 맞으며 아이를 감싸야 할 것이다! 여기에서 참된 교육이 이루어진다. 아버지가 매를 못들고, 어머니가 방관하고 있는 것은 자식에 대한 참된 사랑이 없기 때문이다. 교사도 학생을 진정으로 사랑할진대, 사랑의 폭발로서 매를 안 들을 수 없는 것이다. 교사가 매를 못 드는 이유는, 교사가 모두 글만 가르치는 직업인이 되어 버렸고, 또 사회와 부모도 이것만을 기대하고 있기 때문이다. 기독교는 구약에서의 모세의 엄한 율법과 신약에서의 예수의 대속적인 사랑과의 조화 통일로 성립된다. 저자는 교육도 이러해야 한다고 페스탈로치와 더불어 굳게 믿는다.

4. 《탐   구》

《탐구》라는 작품은 정확하게는 '인류의 발전 과정에 있어서의 자연의 과정의 탐구'이며, 그의 노이호프 시절의 최후의 저작이자, 그의 유일한 체계적인 철학적인 저작이다. 그는 이것을 3년이나 걸려서 완성시켰는데, 형식이 갖추어지지 못했고, 내용도 어렵고, 시사적인 논제도 아니어서 이 책은 일반인에게는 많이 읽혀지지 않았다. 그런데 니데러, 헬데 등의 철학자들은 이 저작의 독창적인 내용을 높이 평가하였다. 그가 이 책을 쓰게 된 동기는 독일의 우국지사 피히테의 권유에 의한 것이라고 보여진다. 그러면, 이 저작의 주제는 무엇인가? 그는 문제의 제기에서,

"나는 무엇이며, 인류는 무엇인가? 나는 어떻게 걸어 왔으며, 인류는 어떤 길을 걸어 왔는가?"하고 묻는다. 이 저작은 교육의 대상으로서의 인간을 추구한 것이며, 따라서 그의 교육학 체계에서 다루어진 인간관이 무엇이었던가를 아는 좋은 자료가 된다. 원서로 200면이 넘는 방대한 저작인데, 그 내용을 간단히 소개하면 다음과 같다.

인간은 자연적 상태, 사회적 상태, 그리고 도덕적 상태로 발전하는데, 종교는 이 도덕적 상태에서 인간이 자기를 완성시키고자 등장하는 것이라 한다.

그에 의하면, 인간발전의 첫 단계는 자연적 상태이다. 인간은 태초에 순박한 동물적인 상태에서 자기 본능과 감각적인 욕구를 채우면서 살았다. 루소에서와 같이 이 상태는 죄와 악이

없는 상태였다. 그들은 배가 고프면 악을 써도 배가 부르면 선의의 미소를 던지면서 산다. 그런데 여기에 결정적인 계기가 나타나 인간을 사회적 상태로 몰아 넣는다. 그는 이 계기를 다음과 같이 예를 들고 설명한다. …… 배가 고픈 자연인이 열매가 열린 나무를 찾아냈다. 그런데 바라보니 높아서 손에 닿지 않는다. 막대기를 찾아도 없고 돌을 던져도 맞지 않는다. 그런데 이 광경을 묵묵히 보고 있던 또 하나의 자연인이 옆에 있었다. 두 자연인의 눈이 부딪쳐 불꽃을 튀긴다.

"어깨를 빌려 줄 터이니 열매를 따서 너하고 나하고 나누어 먹자"는 '계약'이 이 두 자연인 사이에 성립된다. 여기에 새로운 국면이 전개된다. 새로운 사회적 상태가 '계약'을 통해서 탄생이 되는 것이다. 이 사회적 상태는 인류가 감각적 욕구와 생리적 욕구를 서로 협력해서 채우기 위하여 계약으로 성립시킨 상태이므로, 그 본질로 보아서는 자연 상태의 양적 확대에 지나지 않는다 한다.

알몸과 알몸과의 계약으로 출발한 이 사회적 상태는 그 범위가 넓혀지면서 질적으로 변화를 일으켜 지배자와 피지배자, 부자와 가난한 자 등의 불평등을 야기시키는 정치체제를 낳게 한다. '계약'은 힘이 센 자에게 무시되기 때문이다. 자연적 상태가 '손에서 입으로' 욕구를 채우는 상태라면, 사회적 상태는 '머리에서 입으로' 욕구를 충족시키는 상태이다. 법률은 최대공약수적인 약속에서 나오며, 그러기에 사회적 정의의 표현이기도 한데, 실은 이 법률이 힘을 대표하는 지배자의 이익에 봉사하게 된다. 이 근처부터 페스탈로치의 붓은 자못 날카로와진다. 승려들도 실은 지배자의 빵을 얻어 먹고 지배자에 봉사하는 구실밖에 못한다. 그들은 백성들의 활달한 의기를 꺾고, 지배자에게 순종하는 사람들을 만든다. 그러기에 그들은 백성들을 '졸게'해 놓고서 이것을 '신 안에서의 평화'라고 설교한다!

이 얼마나 날카로운 통찰력인가! 페스탈로치는 이 다음 단계를 도덕적 또는 종교적 단계라고 논한다. 어떻게 이 새로운 단계가 출현하는 것일까?

인간은 본능과 감각의 욕구를 충분하게 채우면서도 무엇인가 채워지지 못한 갈망을 느낀다. 인간에는 '육(肉)이 있음과 동시에 육을 초월하려는 영(靈)'이 있기 때문이다. 그는 이렇게 말한다.

"나는 내 안에 동물적 욕구나, 사회적 관계와를 떠나서, 나의 안을 깨끗하게 하려는 힘이 있는 것을 느낀다. 이 힘은 절대 무엇에도 구애받지 않는 천부적인 것이다. 내가 인간으로서 존재함은 이 힘이 있기 때문이다. 이 힘은 선천적으로 나에게 내재하는 감정에서 생긴다. 이 힘으로서만 나는 완성을 향할 수 있다. 이 힘이 곧 도덕이다."

데카르트는 "나는 생각한다. 그러므로 내가 존재한다"고 했고, 유물론에서는 "나는 생산한다. 그러기에 내가 존재한다"고 할 것이나, 페스탈로치는 "나는 신을 예감한다, 그러기에 내가 존재한다"고 갈파했다. 그가 생각한 교육의 목표는 아이들의 필요와 욕구를 채워 주는 것(자연 상태)도 아니요, 아이들에게 협동의 정신(사회 상태)를 길러 주는 데 머물러서도 안 되는 것이며, 바로 인간을 도덕적·영혼적으로 완성시키는 일이었다. 이 점이 그의 교육이념의 핵심이다.

5. 애   환

《탐구》를 발표한 1797년, 그의 나이 벌써 52세였다. 안나 부인은 일곱살 위이니 59세이다. 동양의 말로 하면 '지천명(知天命)'의 연륜이 아닌가!

단 하나의 아들 야곱은 어려서부터의 지병인 통풍병으로 고생하였고, 몸도 몹시 약했다. 야곱은 한 때 상업을 배우기 위하여 도시에 나가기도 했으나, 건강 때문에 계속 못하고 집에 와 있었다. 이 일로 마음이 상한 안나 부인도 몸마저 약해져 몇 주일씩이나 요양을 하지 않으면 안 되었다. 외아들 야곱은 1791년 얌전하고 헌신적인 안나 막다레나 프레리히라는 여성과 결혼했고,《탐구》가 나온 해에 아들을 낳았다.

페스탈로치는 이제 할아버지가 되었다! 손자이름은 고트리프이다. 페스탈로치는 이 손자를 퍽 귀여워했다. 그러나, 고트리프의 아버지는 여덟살난 아이를 페스탈로치에게 맡기고 죽었다. 다정다감한 조부모와 과부된 며느리의 비통은 얼마나 깊었으랴!

이런 고난의 시기에 페스탈로치 일가에 한 천사가 찾아 왔다. 그녀는 엘리자베트 네프라는 방년 20세의 처녀였다. 그녀는 어느 가정의 하녀로 있었는데, 주인이 죽자 페스탈로치 일가가 괴로움 가운데 있다는 것을 알고 도와 주려고 이 구석까지 찾아 온 것이다. 페스탈로치는 극구 사양했으나, 이 여성은 콧노래를 부르며, 찬송가를 부르며, 부엌으로 논으로 일을 찾아 해 치우는 것이었다. 이 네프에 대하여는 다시 논할 기회를 갖고자 하거니와, 그녀가 이후 40년 동안 페스탈로치에게 충실하게 봉사했고, 페스탈로치는 이 네프를 '겔트루우트'로 이상화하여 그의 유명한 《겔트루우트의 자녀교육법》의 여주인공의 모델로 하였다. 그에 의하면, 겔트루우트는 땅을 따뜻이 데워 열매를 맺게 하는 태양이며, 안방을 천국의 모형으로 드높이며, 남편과 자녀들을 천국으로 인도하는 이상적인 여성이었다. 아! 그런데 실은 바로 이 천사가 후에 남편과 일찍 사별했고, 더구나 백치가 된 아이를 낳게 되었고, 경제적인 궁핍 속에 세상을 떠났다. 신은 왜 이렇게 야속한 처사도 하시는지?

왜 착한 사람들이 이 세상에서는 괴로움을 받고, 왜 악한 사람들이 이 세상에서는 부귀 영화를 누리는지! 이 물음은 만일 신이 존재할진대, 그리고 신이 사랑일진대, 풀리지 않는 만고의 수수께끼이다. 그러기에 구약 성경의 욥은 불합리한 처사를 하는 신과 한판 따져 보자고 울부짖지 않았던가! 참으로 괴로움은 죄의 댓가로 받는 것일까(인과적), 우리를 단련시키기 위해 신이 주시는 것일까(교육적). 아니면 남을 위하여 대신 받는 것일까(대상적)! 저자는 페스탈로찌의 주변의 괴로움과 우리 민족의 괴로움을 보고 늘 이 물음을 되풀이하여 본다.

VII. 슈탄쓰 고아원

앙커가 그린 슈탄쓰 고아원의 페스탈로치

Ⅶ. 슈탄쓰 고아원

1. 스위스 연방 혁명

프랑스 혁명의 거센 열풍은 사정 없이 스위스에 불어닥쳤다. 스위스는 이제 새로운 체제를 모색하며 자신을 정비하지 않으면 안 될 시기에 이른 것이다. 원래 스위스는 칸톤이라고 불리우는 자치적인 현이 연방을 이루고 있는 나라였다. 그러나 이제 그들은 프랑스혁명 후의 새 시대에 대비하기 위하여 하나의 강력한 통일적인 국가 수립을 모색하지 않을 수 없게 되었다. 이런 과제를 수행하기 위하여는 우선 각 현이 헌법을 개정하여, 옛 현이 갖고 있던 권리를 중앙정부에 이양해야 하며, 또 옛체제를 고수하기 위하여 존재했던 법들을 뜯어 고쳐야만 했다. 사실 이런 움직임은 이미 산발적으로는 나타나 있었다.

혁명의 영향은 우선 베른에 나타나, 시민은 폭동을 일으켜 시정(市政)을 수중에 넣었는데, 이것이 프랑스 혁명이 일어난 1789년 바로 그 해의 일이다. 베른 시민은 또한 1792년에는 프랑스를 본받아 국민의회를 소집하고, 일반 시민의 안녕과 행복을 보증할 것을 선언하였고, 1794년에는 베른 시만의 신헌법을 채택하였다. 이러한 움직임은 진취적인 각 현에 전파되어 갔다. 그러나 모든 현이, 그리고 모든 국민이 다 이런 움직임을 환영한 것은 아니었다. 그래서 신교 대 구교의 싸움, 도시 대 농촌의 싸움, 진취적인 현과 보수적인 현과의 알력이 벌어지게 되었다.

스위스가 이렇게 옛 껍질을 벗고자 해산의 괴로움을 당하고 있는 바로 이 시기에, 프랑스는 영웅이자 야심가인 나폴레옹을 맞아, 혁명 자체의 국내적 완성을 하지 않은 채 세계 정복에의 길로 나섰다. 여기에 프랑스 혁명의 일대 정책전환을 볼 수 있다. 프랑스의 입장에서 본다면, 혁명 과업을 국내적으로 완성하기 위하여는 그것을 공포심을 갖고 방해하려 드는 외국의 반대동맹을 쳐부수어야만 했을 것이다. 그리고 인접 국가들의 입장에서 본다면 자율적인 자체 정비에는 시간이 필요하므로, 그 때까지는 우선 프랑스의 침략을 막는 일이 급선무이었다. 그래서 인접 국가들은 안으로는 개혁을 단행하면서도 급진론자들의 독주를 막고, 밖으로는 프랑스군(나폴레옹 군)의 침입을 격퇴하면서도 프랑스의 체제를 본받지 않으면 안 될 위치에 놓이게 되었다. 참으로 어려운 과제를 그들은 풀어야만 했다.

프랑스에 가장 가까운 스위스는 혁명이 일어나자 바로 이렇게 손을 썼으나 나폴레옹의 돌연한 출현으로 프랑스와의 무력 대결은 피할 길이 없었다. 스위스 사람들이 '설마'하면서도 무서워했던 프랑스 군의 침입은 드디어 1798년 사실로 나타났다.

프랑스 군 사령관은 3월 22일 바젤시의 옥스에게 만들게 한 통일헌법에 의하여 스위스 공화국의 건설을 선포케 하였다. 이것이 스위스의 혁명이다. 이 헌법에 의하면, 법은 만인 앞에 평등하며, 신앙·출판·언론은 자유이며, 농민들은 경작지의 대금을 상각함으로써 토지를 소유할 수 있으며, 세금은 수입에 따라 비례적으로 과해지도록 되어 있었고, 또한 상원 및 대회의를 열어 민의를 대표케 하고 중앙 정부는 다섯 사람의 집정관과 네 사람의 장관에 의하여 관장이 되며, 지금까지의 현은 행정 구역으로는 지속되지만 자치권을 갖지 못하도록 되어 있었다. 프랑스 군 사령관은 이미 헌법을 각 현에 승인할 것을 요구하였으나, 22현 중에서 이 헌법에의 충성을 서약한 현은 겨우 10현밖에 없었고, 그 외의 현에는 보수적인 반대론이 우세하였다. 특히 주목할 점은 산악 지대의 카톨릭 교도가 많은 지방에서는 이에 대한 반발이 더욱 거셌다는 점이다.

이리하여 4세기 동안 연방의 독립을 이어 온 스위스는 내란으로 분열이 되고, 옛날을 자랑하던 큰 건물이 쓰러지고 새 건물이 앙상하게 서게 되었다. 새것과 옛것, 전통과 진취, 중앙과 지방, 도시와 농촌 등이 서로 갈등을 일으키며 새 시대를 맞게 되었다.

2. 페스탈로치의 기본적 자세

드경은 그의 《페스탈로치 전》에서, 이 1798년의 스위스혁명이 그의 생애를 극명히 다른 두 개의 부분으로 나누고 있다고 논하면서, 그의 전기에 특히 그의 '1798년 이전의 페스탈로치의 교설'이라는 장을 별도로 두고, 그 이전의 사상을 정리함으로써, 새 시대에서의 그의 사상의 변천을 이와 비교하면서 살펴보고 있는데, 그 개요를 우선 소개하고 다음에 이 시기의 그의 기본적인 자세를 논하기로 한다.

첫 시기에서의 그는 혼자서 일하고 자기의 힘만에 의존했다. 그의 사상을 이해하여 주는 사람은 적었으며, 그의 사업은 실패하였다. 그러기에 그는 가난했고, 대중에게 경멸을 당하고, 그늘진 은둔 생활을 하였다. 그러나 이런 생활 속에서도 그의 사상과 그의 천재적인 독창성은 변하지 않았고, 다른 어떤 잡순물도 이에 섞여지지 않았다.

둘째 시기에서의 그는 혁명에 의하여 성장하고, 스위스 정부에 의하여 원조를 받았으며, 드디어 국민교육에 관한 자신의 견해를 실행에 옮길 수 있었다.

이제 우리는 페스탈로치와 혁명 정부, 그리고 교육과의 관계를 살필 차례이다. 스위스 혁명은 빈민교육과 국민교육에 대한 그의 사상의 실현에 큰 희망을 안겨다 주었다. 사실 혁명이 없었더라면, 그는 영원히 활동 무대를 얻지 못하고, 노이호프의 벽촌에서 허탈·좌절·경멸 속에 삶을 마쳤을 것이다. 그는 혁명이 인류의 자유·평등을 부르짖음으로써 새 시대를 부르고 있기에, 새 정부는 인류의 교육을 시민적인 의무로 간주해야 되리라고 생각했다. 그는 국민의 도덕적인 신생을 교육에 기대했고, 그러기 위하여는 국민 대중의 교육을 의무화하며, 이것을 국가의 기본적인 의무의 하나로 여겨야 한다고 생각했다. 의무교육의 이념은 교육을 국가가 관장하며, 대중을 교육시키되 보상 없이 한다는 것으로서, 역사적으로는 종교개혁자 루터에 비롯한 것이나, 그 실행은 아직 이 때까지도 이루어지지 않고 있었던 것이다.

페스탈로치는 혁명정부를 도와 교육을 대중화하려 하였다. 그는 교육의 적문가이지만, 관료가 되고 싶지는 않았고 버림받은 불쌍한 사람들을 돕고 싶었다.

페스탈로치의 전기 연구가 몰프는 스위스혁명이 일어난 바로 그 첫날에 페스탈로치가

"나는 교사가 되련다"

라고 소리쳤다고 단언을 하고 있다. 여기에서의 원문 교사 'Schulmeister'는 영어로는 'Schoolmaster'가 되어 '교장'이라고 오해하기 쉬운데 — 또 더러 이렇게 번역하는 사람도 있는데 — 실은 '교사'란 뜻이다.

그는 1798년 5월 새 정부의 문교부 장관 슈타퍼가 아직 프랑스에 체류하고 있을 때 사법·경찰장관에게 다음과 같은 청원서를 제출했다.

공민인 장관 귀하!
소인은 우리 조국에서는 가장 하층의 국민을 위한 교육 및 학교의 본질적인 개선이 시급하게 필요함을 확신하고 …… 그리고 또한 이런 문제는 3, 4개월의 실험에 의하여 가장 그 중요한 결과가 밝혀지며 또 증명되리라는 것을 확신하고, 공민 슈타퍼가 부재이기 때문에 공민 마이어에게 의뢰하는 바입니다. 부디 귀하를 통하여 조국에 대하여 소인이 할 수 있는 이 일에 대한 봉사의 기회가 주어지도록 바라오며 그리고 또 이

목적 달성에 필요한 수단을 집정내각이 취해 주실 것을 바라는
바입니다.

집정내각은 이 청원서를 정독하고 페스탈로치에게 찬의를
표하며, 그 구체적인 원조 방안은 담당 장관 슈타퍼가 귀국할
때까지 미루되, 페스탈로치의 계획을 좀더 상세하게 알려 달라
는 통지를 그에게 보냈다. 슈타퍼가 귀국하자마자 페스탈로치
는 그와 우정 있는 교섭을 시작했다. 슈타퍼는 유능한 마을 교
사를 우선 양성하는 것이 국민교육 개선책의 첩경이라고 생각
했기 때문에 페스탈로치에게 사범학교의 창설을 위임하려 하였
으나, 페스탈로치는 먼저 초등학교에서 자신의 방법을 실험하
여 보고, 그 결과가 확고한 것임을 확인한 다음 사범학교를 세
워야 할 것이라고 단호하게 설득했다. 페스탈로치는 내심 자신
의 노이호프의 빈민노동학원 같은 것을 각지에 만들고자 했던
것이다.

집정내각은 이 안에 찬의를 표하고, 1년에 3,000프랑의 보
조금을 지급할 것을 약속해 주었다. 슈타퍼는 페스탈로치의 생
각을 집정 내각에 상세히 보고하고 있는데, 여기에서 눈에 뜨
이는 점은 다음과 같다.

- 교육이란 내재적인 소질의 발전이며
- 교육을 통해서 경제적으로 시민적으로 행복된 인간을 만들며
- 그러기 위하여는 산업학교, 노동학교가 가장 적당하며
- 한편 가정이 인간 형성의 요람인바, 가정 교육을 권장할 것
  이며
- 어린이의 생활과 활동을 중시하는 교육 방법을 채택해야 할

것이며

- 국가는 빈민의 구호시설이나 경찰시설에 예산을 투입하는 것보다 교육에 투자하는 게 훨씬 유리하며
- 따라서 페스탈로치의 청원대로, 아이들이 일을 배우는 데 필요한 자료 및 기계·교과서·의복 기타 필수품을 공급하여야 한다.

퍽 긴 보고서의 극히 일부만을 요약하면 위와 같다. 그는 말하자면 정부의 최고 교육고문이 된 격인데, 단 실험을 자기가 직접 해야겠다는 선을 고수하였다. 페스탈로치는 바로 실험을 하기 위하여 학교의 위치와 지방의 선택, 기타 세부에 걸친 계획을 세워갔는데, 이 때 뜻밖에 내란이 일어나 그는 이 전재 고아들을 돌보게 되었다. 그에게 뜻밖에 새로운 활동 영역이 주어졌다. 이리하여 그는 고아원장으로 단신 부임하게 된다. 참으로 한 사람의 생애란 각자가 예술품같이 자신이 다듬어 만들어 내는 것인지, 그렇지 않고 기독교에서 말하는 것처럼 자신이 생각지도 않았던 일을 부름을 받고 떠맡는 것인지! 페스탈로치의 경우는 후자에 속하리라.

이 무렵 그는 또한 정치·경제·사회에 대한 많은 논설을 자비로 만든 소책자들을 통하여 발표도 하였다. 그 표제들은 다음과 같다.

a. 헬베티아 입법 평의원에 붙임.
b. 11조세에 대하여
c. 각성하라, 국민이여!
d. 나의 조국에게

e. 헬베티아 국민에게

f. 옛 민주주의 현에 붙힘.

g. 인류의 현재와 장래에 대하여

이들 논설들은 신 정부에 반대하는 사람들을 설득하여 과거를 잊고 혁명정부에 협력시키려는 의도에서 쓰인 것이었다. 그러나 구체적인 방안이 결여되어 있어 그리 읽히지는 않았다. 한편 글투가 과격하여 당국의 비위에 거슬리는 것도 있어, 정부에 의하여 제소당한 것도 있었다. 극빈한 생활 속에서도 자비 출판하면서까지 세상과 씨름하는 그의 지사적인 인간상을 여기에서 볼 수 있다. 그래서 독일 사람들은 페스탈로치를 "이 상적인 인간은 아나, 세속적인 인간은 모르는 사람"이라고 평한다 한다.

또한 이 사이에 그는 슈타퍼의 청에 의하여 〈스위스 국민신문〉의 편집주간의 역을 맡기도 하였다. 이 신문은 주간이며, 무료로 교회의 목사·교사·관리들에 배부되는 관보적 성격을 띤 것이며, 읽은 사람은 주위 사람들에게 읽어 줄 책임이 있었기 때문에 별 환영을 받지 못했다. 이 신문은 특히 반정부적인 사람들에 의해 반발을 샀기 때문에 19호로 폐간되었다. 페스탈로치는 소설가·신문기자·학교 경영 등 지금까지 여러 일을 하여 보았으나, 그의 참 천분은 실은 다음 고아원에서 보듯 교직에만 있었다.

3. 슈탄쓰 고아원

〈스위스 국민신문〉의 제1호가 발행된 다음날, 즉 1798년

9월 9일에 운터발덴의 슈탄쓰에 불행한 일이 생겼다. 자유 스위스의 요람인 슈뷔쓰, 우우리, 운터발덴 등의 보수적인 현들은 옛날의 자기네의 법률·관습·전통을 지켜가며 로마 교회와 굳게 맺고 구교를 고수하고, 자기네의 인민회의에 의하여 정치를 하는 것을 큰 자랑으로 알았기 때문에, 그들은 통일정부를 미워하고 새 헌법을 승인하려 하지 않았다. 특히 네 개의 호수의 기슭에 있는 운터발텐은 땅이 기름지고, 알프스 연봉을 바라보는 풍치 뛰어난 곳이며, 가축을 치고 과수원을 경영하며, 사는 것도 소박하며, 우직한 사람들이 사는 곳이었다. 이들은 전형적인 옛 좋은 전통과 소박하고 봉건적인 인정을 지닌 사람들이며, 어쩌면 부족국가에서 볼 수 있는 혈연과 지연에 매어서 교회를 중심으로 사는 사람들이었다.

이렇게 벽지에 떨어져 사는 그들인지라 혁명의 기운과 숨결을 의식적으로 회피하려 들었다. 이 지방의 중심은 슈탄쓰인데, 여기에는 큰 교회가 있었다. 주민들은 모두 통일헌법에 대한 충성의 서약을 거부하였기 때문에 집정내각은 샤우엔벨크 장군의 지휘 아래 일대의 프랑스 군을 파견하여 이 지방을 진압시키려 하였다. 그러나 슈탄쓰 주민들은 마치 교회가 성이나 되는 것처럼 교회를 저항의 거점으로 생각하고, 교회에 모여 늙은 신부와 더불어 기도드리고 있었다.

군대가 이 교회에 도착하여, 흙발로 안에 들어가 이 늙은 신부를 쏘아 쓰러뜨렸다. 한 병사의 과실로 발사된 이 총격에 의한 살인사건은 백성들의 반항심에 불을 지르는 결과가 되어 내란은 요원의 불길같이 퍼져갔다.

정부의 보고에 의하면 이 내란에 의한 피해는 정부에 의하여 확인된 사망자만도 남자 259명, 여자 102명, 어린이 25명, 합계 386명에 달하였고, 소실된 주택 수는 340, 곡식 창고의 수는 228, 기타 부속 가옥이 144에 이르고 있고, 재산의 피해는 총 199만 프랑을 넘는 것이었다. 가옥소실자 중에서 겨우 57명이 자신의 재산으로 집을 다시 세울 수 있었고, 96명이 보조금을 얻어 가옥을 재건했으나, 나머지 203명은 가옥 재건의 희망이 없었다. 이런 비극 속에서, 노인과 어린이의 피해는 이루 말할 수 없었다. 폐인이 된 노인이 101명, 고아가 169명, 그리고 부모는 살아 있으나 고아나 다름 없는 아이가 237명이었는데, 이 중에서 다른 현, 또는 개인의 자선사업으로 구원받는 아이는 불과 77명밖에 되지 않았다.

이런 비참한 사건이 페스탈로치를 분발시켜 그로 하여금 고아원을 경영케 한 것은 말할 필요도 없으리라. 그의 계획에 깊은 관심을 보인 것은 슈타퍼와 집정관 르그랭인데, 이들은 집정내각을 설득시켜 페스탈로치의 청원을 받아들이게 함으로써, 1798년 12월 슈탄쓰에 학교를 건설케 하고, 그 교장의 임명권을 슈타퍼와 렝거에게 주었다.

정부는 슈탄쓰의 한 여수도원을 개조하여 학교를 만들게 하였는데, 현 당국도, 그리고 수도원 당국도 이에 동의치 않았다. 그러나 일은 급했다. 페스탈로치는 이 학교(고아원)의 관리자로 임명되어 12월 7일 단신 부임했다. 그는 자신의 교육에 대한 꿈을 실현시키기 위해서라면 알프스의 봉우리, 물도 없고 불도 없는 곳에라도 갔을 것이라 했다.

가 보니 아직 교사는 완성되지 않았고, 시설도 모자랐으나, 그는 12월 14일부터 아이들을 수용하기 시작했다. 아이들은 밀어닥쳤지만, 침대가 모자라기 때문에 저녁에는 집에 돌아갈 수밖에 없는 아이도 생겼다.

이듬해 2월 11일 어린이 수는 72명에 달했다. 그런데 이 학교에는 부엌일을 돕는 남자 하나와 여자 하나밖에 없었다. 엄동 혹한에 페스탈로치는 원장으로서 교사로서 아버지로서 어머니로서, 때로는 머슴으로서 일해야만 했다.

4. 사랑의 교사

이 고아원 실천기록이 유명한 《슈탄쓰 고아원통신》인데, 이것은 '페스탈로치가 슈탄쓰 체류에 대해 한 친구에게 보낸 편지'라는 원 표제에서 보듯이, 자기의 실천과정을 친구에게 써 보낸 편지 형식으로 되어 있다. 이 글을 군데군데 인용함으로써 고아원 활동의 모습을 소개키로 한다.

처음에는 침대도 부족하였습니다. 그러므로 몇 명의 어린이를 집으로 돌려보낼 수밖에 없었습니다. 그러면 그들은 다음날 아침 이와 벼룩을 지니고 돌아왔습니다. 처음 어린이들이 이곳에 들어 왔을 때의 모습은 참으로 비참하였습니다. 그것은 인간성을 극히 무시당한 데서 오는 필연적인 결과였습니다. 걸음도 제대로 옮길 수 없이 가려움병에 걸린 어린이, 머리에 종기가 나서 고름이 터져 나오는 어린이, 이와 벼룩이 들끓는 누더기를 걸친 어린이, 해골처럼 여윈 어린이, 영양 부족으로 얼굴이 누렇게 부은 어린이, 그리고 불신과 불안으로 가득찬 어린이가 많았습니다. 그리고 또 구걸·위선·사기에 능란한 어린이와 가난에 쪼들리어 인내심은 있으나 의심이 많고, 사랑할 줄 모르며, 공포심에 사로잡힌 어린이가 많았습니다. 또한 그 중에는 부유한 가정에서 자란 어린이도 많았습니다. 이들에게 는 이 고아원에서 고아들과 같은 대우를 받는 것이, 그들이 받아 오던 안락한 생활과는 너무나도 거리가 있어 항상 불만이었습니다. 그들은 모두 게으르고 정신적인 소질과 기본적인 기능의 연습도 부족하였습니다. ABC를 아는 어린이는 열 중에 하나도 없었습니다. 더욱 학교교육이나 기본적인 교육을 받은 아이가 있다고는 상상할 수도 없었습니다.

페스탈로치의 어린이에 대한 분석은 이렇게 세밀하다. 이런 어린이에게도 하나님이 주신 성스러운 인간성의 힘이 있어, 이것은 환경의 진흙을 뚫고 찬란하게 빛난다는 게 그의 신앙에 가까운 인간성에의 신념이었다. 그는 이어 이렇게 말한다.

그러나 학교교육이 부족하다는 것을 나는 걱정하지 않았습니다. 가난하고 버림받은 어린이들에게도 하나님이 주신 인간본성의 힘이 깃들어 있다는 것을 나는 믿었습니다. 이 본성은 거칠고 혼탁한 진흙 속에서도 참으로 아름다운 소질과 기능으로 발전한다는 것을 나는 오래 전부터 경험으로 알고 있었습니다. 그뿐만 아니라 이와 같이 거칠고 혼탁한 환경 속에서도 이 어린이 속에 간직된 굳센 본성의 힘이 여러 모습으로 싹트는 것을 나는 눈으로 보았습니다. 나는 사물의 기본적인 관계를 그들에게 직관시키며 건전한 감각과 천부의 지력을 발전시켜 여러 힘들을 자극시키려고 하였습니다. 여기에는 생활의 필요한 욕구가 중요하다는 것을 알았습니다. 이런 힘은 진흙 속에 섞여 삶의 깊은 곳에 묻혀 있기 때문에 잘 보이지 않습니다. 그러나 환경의 진흙을 씻어 버리면 그것들은 찬란한 빛을 발휘합니다. 나는 이것을 실천하려고 하였습니다. 이 진흙 속에서 힘을 캐 내고 이것으로 순박하고 참된 가정적인 환경과 맺어 주고자 하였습니다. 그러면 이 힘은 좀더 깊은 정신력과 활동력이 되어 나타날 것입니다. 어린이의 정신에 항상 편안을 주며 어린이의 가슴을 아늑하게 채워 주는 것은 이 힘이라고 나는 믿었던 것입니다.

인간의 무한한 가능성에 대한 이런 신앙에 가까운 신념을 가지고 그는 고아원을 경영했고 다른 교사를 채용하지 않고 스스로 가르쳤다.

나는 어린이들과 함께 울었습니다. 그리고 내가 웃으면 그들도 따라 웃었습니다. 그들은 세상을 잊어버리고 슈탄쓰를 잊어버렸습니다. 그들은 항상 나의 곁에 있었고 나는 항상 그들 곁에 있었습니다. 우리는 한 그릇의 밥도 함께 나누어 먹었고, 한 그릇의 물도 함께 나누어 마셨습니다. 나에게는 가정도 친구도 조수도 없었습니다. 그들만이 나의 것이었습니다. 그들이 건강할 때면 나는 그들과 같이 놀았고, 그들이 병들어 누웠을 때는 나는 그들 옆에서 간호하였습니다. 나는 그들과 같이 잤습니다. 밤에는 제일 늦게 잤으며 아침에는 제일 먼저 일어났습니다. 우리들은 잠들 때까지 이불 속에서 함께 기도하며 공부하였습니다. 어린이들이 원하기 때문입니다. 나는 항상 병에 전염될 위험한 처지에 있었습니다. 그러나 나는 거의 손도 대지 못할 정도로 더러운 그들의 옷과 몸을 돌보아 주었습니다.

사랑의 화신으로서, 또 교사의 화신으로서의 그의 면모가 약동하는 생활이며 글이다. 이 글에 무슨 주석이 필요하리오!

어린이들이 점점 마음 속으로부터 나에게 가까이 된 것은 물론 이러한 생활 때문입니다. 그들 중의 몇은 열렬하게 나를 사랑하여 그들의 부모나 친구들이 나를 바보이며 쓸모 없는 인간이라고 비난하면, 그들에게 반항하게까지 되었습니다. 그들은 내가 부당한 대우를 받고 있다고 느끼게 되었습니다. 그리하여 그들은 갑절이나 나를 사랑하게 되었습니다. 그러나 생명을 노리는 독수리는 매일 지붕 위를 맴돌고 있었습니다. 새들이 둥지 속에서 어미새를 사랑한들 무슨 소용이 있겠습니까!

슈탄쓰 지방 사람들은 정부에 반항하여 재산과 생명을 잃었고, 또 그 결과로서 생긴 고아원을 퍽 착잡한 기분으로 관망하고 있었으며, 더욱 고아원장인 페스탈로치를 친정부파의 허수아비로도 보았기에 그의 일에는 난관이 많았다.

이 《고아원 통신》이 이것으로 끝난다면 페스탈로치의 생애는 사랑 많은 자선가로 끝났을 것이다. 그러나 그가 그다운 점은, 교육원리와 방법의 모색에 있다.

이 편지의 후반에는 교육방법이 피력되어 있는데 한두 가지 소개한다.

그는 인간교육의 핵심을 도덕교육에 두었는데, 그 방법은 다음과 같다.

첫째, 참된 감정으로 도덕적인 정서를 환기시킬 것.
둘째, 올바르고 착한 일을 위하여 자기 자신을 극복하도록 노력시키는 도덕적인 훈련의 기회를 줄 것.
셋째, 어린이들의 생활과 환경 속에 얽혀 있는 정의와 도덕 관련 사항을 사색하게 함으로서 도덕적인 기준을 갖게 할 것.

그는 다시 예를 들어 가며 설명하고 있다. 가령 '정의'가 무엇이냐를 알게 하고자 할 때, 말로서 가르치지 않고 "이렇게 네가 떠들면 다른 아이가 공부가 되겠니!" 하는 식의 생활경험에 호소하고, '사랑'의 개념을 넣어 주려 할 때에는 "슈탄쓰에는 아직 너희들과 같이 밥도 못 먹고 굶주리고 있는 아이들이 많은데, 어때, 그 애들도 오라 해서 같이 나누어 먹으면 어떨까" 하는 식의 대화를 통해서 목적을 이루기도 한다.

그는 인간교육에 다음으로 중요한 것은 사고력의 도야라고 보고 있는데 이것을 형식 논리로 이룩하지 않고 직관적인 표현을 통해서 이룩하도록 권하고 있고, 이런 뜻에서 초보적인 산수와 기하학이 어린이에게 필수의 것임을 역설하고 있다.

종래의 기본 교과는 3R's(읽기·쓰기·셈하기), 그리고 그것을 실용적인 관점에서 교수하는 것인데, 페스탈로치는 산수·도형학·국어를 인간 도야의 입장, 즉 사고력 도야의 입장에서 논하고 있다.

여기까지는 좋은데, 그는 교육방법에서 그의 생활 교육의 원리와는 어긋나는 방법을 다음과 같이 피력하고 있고 이것은 분명히 그의 오류였다.

나는 읽기와 쓰기를 가르치는 데 다음과 같이 했습니다.
ab, ba, ce, ec, di, id, fo, of, ……
ig, igm, ek, ekp, lug, quast, stagu, ……
dud, dude, rek, reken, erk, erken ……

페스탈로치의 교육방법에는 생활통일적인 방법과 요소분석적인 방법이 한 때 공존하고 있었는데, 위의 예는 후자의 전형적인 예이다.

고아원 활동에서 주목할 교육원리는 교육을 생활과 관련시키고 학습을 노동과 관련시키고, 인간교육의 큰 목표를 도덕교육과 사고력 도야에 둔 점이다. 그러나 그는 이 고아원을 이듬해 6월 8일에 닫지 않으면 안 되었다.

만 6개월간의 고아원 활동에서 그가 얻은 것은 인간교육에 대한 귀중한 경험(자신의 신앙의 재확인)과 육체의 피곤과 영혼의 고달픔이었다. 고아원 양도의 경위에 대해서는 다음 장에서 다루기로 한다.

VIII. 불크돌프에서의 학원 편력

멀리서 본 불크돌프성

VIII. 불크돌프에서의 학원 편력

1. 알 잃은 암탉

프랑스군이 운터발텐 지방에 주둔하자 사령관은 육군병원 용지와 시설에 적합한 자리가 다른 곳에는 없다는 이유로 슈탄쓰의 고아원을 양도해 줄 것을 명령하여 왔다. 혁명 직후의 피비린내와 포탄 냄새가 스위스의 전국을 뒤덮고 있는 때인지라, 약한 스위스 정부와 페스탈로치가 제아무리 이 명령을 돌이켜 줄 것을 호소하였던들, 필경 결과는 마찬가지였을 것이리라. 인류애니, 교육이니, 사랑이니 하는 말이 외국 주둔군에 통할 리가 없다. 약한 교육자의 신세를 우리는 페스탈로치와 더불어 슬퍼하지 않을 수 없다.

그는 1799년 6월 시작한 지 겨우 6개월밖에 안 되는 고아원의 문을 이렇게 닫았다. 그러나 고아원을 후에 다시 계속할 생각으로 고아원의 소유인 식료품을 루체른이란 고을에 반출하여 보관해 두도록 했다. 정부나 선의의 사람들이 고아를 위해

희사해 준 물건을 그대로 탐욕한 군인들에게 주기에는 너무도 아깝기 때문이었다. 그리고 뿔뿔이 떠나가는 아이들 하나 하나에게 윗옷과 속옷 두 벌과 용돈을 나누어 주었다. 부모가 있는 애들은 부모를 찾아 갔으나, 보호자조차 없는 아이들은 잠시 동안 아이들을 잘 보살피겠다는 '증언'을 한 사람에게 딸려 보냈다. 페스탈로치의 자상한 성격을 잘 나타내는 처사였다.

자신의 따뜻한 날개에 포근히 감싸고 있던 알을 소리개에 빼앗긴 신세가 된 그는 알 잃은 암탉의 신세와 같이 그 허전한 마음을 달랠 길이 없었다. 이러한 허탈감은 약했던 몸을 더욱 악화시켜 이제는 휴양을 하지 않으면 안 되게 되었다. 그는 친구들의 권고와 주선으로 스위스에서도 이름난 그리니겔 온천에서 휴양을 하게 된다. 주둔군 철수 후 고아원에 다시 돌아가려던 그의 소원은 끝내 이루어지지 않았다. 구교도지역 주민들의 페스탈로치에 대한 종교적인 편파심과 의혹심이 그 원인인데, 이것에 대해서는 앞서 간단하게 소개한 바 있다고 기억한다.

그리니겔 온천에서 아름다운 자연을 대하고, 정신과 몸이 맑아지자, 그는 더욱 교육에 대한 자신의 꿈과 사랑을 다짐하는 것이었다. 이 때의 그의 아쉬운 심정을 그는 《슈탄쓰 고아원통신》의 끝에서 친구에게 다음과 같이 말하고 있다.

"그러나 이것은 나의 꿈이었습니다. 이 꿈이 실현되는 날도 가까웠다고 믿어지는 때에 나는 슈탄쓰를 떠나게 되었던 것입니다."

그가 슈탄쓰에서 경험한 결과는 어떻게 정리되어야 할 것인가? 이것을 몰프는 다음 일곱 가지로 간추리고 있다.

① 인간의 지식은 직관의 지식이어야 한다. 이 직관적 기초가 없는 지식은 모두 미사려구에 지나지 않는다.

② 모든 교과는 아이들의 연약한 힘으로 도달할 수 있는 단순한 초보점에서 출발되어야 한다.

③ 교육방법과 교재는 단순화·간편화되어야 하며, 아무나 쉽게 다룰 수 있어야 한다.

④ 각 부분의 초보점은 충분히 연마됨으로써, 그것이 생도의 완전한 정신적 재산이 되어야 한다.

⑤ 아이들은 한 집단의 학급의 형식으로 가르쳐짐으로써 언제나 서로 배우고 활발하게 활동토록 해야 한다.

⑥ 인간의 본성에 맞는 노작과 유희가 적절하게 도입되어야 한다.

⑦ 그림 그리기 및 글씨 쓰기는 마음대로 지우고 다시 쓸 수 있는 석판을 이용함으로써, 그들의 소질을 발전시켜 기술에까지 이르게 해야 한다.

페스탈로치는 또한 석판을 교구로 도입한 최초의 사람으로도 높이 평가 받아야 한다.

2. 불크돌프의 서민초등학교

페스탈로치는 그리니겔 온천에서 오래 휴양하지 않았다. 자기의 목적을 향하여 걸어가지 않고서는 삶을 느끼지 못하는 사람이었다. 체력과 건강이 어느 정도 회복되자 다시 일을 찾았다. 그는 운터발텐에서 프랑스군이 철수하는 날을 손꼽아 기다렸다. 왜냐하면 다시 슈탄쓰에 돌아가 일을 계속하고 싶었기 때문이다. 그러나 그의 꿈은 무너졌다. 고아원은 이미 구교도의 일파인 카프진파의 사람들에 의하여, 학원이 아닌 고아원으로 경영되고 있었다. 슈타퍼는 열심히 페스탈로치의 복직을 실현시키려 하였으나, 집정내각의 각료 중에 반대하는 사람이 있어 실현되지 못했다. 이 지방은 구교도가 억센 곳이어서 신교도인 페스탈로치에 대해 어떤 생리적인 저항을 가지고 있어, 이런 지방민의 의사를 정부도 무시 못할 처지에 있었기 때문이다.

슈타퍼가 백방 노력하여 다음에 그에게 일자리를 마련하여 준 곳은 불크돌프라는 베른 주 조그마한 마을의 학교교사 자리이다. 그는 학교 교사가 되어 실험을 계속하려 하였던 것이다. 이 블크돌프에서 그는 몇 개의 학교를 편력하다 드디어는 자기의 뜻에 맞는 학원을 창설하는 데 성공했고, 이로 인하여 그는 마침내 유럽에 명성을 떨치게 되었다. 이리하여 이 불크돌프시는 마침내 '인류의 교육의 멕카'가 되기에 이르렀다. 그 경위를 우선 간단하게 스케치하여 보기로 한다.

불크돌프라는 마을은 베른 시에서 동북으로 20킬로미터 떨어진 엠메강 기슭에 뻗쳐 있는 인구 8,000명의 마을이다. 옛 성이 산 언덕에 있고, 그 산 언덕에는 시민권을 가진 부유한 사람들이 살고 있고, 언덕 기슭에는 시민권이 없는 소위 하층계급 사람들이 살고 있었다. 지금도 그렇지만, 그 때에는 더욱 계급제도가 엄연하였다. 대체로 시민권의 유무로 시민은 상·하의 두 계급으로 나뉘고, 그들 자제들은 각각 다른 학교에 다니게 되어 있었다.

페스탈로치가 1799년 7월, 첫 발을 디딘 곳은 하층계급의 자녀가 다니는 '서민초등학교'였다. 이 '서민초등학교'란 힌터사

세네슐레 'Hintersassenschule'를 번역하여 본 것인데, 그 뜻은 질버의 주석에 의하면 '지역 사회에서 시민권이 없는 하층계급이 다니던 초등학교'이다. 이 학교의 교장은 사뮤엘 디스리란 사람이었는데, 아이들을 가르치면서 한쪽 구석에서는 구두를 만들곤 하였다. 이 때의 교사직은 아직 전문직이 아니었기 때문에, 교사는 별도로 대게 부업을 가지고 있었고, 이 부업은 보통 앉아서 할 수 있는 일들이었다. 디스리의 경우, 이 부업이 구두집기였다. 그는 교실 한 구석에서 구두를 지으면서 짬짬히 아이들을 돌아보며, 73명의 전교생에게 지크프리드의 《기독교 교리 입문서》, 하이델벨크의 《종교문답서》, 그리고 《찬송가》와 《시편》 몇 귀절을 가르치고 있었고, 이것이 그가 학교에서 가르치는 교과의 전부였다. 디스리는 교장인 동시에 단 하나의 교사였고, 동시에 직공이며, 학교의 관리자이기도 하였다.

　이 무렵의 서민층이 다니는 학교와 그 교육 내용과 교사는 이런 정도였다. 교육이란 기독교의 교리를 외게 하는 것이며, 그 방법이란 매로 때리는 것이었다고 볼 수 있다. 불크돌프는 당시 스위스뿐 아니라 유럽에서도 서민층 교육에 최대의 열의를 보인 도시의 하나였다고 하는데 이런 정도였으니, 그 당시의 다른 지방의 교육의 수준이 어느 정도였는가를 미루어 보고 남음이 있다. 페스탈로치가 교육의 개혁의 필요성과 국민교육의 새 이념의 모색에 그렇게도 힘을 들인 이유, 그 교육사적 의의와 시대적 배경을 우리는 똑바로 새겨야 할 것이다.

　페스탈로치는 이 학교의 학생의 반을 맡았다. 그러나 그의 수업방식은 종래의 다른 사람의 것과는 전연 달랐다. 그는 전연 교과서 — 기독교 교리를 간추린 팜플렛 — 를 쓰지 않았고, 습자장도 거의 쓰지 않았고,《교리 문답》《찬송가》《시편》등도 가르치지 않았다. 생도는 아무 것도 외지 않고, 아무 숙제도 하지 않고, 그저 그들이 마음 내키는대로 석판 위에 그림을 그리거나 페스탈로치가 입으로 하는 말을 따라서 제창하기만 하였다. 이제 아이들은 선생과 맞대하여 초보적인 발음 연습, 글씨 쓰기 연습, 그림 그리기를 하게 되었고, 도 이런 것들을 자기 마음 내키는대로 자습할 기회를 갖게 된 것이다. 이런 자발적인 학습과 기초 중시의 학습은, 그가 슈탄쓰에서 실험을 해 본 것이 아니었던가.

교장 디스리는 외래인이 침입하여 새 방법으로 아이들과 즐거이 공부하고 있는 것에 고통과 의혹을 느꼈다. 페스탈로치에게 혹시나 자기의 지위를 빼앗기게 되지나 않을까 하는 게 고통이었고, 새 방법은 산만하게 아이들을 놀리는 것만 같고, 종래의 교육 내용의 전부였던 기독교 교리를 전연 다루지 않는 것이 불안스러웠다. 그래서 디스리는 페스탈로치를 내쫓기로 결심하고, 위와 같은 의혹점을 들어 학부형들을 선동하여 페스탈로치를 내쫓는 데 성공하였다. 학부형들은 "우리 아이들을 이용하여 새 학설의 실험을 해서는 안 된다"는 성명서를 공동으로 발표하기에 이르게 된 것이다. 이리하여 그는 몇 달 하지도 못하고 난관에 부딪쳤다. 당국도 학부형들의 의견에 양보하고 페스탈로치의 활동을 금했다.

시 당국이 학부형과 디스리의 의견에 왜 그렇게도 쉽게 양보했을까? 여기에는 이유가 없지도 않다. 페스탈로치가 취임할 때부터 실은 문제가 있었던 것이다. 당초 그는 "보수는 전연 받지 않을 터이니, 다만 민중의 자녀들의 학교에 일터만 주십시오"하고 시 당국에 청원을 하였는데, 시 당국은 처음에는 이 청원마저 거절했었다. 왜냐하면, 그는 농민소설가로는 성공하였으나 망상적이어서 실제적인 일에는 무능하다고 널리 알려져 있었기 때문이다. 사실 페스탈로치의 취임을 시 당국이 처음에는 그렇게도 매정하게 거절한 이유는 물러가 편집한《스위스연방사》에 다음과 같이 세밀하게 나와 있다.

　이 불멸의 사람(페스탈로치)은 실제로 가장 평범한 지원자하고도 경쟁이 안 된다. 그는 모든 면에 불리했다. 거칠고 또렷하지 못한 발음, 잘 알아 볼 수 없는 글씨체, 서투른 그림 솜씨, 문법적 지식 등의 결핍 등이 그 것이다. 그는 여러 부문의 박물을 연구는 했지만, 분류나 술어 등에는 무관심이었다. 수의 기본적 계산은 배웠으나, 수치가 커지면 나눗셈·곱셈을 거의 할 수가 없었고, 아마도 기하학 정리의 증명 등은 한 번도 제대로 해 보지 못했을 것이다. 이 몇 년 동안 이 공상가는 책 같은 것은 읽지도 않았을 것이다. 그는 노래도 제대로 부르지 못했다. 기분이 좋을 때는 다음과 같은 노래를 부르며 목청을 가다듬어 보았으나, 언제나 가락이 맞지 않았다.

　달콤하고 성스러운 자연이여
　그대 발걸음을 나는 쫓노라!
　이 몸 괴로워 지칠 때
　그대 가슴 안에 이 몸 포근히 쉬리

　그러나 보통의 청년이 2년만 하면 배울 수 있는 보통의 지식을 그는 갖추지 못한 대신에, 그는 대부분의 교사가 알지 못하는 일들, 즉 사람의 정신, 그의 발달 법칙, 사람의 애정, 그 것에 생명을 주고 그것을 드높이는 기술을 알고 있었다. 그는 내적 직관에 의하여 꾸준히 자연의 진행과 인간성의 역사를 생각하고 있었다.

이런 그의 결점과 그의 장점을 알고 있는지라, 시 당국은 직장 알선을 처음에는 주저했고, 또 위에 말한 바와 같이 학부형들이 배척하고 나섰을 때 그들의 명분이 이유가 없지도 않다고 판단한 것이다. 사실 페스탈로치는 학교교사로서는 그릇이 너무 컸고, 교육행정가로서는 그 이상이 너무 높았고, 학원경영가로서는 수완이 너무 없었고, 교육철학자로서는 너무 체계를 무시했고, 어버이로서는 너무도 인간적인 사생활의 즐거움을 소홀히 하였다. 그러나 그는 좋은 학교 교사, 교육 행정가, 학원 경영가, 교육 철학자, 어버이이기도 하였다. 이런 모순이 그의 인격의 불가사의한 매력이다. 그를 한 번 대한 사람이면 누구나, 악의와 편견을 가지고 대하지 않는 한, 그의 모든 단점을 감싸고도 남는 그의 인간성에 끌리게 된다. 그런데 이 불크돌프의 서민학교는 분명히 편견으로 그를 배척했던 것이다.

3. 불크돌프의 시민초등학교

그러나 운명은 그를 버리지 아니하였다. 그가 자신의 생애의 목적을 완성할 때까지 하나님은 그를 꼭 붙들고 놓치지 아니 하였다. 새로 나타난 슈넬과 그림이라는 두 사람의 노력으로 페스탈로치는 이번에는 시민학교의 교사로 부임하게 되었다. 당시 불크돌프에는 세 학급의 소년과 세 학급의 소녀가 있었고, 이들을 슈테리 자매가 가르치고 있었다. 언니 슈테리는 상급반 소녀를 대상으로 하는 여학교를 맡고 있었고, 만 8세 이상이 된 소녀를 이 학교에 넣었다. 동생 슈테리는 8세 이하의 아이들을 남녀 공학으로 가르치고 있었는데 이것은 '읽기·쓰기 학교'라고 불리워졌고, 상급반에 진학시키기 위한 일종의 준비 교육적인 성격을 띠고 있었다. 이들 학교는 모두 중류·상류층에 속하는 시민, 즉 시민권을 가지고 있는 층의 자녀들이 다니는 학교였으므로, 교육 조건은 디스리의 서민학교와는 비할 바가 아니었다. 페스탈로치가 가게 된 학교는 동생 슈테리의 학교이며, 여기에는 5세에서 8세까지의 남녀 20인 내지 25인이 수용되고 있었다. 페스탈로치는 이제 이 학교의 단 하나의 교사로서 학교의 경영 등에는 신경을 쓰지 않고 자기가 맡은 한 학급의 교육에만 전념할 수 있게 되었다.

이 학교에서의 그의 교육 실천은 《겔트루우트의 자녀교육법》라는 이름으로 수록·출판된 친구 게스너에게 보낸 《편지집》 중의 제일신에서 엿볼 수가 있다.

나는 행복하다고 생각했다. 그러나 처음에는 퍽 조심스러웠다. 나는 이 학교에서도 쫓겨나지나 않을까 잠시라도 걱정이 안 되는 시간은 없었다. 그러기 때문에 나는 평상시보다 만사에 어색하기만 하였다. 처음의 슈탄쓰에서는 나는 혼자서 말하자면 마법의 전당을 세우고자 내 생명을 불살렀고, 다음의 불크돌프에서는 학교라는 테두리 속에 끌려들어 가서 말하자면 직공과 같이 일하며 눈치를 보며 지냈다. 나는 이것을 생각할 때 하나의 인간이 어떻게 이렇게 두 가지 모습으로 일을 할 수 있었을가 놀라웁기도 하다.

여기에는 학교의 규칙이 있고, 일면 책임도 있지만, 한편 지식자랑과 교만도 있었다. 이들 모든 것이 나에게는 생소한 것이었다. 나는 원래 이런 일들에는 견디지 못하는 사람이다. 그러나 나는 나의 뜻을 이루기 위하여 이런 일들을 꾹 참았다. 나는 ABC 발음 연습법을 아침부터 저녁까지 다시 되풀이했으며, 슈탄쓰에서 중단하지 않으면 안 되었던 경험을 아무 계획도 없이 다시 진행시켰다. 나는 끈질기게 철자를 이어갔다. 그리고 그것을 계열화하여 책으로 만들었다. 수에 대하여도 같은 방법을 적용했다. 나는 온갖 방법을 다하여 철자와 계산의 기초를 아주 단순하게 만들어, 아이들이 제1단계에서 서서히 제2단계에, 제2단계에서 신속하고 정확하게 제3단계에 올라갈 수 있도록 하기 위한 형식을 찾고자 노력하였다. 그런데 슈탄스에서 내가 아이들에게 석판 위에 쓰게 한 것은 이 불크돌프에서의 문자 대신에 각·사각형·선·곡선이 아니었던가.

이런 활동을 하면서 나는 차츰 '직관의 초보'에 대한 생각을 굳히게 되었다. 이것은 이제 아주 중요한 뜻을 갖게 되었다. 이것을 실천함으로써 나는 일반적인 교수법을 희미하게나마 알게 되었다. 그것이 확실하게 되기까지는 꽤 오랜 시간이 필요했다. 이것은 당신에게는 아직 이해가 되지 않을지 모르나, 물론 진리이다. 나는 수개월 동안 교수의 초보를 연구함으로써, 그것을 극단적으로 단순화하려고 노력하였다.

그는 이렇게 이제 마음놓고, 그의 실험을 계속할 수 있었는데, 실험의 내용은 위의 인용문에서 보는 바와 같이 '직관의 초보' 즉, 모든 영역의 교과의 초보를 단순화·계열화한다는 것이었다. 그의 새로운 교육이념과 교육방법의 전모는《겔트루우트의 자녀교육법》이라는 저작에 요약·압축되어 있으므로,

후에 이 저작을 분석·소개하는 자리에서 다시 보기로 하거니와, 우선 여기에서는 그의 실험이 이번에는 굉장히 주목을 끌었다는 사실만을 지적해 두기로 한다.

페스탈로치는 이렇게 8개월 동안 이 학교에서 가르쳤는데, 1800년 3월 불크돌프시의 학무위원회는 이 학교의 연차검사의 결과를 페스탈로치에게 서신 형식으로 다음과 같이 보고하여 왔다. 이것은 그의 교육이념과 방법이 일반 사람들에게 찬사와 승인을 받은 최초의 공적 증언이 된다.

　　불크돌프 학무위원회로부터 공민 페스탈로치에게
　공민이여!

　귀하가 8개월 동안 교수를 시행한 아동들에 대하여 최근 우리들이 시행한 아동의 시험일에 귀하가 시험을 실시한 것을 지극히 만족하게 여기는 바이며, 우리들이 그 결과에 대한 의견을 문서로서 공포하는 이유는 존경하는 공민이여! 귀하를 위함보다는 귀하의 사업을 위함이니라.

　귀하가 귀하의 교수법에 기대하고 있었던 것은 우리들이 판단하는 한에 있어서는 참됨이 증명되었노라. 귀하는 어린이 속에 힘이 내재하여 있고, 이 힘은 적절한 방법으로 계발이 되며, 모든 재능은 발전·훈련되어야 한다고 주장해 왔다. ……

　종래에는 주지하는 바와 같이 고문과 같은 고통스러운 방법으로 5∼8세의 아동들이 문자·철자·읽기를 기억하였거니와 귀하의 생도들은 이 과업을 독특한 방법으로 전례 없이 완전히 이수하였을 뿐 아니라, 그 중의 우수한 자는 서기·화가·회계사로서도 뛰어남이 입증되었노라. 귀하는 모든 아동에게 역사·박물·측량·지리 등에 대한 취미를 환기시키며 자극시키는 방법을 개척했다. 따라서 장래의 교사도 이런 준비를 합리적으로 마련할진대, 그들의 과업을 아주 용이하게 수행할 수 있을 줄로 사료된다. ……

원컨대, 어떤 사정도 아동들의 도야·교육이란 귀하의 소원의 사업에서 귀하를 물러서게 말기를, 원컨대 이 큰 목적에 무엇인가에 기여하기 위하여 우리들이 미력이나마 협조할 수 있기를.

공화주의자의 인사와 진정한 존경을 가지고!

학무위원회 이름으로

회장 E. 쿠퍼슈밋트

1800년 3월 31일 불크돌프에서

위의 사실이 진실임을 확신하며, 나의 존경의 표시로서 이 문서에 나의 공인을 날인함.

불크돌프 지방 장관 J·슈넬 ㉿

이런 최대의 관심과 찬사를 받으며 페스탈로치는 활동을 계속하게 되었고, 지방 정부는 이 사업을 돕기 위해 여러 면으로 원조를 아끼지 않았다. 다음에는 이러한 이야기들을 소개하여 본다. 그의 진가가 이제야 알려지게 된 것이다.

4. 불크돌프의 중학교

페스탈로치는 처자를 노이호프에 놓아 두고 단신 불크돌프에 와 있었는데, 이 무렵 본시 몸이 약했던 장남 야곱이 위독하다는 연락을 받았다. 이제 52세가 된 노인 페스탈로치는 처자를 버리고 떠나 온 것을 후회도 하면서 노이호프에 직행한다. 야곱은 며칠 동안 위독 상태에 있었지만, 차츰 회복되어 위기는 면했다. 그러나, 몸 전체가 마비 상태가 되었다. 단 하나의 젊은 아들이 병마와 싸움을 지켜보는 늙은 페스탈로치의 정신적 비해! 이것은 굳이 쓸 필요가 없으리라. 부활절의 휴가를 이 노이호프에서 가족과 지내며 회포를 푼 다음, 그는 다시 불크돌프에 돌아온다.

페스탈로치가 중학교의 교사로서 임명을 받은 것도 이 무렵이다. 이 조치는 분명히 앞 절에서 소개한 학무위원회의 호의적인 연차검사의 결과이리라. 이 중학교는 8세에서 15세까지의 남녀 60명을 수용하고, 성서의 역사, 스위스의 지리·산수·라틴어의 초보 등을 가르치고 있었다. 여기에도 전임 교사는 한 사람밖에 없었고, 이 단 하나의 전임 교사가 자리를 뜨게 되어 페스탈로치가 그 자리를 맡게 된 것이다.

그는 정열과 각오를 새로이 하고, 1800년 5월에 부임하여 실험을 계속하였다. 그가 이 새로운 무대에서 어떻게 정열을 쏟으며 활동했는가는 당시 18세였던 한 생도 람자우어가 그 후 38년이 지난 뒤 쓴 《나의 교직생활 회상》에 잘 나타나 있다. 람자우어는 불쌍한 거지였는데, 불행한 전쟁으로 인하여 고향마저 쫓겨나 방황하고 있던 차, 불크돌프 근처의 어느 귀부인의 호의에 의하여 몸을 의지할 곳을 얻게 되었다. 그는 그 후 곧 페스타로치에게 사숙할 기회를 얻고, 그의 감화로 훌륭한 교사가 되어 후에는 을덴불크의 왕자와 공주의 가정 교사로 대성을 하였다.

이제 페스탈로치에게 이러한 제자들이 많이 모이게 되었다. 이들 제자들은 후에 제 나름대로 소위 '신학교'를 세우고 독립함으로써 유럽의 교육계를 주름잡게 되는데, 이들이 또한 제 나름대로 엮은 자서전은 페스탈로치의 여러 측면을 밝혀 보여줌으로써 그의 연구에 귀중한 자료를 제공하고 있는 것이다. 그의 제자들의 모습과 활동상황은 별도로 장을 만들어 소개키로 한다.

페스탈로치의 성공은 그를 알선한 집정내각의 문교부 장관 슈타퍼에게는 큰 즐거움이었으므로 그는 내각을 움직여 훈령을 내려 페스탈로치가 불크돌프에서 활동을 계속하는 한, 그에게 불크돌프성 내에서 기거할 권리를 주고 그 위에 640프랑의 연봉을 지급하도록 하여 주었다. 슈타퍼는 또한 1800년 2월 다음과 같은 진정서를 제출하고 있다.

만일 스위스 정부가 조국의 복리를 위하여 다시 얻을 수 없는 인물의 재능을 이용하지 않는다면, 그리고 또한 노령에도 불구하고 동포의 고뇌를 경감하려는 열의를 버리지 못하고, 국가에 몸을 바치고자 하고 있는 이 신성한 인류애에 불타는 사람(페스탈로치)의 여러 능력과 덕을 이용하지 않는다면, 그것은 용서할 수 없는 처사일 것이다.

그는 정부에 대하여 페스탈로치의 출판사업을 원조하고, 새 학교의 창립에 협력하고, 이를 위하여 노이호프 부근의 국유림에서 건축용 목재를 무상으로 베어 쓸 수 있도록 조처할 것을 권고했다. 정부도 이 권고를 받아들였으나, 당시의 재정의 궁색과 국유림의 황폐로 별 큰 도움을 바로 주지는 못했다. 페스탈로치는 정부의 호의만을 받으며, 자기는 이 중학교에서 열심히 아이들을 가르치면서 실험을 계속하고 있었다.

그는 차츰 자신의 힘만으로 경영할 수 있는 새 학교를 창설해 보자는 생각이 들어 1년 반쯤 일했던 불크돌프 시내의 학교의 교사 생활에서 몸을 뺐다. 그리고서 1800년 10워 24일 불크돌프의 성 안에다 새 학교를 창설하며, 동시에 교사 양성을 위한 사범학교도 이에 부설시킬 것을 내외에 선언했다. 로망 롤랑의 베토벤의 전기에 우리는 깊은 감화를 받는데, 그가 페스탈로치의 전기도 써 주었더라면 이에 못지 않은 감동을 주었을 것이라는 아쉬움이 없지 않다.

이 성 내의 학교에서 그는 일약 유럽에 명성을 떨치며, 만 4년간 일을 하였으나, 혁명 후의 그 갖은 정치동요로 인해 성을 양도하고, 근처의 뮨헨부흐제 성으로 옮기게 된다. 그러나 이곳에서도 두어 달밖에 일을 못하고, 다음에 그의 마지막 일터인 이벨당 성에 옮아가 이곳에 학교를 세워 21년간 교육과 운명과 씨름한다. "우리는 그의 생애에서 '이상국'을 실현코자 시케리아에 자주 건너 간 플라톤과, 정교일치의 왕도를 풀고자 남선북마 자리 따뜻할 새가 없던 공자의 운명을 상기한다"는 오사다 박사의 말을 되새겨야 할 것이다.

IX. 《겔트루우트의 자녀교육법》

LÉONARD
ET
GERTRUDE
OU
LES MŒURS
VILLAGEOISES,
telles qu'on les retrouve à la Ville
& à la Cour.
HISTOIRE MORALE
TRADUITE DE L'ALLEMAND,
AVEC DOUZE ESTAMPES,
deſſinées & gravées par D. Chodowiecki.
A BERLIN,
Chez GEORGE JACQUES DECKER.
M. DCC. LXXXIII.

1783년 번역된 프랑스어 판 《린할트와 겔트루우트》

Ⅸ. 《겔트루우트의 자녀교육법》

1. 이 저작의 의의

불크돌프의 학원은 번창하였고, 교수법 연구도 진척을 보았다. 페스탈로치는 이제 이런 성과를 공중에게 알릴 필요성을 느끼게 되었다. 그러므로 그는 1801년 그의 교육이념, 교육내용, 교육방법을 원리적으로 정리하여, 《겔트루우트의 자녀교육법》라는 표제의 책으로 출판하였다. 이 책은 친구인 게스너에게 보내는 14통의 편지를 엮은 형식으로 되어 있지만, 내용은 절대로 편지에 그치는 게 아니고, 그의 심오한 교육이론을 피력한 것이다. 페스탈로치에게는 단편·강연·실천 기록이 많고, 이론적인 저작은 드물며, 그 대표적인 것은 여기에 소개하는 이 저작과 만년(1825)의 《백조의 노래》라고 볼 수 있는데, 이 중에서도 교육방법면을 중점적으로 서술한 것은 이 저작이다. 그러므로 페스탈로치의 교육 이론을 개관하려면 이 책만 읽어도 족하다. 이 저작이 어떤 의의를 지나고 있느냐에 대하여 몰프는 다음과 같이 말하고 있다.

그것은 모든 그의 교육학적 저서 중에서 가장 중요하며, 가
장 뜻 깊은 것이다. 당시에 있어서 한없이 중요하였을 뿐 아니
라 장래에 있어서도 영원히 중요하리라. 그의 천재적인 자질은
이 속에 순수하게, 그리고 그 나름의 스타일로 나타나 있다.
그는 아직 누구의 영향도 받지 않았다. 그것은 그 드높은 사람
의 모습을 가장 충실하게 반영하고 있다. 그것은 그의 말로 된
그의 사상이다. 우리는 그의 내면적 직관의 충실에 압도당한
다. 나는 그것을 계시라고 말하고 싶다. 그리고 그는 신의 섭
리에 의하여 이 계시를 전할 사명을 받은 사람이다. …… 이
책은 민중교육의 초석이며, 영원한 초석이다. 그런데 그 숨겨
진 보물은 아직 완전히 이용당하고 있지는 않다. 우리들 교육
과 교수에 몸을 담은 사람들은 이 책을 주목하고, 읽고 또 읽
어야 할 것이다.

이러한 몰프의 평가가 절대로 과장된 것이 아님을 우리는
이 책의 내용의 개요를 더듬어 봄으로써 밝히기로 한다. 이 책
의 표제를 우리 말로 직역을 하면 "겔트루는 어떻게 그의 자녀
들을 가르치고 있는가"인데, 간단하게 하면 《겔트루우트의 자
녀교육법》이라고 할 수 있다. 이것은 겔트루우트라는 구원의
여성이 안방에서 어떻게 이상적으로 자녀들을 가르치고 있는가
를 그려낸 것이며, 그 부제는 "어머니들이 그녀들의 자녀들을
스스로 가르치는 데 요하는 지침을 제공코자 하는 시도"라고
되어 있다.

이 저작의 교육사적인 의의는 무엇일까? 교육학서 중에 가

장 중요한 것을 들면 플라톤의 《공화국》, 루소의 《에밀》, 페스탈로치의 《겔트루우트의 자녀교육법》, 듀이의 《민주주의와 교육》이 될 것이며, 이 저작들은 각각 그 시대의 교육 이념을 그려 낸 획기적인 것이라 할 것이다. 《공화국》은 귀족계급에게 철인교육을 실시함으로써 기울어져 가는 아테네를 구하려 한 국가사회주의의 이념의 표현이요, 《에밀》은 사회체제에 얽매이지 않는 전인적인 인간교육을 실시함으로써 인간이 선하고 순박한 생활을 즐기게 하려는 자연주의 이념의 표현이요, 《겔트루우트의 자녀교육법》은 하층계급의 교육을 가정을 통한 조기교육으로 슬기롭게 이룩함으로써 일반 대중에의 교육을 보편화하려는 국민교육 이념의 표현이요, 《민주주의와 교육》은 개인은 사회를 통하여 자아를 실현하고, 사회는 개인을 통하여 진보를 기한다는, 개인과 사회와의 상호의존적 지역사회 교육의 이념의 표현이라고 할 수 있겠다.

이 네 개의 기둥을 주축으로 하여 교육은 성립하고 있다. 그런데 이 중에서 역시 가장 중요한 것은 페스탈로치가 말한 민중교육의 이념일 것이다. 국가의 성원의 절대다수를 차지하는 민중의 참된 교육이 없이는 플라톤이 의도한 국가의 재건, 루소의 자유교육, 듀이의 사회교육도 기하지 못하기 때문이다.

2. 민중교육의 구상

민중교육에 대하여 그가 얼마나 오래 전부터 생각을 해 왔는가에 대하여 그는 이 책의 서문 부분에서 다음과 같이 말하고 있다.

나의 친애하는 게스너여! 이제 내가 민중교육에 대한 이념을 공표할 단계가 왔다고 그대는 말한다. 그래서 나도 이를 결심하였다. 일련의 편지 속에서 나는 될 수 있는대로 또렷하게 나의 견해를 밝히고자 한다. 우리의 눈 앞에서 행해지고 있는 현행의 민중교육은 끝 없는 늪으로 밖에 보이지 않았다. 나는 이 늪 속에 빠져들어가 온 힘을 다하여 헤엄치며 허우적거리는 동안에, 드디어 그 물의 원천, 즉 늪의 원천을 찾아냄으로써 이 땅을 깨끗하게 할 수 있는 방안을 세우는 데 성공하였다. ...... 생각하면 긴 세월이었다. 청년 시절부터 나의 가슴은 한 줄기의 강물처럼 유유히 그리고 외로이 오직 하나의 목표만을 위하여 흘러 왔던 것이다. 즉, 나의 주위에 있는 가난한 사람들이 그 비참한 생활의 굴레에서 벗어나지 못하는 원인을 찾아, 그것을 근원에서 종식시키자는 것이 나의 소원이었다. 어언 30년이 흘렀다.

이렇게 자신의 생애의 목적을 정립하며, 그는 비참한 민중교육의 개선책을 다음과 같이 역설한다. 그에 의하면 "현재 행해지고 있는 학교교육은 대다수의 서민과 최하층의 민중에게는 아무런 쓸모가 없는 것이었다." "현행의 교육은 마치 3층으로 된 거대한 건물과 같다. 최상층에는 좋은 설비에 몇 사람밖에 혜택을 받지 못하고 있고, 중층에는 비교적 많은 사람이 있지만 윗층에의 길이 막혀 있고 아랫층 사람들과의 교제의 길도 막혀 있다. 최하층에는 국민의 절대 다수 인간의 무리들이 동물처럼 살고 있는데, 여기에는 햇볕도 들지 못하고 폭력이 난무한다. 이 최하층의 사람들은 폭력으로 짓눌림을 당하고 있다. ......"

이러한 그의 말투 속에 우리는 멀리 고대의 그리이스에 전통을 갖는 계급적 특권을 타파하고, 교육의 문호를 널리 국민 일반에게, 특히 무산계급에게 개방하려 한 그 페스탈로치의 근대적이며 민주적인 거친 숨결을 들을 수 있다.

종래의 학교는 아이들이 학교에 들어가기가 무섭게 그들을 문자의 세계로 끌고 감으로써 '직관 없는 개념'의 세계에 가두어 두는 '인공적 질식기계'와 같다고 페스탈로치는 생각하였다. 이런 헛소리와 문자를 위주로 한 살인적인 비심리학적 학교를 버리고, 눈으로 보며 손으로 만지며 생활에서 체험할 수 있는 교육 내용을 제시하며, 그를 위한 방법을 모색한 것이 이 저작이다.

14통의 편지 형식으로 된 이 저작은 원서로 200쪽이 넘는 대작인데, 그 속의 편지의 길이는 각각 다르며, 짧은 것은 6쪽이고, 긴 것은 50쪽이 넘는 것도 있다. 다음에 우선 그 내용의 개요를 소개한다.

제 1 신에서 그는 노이호프에서 불크돌프의 초기까지의 자신의 생애를 회고하고 있다. 그리고서 이렇게 말한다.

"오! 만일 내가 민중교육에 있어서 지금은 서로 분리되어 버린 자연(Natur)과 인위(Kunst)를 융합하는 데 성공한다면 나는 묘 속에서 얼마나 만족해 할까. 나의 마음을 어지럽게 하는 것, 그것은 다만 자연과 인위가 민중교육에 있어서 서로 분리되어 있는 데에 있지 않고, 대립되어 있는 데에 있다.

제 2 신 및 제 3 신은 크류지, 토프러, 부스 등 그의 제자가 그를 어떤 경위에서 만나게 되었는가를 적고 있으며, 이들의 깊은 이해와 협력에 감사하고 있다.

제 4 신에서 제 6 신까지는 그의 교수법에 관한 일반적 원리를 소개하고 있다. 제 4 신에서는 교수법의 법칙을 공식화하려하고 있고, 제 5 신에서는 인간이 어떻게 지식을 자연스럽게 얻게 되는가의 과정을 탐구하고 있고, 제 6 신에서는 우리의 사물인식과 교수법과의 관계를 논하고 있다. 페스탈로치에 의하면, 모든 사물은 다 이름, 갯수, 꼴[어(語)·수(數)·형(形)]을 지니고 있다는 것이다. 그 사물이 무엇이라 불리우는가. 그 사물은 몇으로 구성되어 있는가. 그 사물은 무슨 꼴을 하고 있는가. 이렇게 세 측면에서 사물을 파악하는 점이 그의 인식론의 기초였다. 따라서 자연스러운 인식을 돕는 교수는 이 세 측면의 기본적인 힘을 도야시켜 주는 언어(Sprache), 수(Zahl), 형(Form)을 중점적으로 다루어야 할 것이다. 여기에서 말하는 언어는 발성·문자 등을 포함하는 국어에 해당하는 것이요, 수는 셈하기를 포함한 수학에 해당하며, 형은 기하학에 해당하는 것이었다.

페스탈로치는 이렇게 그의 독특한 인식론에서 출발하여 모든 교수 내용을 요소로 환원시킴으로써 인위와 자연과의 조화를 가져오고자 하였다. 요소분석적인 교수법의 탐구는 당시로는 획기적인 것이었으며, 교육내용의 계열(Sequence), 교육내용의 범위(Scope)를 확정함으로써 학습자 스스로가 자기에 맞는 속도로 자학자습할 수 있게 교안을 짠 것은, 오늘날의 프로그램 학습 내지 교육공학의 선구적인 역할을 한 것이라 볼 수 있다. 이 점에 대해서는 뒤에 다시 논할 기회가 있으리라.

제 7 신 및 제 8 신은 개개의 교수영역에 위에서 말한 일반적 원리를 적용시킨 것이다. 제 7 신에서는 생도가 '측정묘사'함으로써 터득해야 할 '형의 직관'의 교육을 논하고 있다. 어린이는 우선 가장 단순한 요소, 즉 가까운 생활의 터전에 있는 직선 각 등에 주의하면서 '꼴'을 잘 관찰하고, 다음에 길이에 주의하고 이것을 어림(목측)으로 익힘으로써, 눈에 보이는 여러 꼴을 자기의 석반(노우트) 위에 사생시켜야 한다. 이런 훈련은 아이들의 주의력·판단력·비교력을 단련시키는 데 퍽 중요하다고 그는 생각한다. 그는 또한 많은 직사각형으로 세분된 직사각형표를 도화·측정 등에 많이 이용하고 있으며, 분수의 도입에도 유효하게 이를 활용하고 있다. 이런 방법을 그는 '직관의 초보'라고 불렀다. 제 8 신은 '수의 직관'을 논하고 있다.

그는 이 제 7, 8 신에서 기본적인 교육내용으로서 언어·수·도형을 들고 있고, 그 도입 방법을 논하고 있다. 이 셋을 그는 '3대 기본 교과'라고 부르고 있는데 이것은 전통적인 소위 읽기·쓰기·셈하기(3R's)보다 한 걸음 발전한 것이다.

제 9 신에서 그는 직관이 인식의 절대적인 기초임을 역설하고 있다. 이 직관에 호소하는 교육방법은 지적 영역뿐 아니라 다른 영역, 즉 신체적·도덕적 영역에도 확장되어야 한다고 그는 말한다. 그는 종래의 학교가 직관을 교육방법의 기초로 삼고 있지 않으며, 인식 수단의 원형을 제공하지 못했고, 일반적인 법칙을 도외시하고 '부스러기 진리'를 주입시켰고, 어린이의 자립성을 무시했다고 비판하고, 이런 폐단을 극복하기 위하여는 직관을 교육의 기초로 놓아야 한다고 주창한다.

직관은 교수의 유일한 기초인데도 오랜 동안 무시되어 왔다. 인쇄술의 발견 후 인류는 책에 너무 의존하여 왔기 때문에, 우리는 책과 지식, 언어와 이념을 혼동할 정도에 이르렀다. '교육이란 책을 읽게 해 주는 것'이라고 믿어 왔다. 그러기에 책의 인간, 문자의 인간, 말의 인간이 많이 만들어져, 정확한 관념 없이 말을 농하는 말의 대홍수 시대를 맞게 되었다. 이 피해를 가장 혹심하게 입고 있는 게 어린이들이 아닌가.

도덕교육, 종교교육에 있어서도 이와 같다. 종교 개혁 후 여러 교파가 생겼고, 각 교파는 독단적인 교리를 어린이에게 외우게 함으로써 모두 꼬마 신학자를 만들었던 것이다. 그들은 교리문답서, 즉 어린이의 마음과 정신에 이해가 안 가는 추상 적 교리를 외우게 함으로써 마음과 정신을 시들게 하였다. 그 런데 지금 우리에게 필요한 것은 언어적 논리에서가 아니고, 생활적 직관에서 나오는 신앙·경건·덕의 감정이 아닌가! 이 러한 감정은 슬기로운 가정생활에서 움튼다는 게 페스탈로치의 '신앙'인 것이다. 그는 직관교수의 도입으로 현대의 학교의 피 상성, 분열, 오진을 극복하려 했던 것이다.

제10신은 이런 직관 교수법의 원리에서 유도되는 몇 개의 결과를 고찰하고 있다.

"어머니는 어린이를 품에 안는 순간부터 그를 가르치고 있 는 것이다. 어머니는 자연 속에 흐트러져 있고 어린이와 멀리 떨어져 혼돈되어 있는 것을 어린이의 감각에 가까이 끌어당겨 주며, 사물을 직관적으로 다루게 함으로써, 그의 인식을 손쉽고 즐겁고 유쾌한 것으로 만든다.

페스탈로치는 모든 어머니는 타락되어 있지 않는 한 양육 본능을 가지고 있으며, 이 본능의 이끔에 의하여 아이에게 자 연을 따른 교육법으로 가장 슬기로운 교육을 행한다고 한다. 요람 위의 어린이와 같이 놀며, 같이 웃으며, 말을 주고받고,

노리개를 주고받는 광경을 본 사람이면, 누구나 이 페스탈로치의 말이 옳다는 것을 알 수 있을 것이다. 그는 말한다. "인류의 발달에 있어서의 자연의 행로는 변하지 않는다. 이런 견지에서는 좋은 교수법이란 두 가지 있을 수 없다. 단 하나밖에 없다. 그리고 이 단 하나의 교수법은 영원한 자연의 법칙에 터잡을진대, 완전할 것이다. 나쁜 교수법은 무한히 많이 있을 수 있으며, 그것들은 이 자연의 법칙에서 멀어질수록 나빠진다." 정의를 말로 외우게 한 과거의 교육은 태양 빛을 쪼이면 시드는 그늘의 버섯과 같은 것이라고 그는 비유하기도 한다.

제11신에서 페스탈로치는 자신이 발견한 이런 '방법'이 인류를 구원하는 수단임을 확신해 마지 아니하였다. 그는 민중에 행복을 가져오고자 많은 사업을 해 왔지만, 한 번도 성공치 못하였다. 그런데 신은 그에게 새로운 교수방법을 발견케 함으로써, 그를 인류 구원에 참여케 한 것이다. 그는 이것을 다음과 같이 경건하게 고백하고 있다.

친구여! 나는 이제 잠시 나의 사업과 목적을 잊고, 나의 삶을 수 놓은 슬픔도 잊으련다. 나는 아직 살고 있지만, 실제로 살고 있는 것은 나 자신이 아니다. 나는 이제 모든 것을 잃었다. 나 자신까지도 잃었다. 그럼에도 오, 주여! 그대는 나의 삶의 소원을 나의 마음 속에 간직케 해 주셨나이다. 주여! 그대는 많은 사람들이 헛길을 걸어 삶의 목적을 잃은 가운데에서도 소인만은 보호하시와, 나에게 갖은 괴로움을 준 삶의 목적을 버리지 않게 하셨나이다. 그대는 이런 파탄 속에서도 나의 소명적인 사업만은 보호하여 주셨나이다. 제가 아무 희망 없이 죽음만 바라보고 있을 때 그대는 나의 생애에 불행을 보상코자 저녁 노을같이 저에게 나타나셨나이다. 주여! 나는 그대의 연민과 기대에 어긋나는 사람입니다. 그대만이 짓밟힌 벌레와 같은 저에게 연민을 주셨나이다. 그대만이 상한 갈대를 꺾지 않고 꺼져가는 등불을 끄지 않았나이다. 그대만이 내가 어린 시절부터 이 세상의 낙오자들에게 선사하고자 했던 것을 지켜 주셨나이다.

제12신은 당시의 학교교육에 대한 비판이다. 언어와 지식이 교육의 전부일 수는 없으며, 기술과 기능도 동시에 필요하며, 이론과 더불어 실천도 그에 못지 않게 중시되어야 한다는 것이다.

제13신, 제14신은 이 저작의 가장 중요한 부분으로 이른바 도덕교육을 논하고 있기에 절을 바꾸어 고찰키로 한다.

3. 도덕·종교교육의 터전

페스탈로치는 여기에서 아동의 도덕적·교육적 발달을 논하며, 이것이 '자신의 전 체계의 초석'이라고 말한다. 종교적·도덕적 발달의 기초는 어머니와 아이 사이에서 발견된다. 그가 얼마나 모성의 의무를 위대하게, 존엄하게, 그리고 신성하게 그려 냈는지, 우리는 그의 글에 깊은 감동을 느낀다. 아마 가정의 복된 분위기를 그만큼 잘 그려 낸 사람은 드물 것이다.

"여기에서도 나는 역시 나의 과제의 해결을 내 자신의 마음 속에 구하며, 신의 개념이 어떻게 나의 마음 속에서 싹텄는가 자문한다. 내가 신을 믿고 내가 신의 품에 나의 몸을 던지며,

그리고 내가 신을 신뢰하며, 내가 신에 감사하며, 내가 신에게 귀의했을 때, 내가 가장 아늑한 행복을 느끼는 것은 왠일일까?"

"사랑·신뢰·감사의 염 및 순종의 기능은 내가 이런 것을 하나님에게 바치기 전에, 먼저 나의 마음 속에 발전되어 있음에 틀림 없다. 즉, 신을 사랑하고, 신에 감사하고, 신에 순종하기에 이르기 전에 나는 먼저 인간을 사랑하고, 인간을 믿고, 인간에 감사하고, 인간에 순종하였으리라."

"왜냐하면 눈에 보이는 형제를 사랑하지 않는 자가 눈에 보이지 않은 신을 사랑할 수는 없기 때문이다."(요한 제 1 서 4 장 20절)

"이리하여 나는 자문한다. 어떻게 나는 사람을 사랑하고, 사람을 믿고, 사람에게 순종하게 되었을까? — 이런 감정과 기능은 어떻게 나의 본성 속에 싹텄을까? 그러므로 우리는 이런 것들이 젖먹이와 어머니 사이에서 싹튼 것을 알 수 있다."

"어머니는 어린이를 기르고, 키우고, 보호하며, 기쁘게 하여 준다. 사실 이 외의 일을 할 수 없다. 어린이는 보살핌을 받으며 즐거움을 받음으로써 사랑의 싹을 마음 속에 기른다."

"지금 아직 보지 못했던 물건이 어린이의 눈앞에 놓여졌다고 하자. 어린이는 놀래며, 무서워하며, 울기 시작한다. 이 때 어머니가 어린이를 한 층 더 따뜻이 가슴에 안고 같이 놀아 주며 감싸주면, 어린이의 울음소리는 그친다. — 이러한 어머니와 어린이 사이의 미소의 교환 속에 신뢰의 싹이 튼다."

"어린이가 무엇인가 구하며 보챌 때에 어머니는 재빨리 요람에 달랜다. 배고플 때는 젖을 주고, 목마를 때는 물을 준다. 어머니의 발자욱 소리에 어린이는 울음을 멈추고, 어머니의 모습에 손을 내민다. 어린이의 눈은 어머니의 가슴 속에서 반짝이며, 어린이는 그 속에서 만족한다. 어머니와 만족은 어린이에게는 동의어가 된다. — 이리하여 감사의 염이 싹튼다."

"사랑·신뢰·감사의 싹은 이렇게 성장한다. 어린이는 어머니의 발자욱을 반겨 들으며, 어머니의 모습에 미소지으며 어머니와 닮은 사람들을 사랑한다. 어머니와 닮은 사람은 그에게는 좋은 사람인 것이다. 어린이는 어머니의 모습에 미소함으로써 또한 뭇사람의 모습에 미소한다. 어머니가 사랑하는 사람을 그도 사랑한다. 이리하여 인류애·동포애가 어린이 속에 싹터 자란다."

페스탈로치는 이렇게 인류에게 가장 귀한 감정들이 아늑한 모자 사이에서 싹터 자라는 것임을 그림 같이 그려 낸다. 그러나 어린이는 언제까지나 어머니 품에 매달려 사는 게 아니다. 언젠가는 정신적인 이유기를 맞게 되고, 스스로의 힘과 가치판단에 의하여 세상에 나가야 할 때가 온다. 어머니는 자기 자식의 이런 성장과정을 지켜보고, 지금까지 없었던 단호한 태도로 이제 이렇게 말해야 한다. "아이야, 네가 이제 나를 필요로 하지 않을 때, 네게 꼭 필요한 것은 신이다. 내가 이제 너를 보호 못할 때, 너를 품에 안아 주는 이는 신이다. 이제 너에게 행복과 즐거움을 주는 이는 신이다." 이런 말을 듣는 순간 아이의 마음에는 어떤 형용할 수 없는 아쉬움과 더불어 용기가 감돌고, 그는 이제 신만을 의지하고 인생의 망망 대해를 건너야 하겠다고 스스로를 다짐한다.

이 이상 페스탈로치의 도덕 종교 교육론을 원문에서 소개할 필요는 없으리라. 그에 의하면, 어머니는 최고의 교사이며,

안방은 최고의 교육의 터전이다. 그러기에 안방이 거칠고 어지럽혀지면 사람은 거칠어지고 타락한다는 것이다.

근래 더욱 두드러지게 나타난 현상은, 여성이 노동력의 공급, 직업을 통한 사회봉사 등으로 사회에 진출하게 됨으로써, 여성과 가정이 갖는 교육기능이 현저하게 줄어들고 있는 현상이다. 경제적 건설, 소비 수준의 향상의 그늘에 가정이 파괴되어서는 절대로 안 될 것이다. 어린이는 탁아소에서 길러질 수는 없으며, 어머니의 품 안에서 길러져야 한다. 병아리는 부화장에서 길러질 수 있어도 인간은 탁아소에서 길러질 수 없는 이유는 어디에 있을까? 어린이는 어머니의 젖으로 생리적 욕구를 충족받는 데에 그치지 않고, 이와 더불어 정신적 영양 — 사랑·순종·신뢰·믿음을 빨아들이기 때문이다. 인간이 기본적인 행동의 양식과 가치판단의 기준을 얻는 곳도 바로 안방이다.

페스탈로치는 초기의 수공업적 가내 공업이 농촌에 침투하여 가정을 파괴하는 모습에 우려를 표시하고, 이것을 '안방의 약탈'이란 말로 표시하고 있다. 이 근처의 소식은 슈프랑거의 유명한 《페스탈로치의 사고형식》에 잘 나타나 있다. 또 페스탈로치 연구가 반도오는 "동서의 교육사상 페스탈로치만큼 가정교육을, 즉 가정에 있어서의 모성에 의한 도덕 및 종교교육을 중시하고 강조한 교육자는 없다. 참으로 그의 교육학은 가정교육학이며, 그의 생애의 노력은, 인류의 가정교육의 개선을 위하여 바쳐진 것임을 우리는 잊어서는 안 된다"고 말하고 있다.

이런 입장에서 우리 나라의 교육을 돌이켜 보면 한심스럽기 짝이 없는 게 한두 가지가 아니다. 우선 그 첫째는, 인간교육의 터전이 되는 초등학교 교육을 맡는 교사 양성기관의 수업연한이 짧으며 경시되어 있다는 점이다. 자갈과 모래에 시멘트를 섞어 넣어서 건물을 짓는 기술자를 양성하는 공과대학의 수업연한은 4년이며, 밭에다 거름을 주며, 호박을 만드는 농사꾼을 기르는 농과대학의 수업연한도 4년인데, 유독 인간을 기르며 일깨우는 교육대학만은 수업연한이 왜 2년인가? (이 책의 첫 출판년도 1974년에는 교육대학 수학년한이 2년이었다.) 둘째는, 인간 교육의 핵심이며 인간복락의 터전인 가정을 다스리는 여성의 교육 경시이다. 물건을 다루며 돈을 버는 남성보다 인간을 다루며 행복을 창조하는 여성의 교육이 더 중시되어야 한다. 선진국에서는 대학에서도 남녀의 비가 거의 같다. 우리 나라는 너무 차이가 많다. 우리는 정책적으로 여성의 교육을 권장해야 할 것이다. 셋째는, 도덕·종교교육의 경시이다. 서양의 경우 종교적 전통이 가정·학교·사회의 구석구석에 스며 있다. 그러므로 굳이 도덕교육을 학교에서 하지 않더라도 어린이들은 종교를 통하여 이것을 생활로 배운다. 그런데 우리에게는 이러한 전통이 없다. 따라서 어린이의 마음은 가치판단의 기준을 갖지 못하고, 진공 상태인 것이다. 우리는 가정·학교에서 인류의 영원한 이상인 덕목을 좀더 가르치며, 진리와 가치에 대한 감각을 키워 주어야 한다.

4. 교육방법의 원리

마지막으로 이 저작을 주의깊게 분석한 몰프가 페스탈로치의 교육 방법의 원리를 다음 11개의 항으로 요약하고 있음을 소개한다.

① 교수의 기초는 직관이다.

② 직관에는 언어가 결합되어야 한다.

③ 학습의 시기는 판단 비판의 시기가 아니다.

④ 모든 영역에 있어서 교수는 가장 단순한 것에서 출발하여, 그곳에서 단계적으로 아동의 발달에 마추어 계속되어야 한다. 즉 심리학적인 순서로 행해져야 한다.

⑤ 생도는 하나의 교재를 완전히 자신의 정신적인 소유로 할 때까지 오래 동안 그곳에 머물러야 한다.

⑥ 수업은 발달의 과정에 따라야 하며, 결코 강의 교훈 전달이 되어서는 안 된다.

⑦ 교사는 생도의 개성을 신성하게 보아야 한다.

⑧ 지식 및 기능의 습득은 그 자체가 목적이 아니고, 정신력의 발달과 강화를 목적으로 해야 한다.

⑨ 지식에는 능력이, 그리고 인식에는 기능이 결합되어야 한다.

⑩ 교사와 생도와의 접촉, 특히 학교교육은 사랑에 의하여 행해지며, 사랑에 의하여 지배되어야 한다.

⑪ 수업은 교육의 목적에 종속되어야 한다.

페스탈로치의 교육방법은 이렇게 크게는 두 줄기의 원리 위에 서 있다. 하나는 거시적인 생활화·통합화·노작화의 원리요, 또 하나는 미시적인 심리화·계열화·기계화의 원리이다. 그러나 그의 사상은 교육에 대한 체험이 깊어 갈수록 생활화·통합화·노작화의 방향으로 기울게 된다. 교육이라는 하나의 생명을 전일적으로 키우는 영위에 요소분석적인 방법의 적용에는 한계가 있음을 그는 절실히 느끼게 되었기 때문이다. 생명의 육성에는 역시 인격적인 하나의 생명과의 '만남'이 절대

불가결로 요청되는 것이며, 이 '만남'이란 계량적인 분석과 계획적인 예측을 불허하는 — 실존주의 계보의 철학자들의 용어를 빌려 쓴다면 — '은총적 작용'인 것이며, 우리말로는 만남은 옹골로 부딪치며 부딪침을 받는 작용이기 때문이다.

Ⅹ. 불크돌프 학원의 번영과 뮨헨부흐제로의 이전

잠시 경영한 뮨헨브흐제 빈민 학원

1. 교육방법의 혁신
2. 열성적 사도들
3. 교육사상 최초의 사범학교
4. 뮨헨부흐제 학원

X. 불크돌프 학원의 번영과 뮨헨부흐제로의 이전

1. 교육방법의 혁신

페스탈로치는 교육이론에서 뿐만 아니라, 교수법에 있어서도 혁신적이었다. 그의 방법이 일반인에게 어떤 인상을 주었으며, 그를 도운 시 당국에는 어떻게 비쳤는가를 몰프의 전기에서 인용하여 보자. 다음 기록은 그의 교수법을 참관한 당국이 보고한 공문서의 일부이다.

학교에 들어서자마자, 페스탈로치의 학교는 다른 학교와는 굉장히 차가 있다는 것에 놀랐다. 다른 소학교에는 아무런 정신적 매력이 없는 문자에 의한 기억만이, 생명 대신에 죽음만이, 그리고 어린이의 명랑성 대신에 나태와 권태만이 지배하고 있었다. 페스탈로치의 탁월한 표현에 의하면 인공질식기에 지나지 않았다. 그런데 불크돌프에서 우리는 명랑하고 밝은 참학교 생활을 보았다. 어린이 속에 깃들어 있는 여러 힘의 자극과 활동, 그리고 어린이들의 정신적 욕구를 채워 주는 학생지도가 어린이의 전생활을 돕는 데에서 이런 결과를 가져오고 있음을 우리는 바로 알게 되었다. …… 그들의 교수법의 비결은 무엇일까? 그것은 자연의 과정을 밟게 하는 것이었다. 어린이들은 그들의 안과 밖의 자연의 이끌림에 의하여 즐겁게 일하고 논다. 어린이들은 다섯 살이 될 때까지는 자연을 만끽한다. 우리들은 자연의 모든 인상을 어린이에게 던져 준다. 어린이는 자연의 힘을 느끼며 자연을 즐긴다. 그런데 우리는 다섯 살에 이르면 갑자기 그들에게 자연을 빼앗아 버리고 그들을 문자의 세계로 끌어 들여, 양떼와 같이 순한 그들의 무리를 악취가 풍기는 한 방에 밀어 넣어, 자유를 구속하고 활동을 정지시킴으로써 그들을 실제의 생활과는 너무나도 다른 세계, 즉 문자만의 세계로 끌어 들인다. 그들의 정신은 여기에서 멈추게 된다. 칼로 목을 쳐서 죽이는 일이 범죄인 것처럼 어린이를 이런 질식기에 밀어 넣어 숨막혀 죽게 하는 것이 범죄가 아니고 무엇인가!

그러므로 이런 그릇된 종래의 학교교육 방법을 올바르게 돌리는 길은 자연의 길을 다시 찾는 길일 수밖에 없다. 좀더 자세히 말하면, 아무런 교육도 받지 않은 사람들, 또는 어린이들이 가장 확실하게 지식을 얻는 자연의 방법을 학교교육에 적용시키는 길밖에 없는 것이다. 마치 정원사가 그 기술을 자연의 힘과 법칙에서 배우면서 식물을 키워 가듯이, 교사는 어린이의 내부의 세계와 그 발전법 및 어린이의 주위를 둘러싸고 있는 자연의 성질과 그 발전 법칙을 잘 이해함으로써 아무런 무리가 없게 어린이를 키워 가야 할 것이다.

위의 논술에서 우리가 특히 주목해야 할 점은 교육이라는 영위를 정원사가 화초를 가꾸는 영위로 비유한 점인데, 이것은 교육이란 '자연히 움터 나오는 힘'을, '자연의 법칙'에 맞추어서 가장 바람직하게 키워 나가는 영위라고 본 점이다. 교육이란 발전 가능성 또는 도야 가능성을 대 전제로 하고, 그 위에 이것을 그 사회가 요구하며 또 자신이 이룰 수 있는 가장 바람직한 방향으로 이끌되, 이것을 스스로의 의지적인 노력과 자발적인 참여를 통해 실현함을 말한다. 페스탈로치는 이런 비유적인 표현으로 교육의 진리를 함축성 있게 말하고 있다.

이런 교육방법의 원리를 몰프는 구체적으로 13항목으로 풀고 있는데, 이것은 앞서 소개했기 때문에 되풀이하지 않겠다. 여기에서는 다만 너무나도 유명해진 그의 학원을 참관한 사람들이 전하는 이야기들을 소개키로 한다.

페스탈로치 학원에서는, 첫 단계에서는 직관적인 교구를 사용하여 충분히 연습을 하기 때문에 어느 단계에 이르면 이 교구를 없애버려도 그것을 이용할 때와 조금도 다름이 없는 성과를 낼 수 있었다. 직관력이 충분히 도야되어 있기 때문이다. 예를 들면, 필산으로밖에 할 수 없는 문제를 이들 어린이들은 눈을 감고 머리 속에서 도표를 그리면서 해 치운다. 주판을 잘 하는 사람은 계산을 머리 속에서 주판 없이도 하는 것과 같다.

여섯 살에서 여덟 살까지의 어린이들이 복잡한 기하학의 도형을 자나 콤파스 없이도 척척 그려낸다.

열 살의 아이가 한 시간 사이에 아주 세밀하게 스칸디나비아의 지도를 작성할 수 있다.

쇼요오는 이 학원의 모습을 다음과 같이 보고하고 있다.

이 학교에는 다섯 살에서 열 세 살까지의 아이 72명과 교사 10명이 있다. 그리고 교육방법을 연구하기 위하여서 온 외국인 20명을 합하면 102명의 사람이, 가정을 맡는 일군과 하녀와 더불어 페스탈로치를 중심으로 생활하고 있다. 이 학교에는 보통의 학교에서 볼 수 있는 학급은 없고, 아이들은 5~6의 분단을 구성하고 있다. 교과서란 읽기를 연습하기 위한 초보용 읽기책밖에 없다. 각 교실에는 주로 산수에 쓰이는 도표가 걸려 있다. 한떼의 아이들은 자갈·나무·나무토막 등을 이용하여 셈을 배우며, 석판을 이용하여 선을 그리는 법을 배운다. 그 외의 아이들은 도표를 이용하여 가감도 배우고 분수계산도 배운다. 교사는 도표를 손으로 가리키며 고성으로 설명을 한다. 아이들은 이에 따른다. …… 이 학교를 방문하는 자는 누구나 기술교육이 탁월함을 보고 놀랜다. 도화·기하·지도 등을 처음에는 직관에서, 즉 직접 사물을 보는 데서 출발하고, 사물을 정확하게 인식하는 연습을 중히 여기므로, 자연히 기능이 숙달되는 것이다. 페스탈로치의 방법은 단순화를 목표로 하며, 기계적인 연습을 계속하는 것을 이상으로 하고 있으나, 그는 그것을 법측에 맞는 한, 가장 자유로운 것으로 보고 있다. 아이들의 자발성을 이끌어 가는 것이 방법의 역할이다. 불크돌프 학원의 아이들이 활발하며 자유롭게 활동하는 것을 보고 누구나 놀랜다. 모두 쉬는 주일에도 아이들은 교실에 들어와서, 혼자서 또는 여럿이 모여 스스로 연습을 하는 것을 재미로 알고 있다.

어린이들의 자유를 최대로 보장하면서 또한 최대의 학습동기와 자발성을 유발하는 그의 탁월한 교육방법의 편모를 위의 글에서 우리는 엿볼 수 있다. 도덕교육에 대해서도 그는 명령·권위·질책을 배제하고, 교사와 생도와의 사이에 인간적인 사랑과 신뢰의 정으로 묶는 데서 출발하였다. 이런 방법은 얼핏 보기에는 산만하며 불규칙적인 것 같으나, 실은 가장 효율적인 것이었다.

학원에서의 하루 생활을 소개한 글넬의 《불크돌프에서의 서한》에는 아침 저녁 두 번에 걸쳐 열리는 학원의 모임을 다음과 같이 보고하고 있다.

어린이들은 아침 9시와 밤 10시에 강당으로 모인다. 어린이들은 "아빠 페스탈로치!"(Vater Pestalozzi!)라고 맨 먼저 인사를 하고 싶어, 아주 일찍 일어나서 미리 와서 기다리고 있는 자도 있었다. 6시가 되면 직원과 어린이들이 강당에 모인다. 여기에 페스탈로치가 밝고 따뜻하고 사랑에 넘치는 얼굴로 미소를 지으며 들어온다. 모두 서로 아침 인사를 한다. 그는 이 아이 저 아이와 악수를 하며, 각 아이와 각각 다른 이야기를 주고 받는다. 한 아이에게는 건강에 대해 이야기를 하며, 둘째 아이에게는 부모님이 무엇을 배우기를 원하는가를 물어보며, 셋째 아이에게는 "너는 뛰어난 자질을 가지고 있으니 우선 하나님께 감사하고 더욱 열심히 공부하여 남에게 유익한 사람이 되는 것이 너의 당연한 의무"라고 당부하고, 넷째 아이에게는 "너는 주의력이 모자라니 조심하라"고 아버지답게 야단을 친다. 그가 마음 속으로부터 아이들을 걱정하는 정성은 모든 아이들에게 길이 사무친다.

교직원·생도 전체를 앞에 놓고 그가 감화나 강연을 하는 때도 있다. 저녁 10시에는 다시 모이는데, 그 때에는 하나 하나의 아이에게 그가 아침에 당부한 이야기를 오늘 하루 동안 몇 번이나 생각했으며, 어떻게 실천했는가 물어보는 것을 잊지 않는다. 이렇게 그의 학원은 가정적이었다. 학부형 하나가 학원을 참관하고, "이것은 학교가 아니고 가정이다"고 평가했을 때, "이는 나에 대한 최대의 찬사다"고 그는 몹시 좋아했다고 전해지고 있다. 참으로 페스탈로치는 학원 전체를 따스하게 감싸는 넋이었고, 하나하나에 남김 없이 사랑을 베푸는 '아버지 페스탈로치!'였던 것이다.

2. 열성적 사도들

페스탈로치에게는 어떠한 제자들이 있었으며, 그의 이념은 이들에 의하여 어떻게 유럽과 미국, 그리고 일본과 한국에 전파되었는가? 이것은 큰 과제이므로 '페스탈로치 운동의 발전'이란 제목으로 별도로 다루기로 하고, 이 번에는 불크돌프 학원에서 그를 도왔던 직제자 몇 사람만을 소개하는 것으로 국한하기로 한다.

나는 이들 '제자'들을 감히 '사도'라고 말한다. 제자는 스승의 가르침을 받은 자를 말하며, '사도'는 이 중에서도 스승의 이념을 계승 발전시킨 사람을 말하기 때문이다. 19살의 젊은 나이로 비극시인이 되고자 자작 원고를 가지고 경연 대회에 나가다가 중도에서 소크라테스를 만나 원고를 불살라 버리고 소크라테스를 따른 플라톤은 분명히 그의 사도이며, 갈리리야 호수가에서 물고기를 잡다가 "나를 따르라"는 예수의 말씀에 그물을 버리고 바로 따른 베드로도 분명히 예수의 사도였다.

이렇게 사도는 스승의 온 생명을 이어받는 것이므로 수가 많을 수 없다. 소크라테스의 사도는 알키비아데스와 플라톤 정도로 국한해야 할 것이며, 나머지는 제자 또는 적이었다고 해야 할 것이다. 예수의 사도는 열 두 사람인데, 그 중의 하나는, 그를 배반한 가롯 유다이기 때문에, 이 대신 바우로를 첨가해서 겨우 열두 명이 채워지는 것이라 하겠다. 공자는 삼천제자를 거느렸다고 하였는데, 이들은 실은 위에서 말한 의미의 사도가 아니었음을 역으로 증명하는 일이다. 한 사람에게 많은 사도가 나올 수는 없다. 왜냐하면 그들에게 생명 자체를 나누어 주어야 할 스승의 생명 자체가 유한하기 때문이다.

공자의 사도를 굳이 든다면, 설흔도 채우지 못하고 죽은 안회 한 사람뿐이었다 할 것이다. 그는 애석하게도 스승의 길을 계승·전파하지 못했다. 그러기에 저 근엄한 공자도 안회의 죽음 앞에서는 소리를 내고 울지 않았던가!

페스탈로치에게는 어떠한 사도들이 있었던가? 여기에서는 우선 몰프가 든 사도들을 소개하고, 다음에 반도오 저작에 소개된 사도를 한두 사람을 첨가하는 데 그치기로 한다.

토플러는 1800년 8월 페스탈로치 밑에 와서 가르침을 받은 다음, 1801년 5월 바젤에 옮겨가서 그곳에다 페스탈로치주의 학교를 세웠다. 이곳에서 그는 많은 생도를 수용하고, 스승의 방법으로 교육을 하여 명성을 떨쳤다. 1802년 7월 페스탈로치는 크류지를 이곳에 파견하여 토플러의 학원을 시찰케 하고, 여러 시사를 주었다. 1803년 7월 토플러는 다시 불크돌프에 돌아와 스승의 학교를 도왔다.

니이데러는 1803년 7월에 페스탈로치를 찾아와 그를 아버지처럼 섬겼다. 그는 당대의 뛰어난 철학자 중의 한 사람이며, 페스탈로치의 사상을 이론적으로 체계화하고자 노력한 투사가 되었다. 그의 명상적이고 이론적이며, 또한 자기 희생적인 인품은 주위의 교사들과 학부형에게 깊은 감화를 주었다. 그는 스승의 교육론 중에서 인간의 내면적 순화의 면을 특히 강조하여 전파하였다.

므랄트는 취리히 출신으로서 1803년 5월 불크돌프 학원의 교사로 들어와 그 후 1810년까지 뮌헨브흐제, 이벨당에서의 페스탈로치 학원의 교사를 계속했고, 1810년에서 1850년 그가 죽음에 이르기까지 페텔스불크에서 목사직을 맡았다. 그는 탁월한 행정관이며, 교양이 있고 드높은 식견의 소지자인 동시에 어린이들과 잘 어울려 노는 순진한 마음의 소지자이기도 했다. 그는 이전 파리에 거주한 적이 있어, 학원에서는 종교와 프랑스어를 가르쳤고, 교육 기술에도 뛰어나 페스탈로치 제자 중에서는 학원의 안에서나 밖에서 무조건 칭찬을 받은 사람이다.

호프는 1803년 아직 20세도 못 되는 나이로서 페스탈로치 학원의 교사가 되는 명예를 얻었다. 그는 지식욕과 실천욕이 왕성하여 스승의 주목을 받았고, 장차는 이 학원의 기둥이 될 것이 기대되었다. 그는 특히 수학·국어 및 박물을 가르쳤다.

내니는 토플러와 더불어 1803년 학원에 왔다. 그는 특히 순결한 마음의 소지자로서 어린이에 대한 교육적 감화가 컸다 한다. 그는 1804년 여름, 불크돌프의 학원을 떠나 프랑크풀트에 페스탈로치주의 학원을 세웠다. 그리하여 소위 페스탈로치의 '식민지'의 모범 학교의 지위를 확보하였다.

이상의 다섯 명이 몰프가 소개한 이 시대의 사도인데, 여기에 한두 사람 더 첨가해야 하겠다.

플라만은 할레 대학에서 신학과 교육학을 이수한 다음, 가정교사를 하다가 페스탈로치의 글을 접하고 그의 숭배자가 되어, 1803년 5월 불크돌프를 찾게 되었다. 여기에서 1년 반 교사로 있다가 1804년 10월 귀국하였는데, 그는 1805년 베를린에다 페스탈로치주의 신학교를 세웠다. 이 학교가 굉장히 명성을 얻게 됨에, 프로이센의 황제까지도 교육에 깊은 관심과 배려를 갖게 되었다. 이 학교는 후에 프로이센에서의 페스탈로치 운동의 중심지가 되었고, 이로 인해서 일개 프로이센이 전독일을 지도하는 웅대한 나라가 되었던 것이다. 일개 가정교사가 세운 학교가 독일의 비약적인 발전을 이룩하게 한 불씨가 되었음은 특히 주목할 일이다.

네프는 1799년에 페스탈로치에게 와서 교사로서의 수업을 쌓기 시작했다. 그는 독일과 프랑스의 접경지대인 엘사스에서 목사를 하던 사람이다. 그는 1803년 불크돌프의 교사 중에서 발탁 초빙되어, 파리의 고아원장이 되었다. 1806년 다시 초빙되어 신대륙 미국에 건너가게 될 때까지 이 파리의 고아원으로 새 교육과 페스탈로치의 명성을 날렸기 때문에, 나폴레옹까지도 이 학교를 시찰하고 갔다는 기록이 남아 있을 정도이다. 네프는 1806년 대서양을 건너 필라델피아에 다달아 1809년 학교를 세워 그 후 4년 동안 열심히 페스탈로치식 교육을 전파하였다. 그때 미국은 바야흐로 영국의 식민지통치로부터 독립하여 경제적 부흥에 힘씀과 동시에, 국가 부흥의 기초인 초등교육의 혁신에도 힘썼다.

미국이 비약적 발전은 이같은 교육의 보급에 있었다는 점도 주목해야 할 점이다.

우리 나라는 어떠하였던가? 페스탈로치의 생애와 사상이 처음으로 소개된 것은, 망국을 앞둔 구한말에 발간된 《소년》지 (1908년 11월 창간)에서이며, 또 '한국의 페스탈로치'라고 할 수 있는 이승훈씨가 안창호씨의 영향을 받아 고향인 정주에 초등교육 기관으로서는 강명의숙을, 그리고 중등 교육기관으로서는 오산학교를 세운 것은 각각 1907년 8월과 12월이니, 참으로 유럽에 비하면 100년의 격차가 있는 것이었다.

3. 교육사상 최초의 사범학교

정부는 1802년 6월 베른의 교육국장 이이트에게 명하여 다시 페스탈로치 학원을 시찰·보고토록 하였는데, 그 학원의 뛰어난 점을 샅샅이 소개한 것이었다. 이 보고에는 페스탈로치의 공적으로 다음 세 가지 점을 들고 있다.

"첫째로, 그는 기초도야에 전인미답의 길을 탐구했고,

둘째로, 이 길을 개척하여 순화했고,

세째로, 이 길을 스스로가 걷고 또 남으로 하여금 걷게 만들어 놓았다는 것이었다. 그리고 이 보고서는,

① 이 학원을 국립의 교원양성소로 할 것.

② 여기 교원에다 일정한 봉급을 지급할 것.

③ 페스탈로치의 출판물에 대하여 정부에서 재정적 지원을 할 것 등을 권장하고 있다.

정부는 이 권고대로 페스탈로치를 도와 주었다. 그 경위를 간단히 써 본다. 정부는 이 권고문에 따라 평의회를 열고, ①

정부는 그의 학원에 교원양성을 위한 12개의 자리를 마련할 것. ② 정부는 이 자리에서 강습을 받는 생도에게 각각 국비에서 50프랑을 기부하되, 강습은 적어도 5개월씩 계속시킬 것. ③ 내무장관은 강습 지원자를 신청순서대로 받되, 각 현과 현의 지역 배정을 배려할 것. ④ 교육국은 차후부터 학교 교사의 임명에 즈음하여는 페스탈로치의 교수법에 익숙한 교사 후보생을 특별히 고려함으로써 특별한 결점이 없는 한, 이를 우대할 것을 가결하였다. 그런데, 평의회는 이렇게 말로만 가결해 놓고 무대에서 사라져 버렸기 때문에 페스탈로치는 중앙정부로부터 그렇게 큰 경제적 지원은 받지 못했다. 그러나 국가가 교육에 대하여 관심과 열의를 표명하고, 혁명의 소용돌이 속에서도 일개 작은 학교에다 정신적인 특혜를 베풀었다는 것은 우리에게는 특히 영구히 기억해야 할 타산지석이라 아니 할 수 없다.

이리하여 교육사상 처음으로 교원양성을 위한 사범학교의 운영모범사례가 조직적으로 페스탈로치 학원을 계기로 생기게 된 것이다. 정부 및 각 현의 이러한 지원에도 불구하고, 교사지원자는 처음에는 불과 두 사람밖에 되지 않았다. 도리어 독일·프랑스 등의 외국에서 지원자가 많았고, 이런 사범학교의 이념은 후에 이벨당 학원에서 결실을 거두게 되었다. 참으로 예언자는 고향에서 존경을 받지 못하며, 등잔 밑이 어둡다는 속담이 새삼 새로와지는 사실이기도 한다.

정부는 이이트의 권고에 의해 페스탈로치에게는 1801년 4월부터 지급하던 연액 1,600프랑을 금후에도 계속 지급할 것과 크류지와 부스에게는 1803년 1월부터 연금 400프랑을 지급할 것을 결의하였다.

그리고 또 정부는 페스탈로치의 저서인 《어머니의 책》, 《직관의 초보》, 《수관계의 직관론》, 《형관계의 직관론》을 재정적으로 지원하여 1803년에 발간케 하였다. 이들 저작은 학술 논문이 아니고, 어머니가 초보적인 국어·수학·기하학을 아이들에게 어떻게 가르쳐야 하느냐 하는 지침서인데, 오늘날의 용어로는 유치원 및 초등학교 초보 과정의 교과서라고 볼 수 있다. 페스탈로치는 교육사상 처음으로 조직적인 국어·산수·기하의 교과서를 제자들의 협력을 얻어 편찬하였다. 그는 뛰어난 학자는 아니고 교육 실천가인데, 이렇게 각 교과의 고유한 교육 이념과 그것을 실현키 위한 교과서를 작성했다는 것은 놀라운 일이다. 이 첫 교과서가 그 후 스위스와 독일의 초등 교과서의 모범이 되어 그 후의 100년 동안 교육계를 지배하였다. 오늘날에도 각 교과의 교육이념을 페스탈로치에게 찾으며 연구하는 학자가 많다는 것을 부기하여 둔다.

4. 뮌헨부흐제 학원

학원이 앞으로도 이렇게 순조롭게 발전하는 듯 보였을 때, 또 뜻하지 않는 일들이 생겼다. '호사다마', 좋은 일에는 반드시 엉뚱한 사건이 터지기 마련인가. 페스탈로치의 경우, 번번히 이런 운명적인 사건이 뒤따랐다. 노이호프에서도 슈탄쓰에서도 그러했고, 이곳 불크돌프에서도 그랬다. 경위는 다음과 같다.

스위스 국민은 나폴레옹이 조종하는 정부에 의하여 통치를 받는 것을 내심 싫어했다. 그들은 그들 자신의 의사를 대표하는 독립된 정부를 원했던 것이다. 그래서 1802년 4월에는 베른에 전국의 명사들이 모여서 신헌법의 강령을 협의하여 이것을 일반 투표에 부쳐 다수결로 가결하고 7월에 공포하였다. 이 신헌법에 의한 내각이 베른에 조직되었는데, 이들은 프랑스군의 철수를 실현하기 위하여 프랑스의 명령을 앞으로 어기지 않겠다는 것을 선포하였다. 물론, 이것은 철군을 원하는 하나의 기만술이었다. 그러자 프랑스군도 계속 주둔하는 명분을 잃고 철수하게 되었다.

그러나 이 철군은 독립전쟁이라고 불리운 민란의 계기를 만들게 되었다. 즉, 이 해 9월에는 각지에 민병의 반란이 일어났고, 그것은 삽시간에 스위스 전국에 파급되었다. 그러자 프랑스군은 다시 돌아와 민병을 진압하기 시작했다. 민병의 비조직적인 힘으로는 처음부터 싸움이 되지 않는 터이므로, 10월에는 전국이 평정되었다.

나폴레옹은 약은 정치가였다. 그는 스위스를 프랑스 정부의 직접통치 밑에 두는 것을 이제 단념하고, 스위스의 각 현의 대표자를 선출케 하여, 이들을 파리에 소집하여 앞으로의 정체에 대한 자문을 얻었다. 1802년 12월의 일이다.

이 대표 위원들은 스위스의 지도적 인물들로 구성되었는데, 페스탈로치는 베른과 취리히 두 현에서 공히 대표로 뽑혀 파리에 가게 되었다.

페스탈로치는 정치적 회의와는 별도로 이 기회에 자기의 교육이념을 프랑스에 전파코자 부푼 가슴을 안고 파리에 갔다. 그는 먼저 나폴레옹을 설복시키려고 그에게 회견을 신청했다. 그랬더니 비서를 통해서 이 말을 들은 나폴레옹은 "나는 ABC를 가르치는 문제들을 생각하기에는 너무나도 바쁘다."하면서 회견을 거절했다 한다. 파리에서도 페스탈로치는 너무 급진적인 발언을 많이 해서 별 타협점을 찾지 못하고, 회의 도중에 돌아와 버렸다. 돌아와서 제자인 부스에게 미소지으면서 한 이야기가 걸작이다. "나는 나폴레옹을 만나지 못했지만, 나폴레옹도 나를 만나지 못했다"고! 이 얼마나 의미가 깊은 말인가! 정치와 현실을 주름잡던 나폴레옹과 교육과 미래를 주름잡던 페스탈로치와는 끝내 해후(만남)를 못했던 것이다. 정치와 교육이 서는 발판이 다르며 목적이 다르기 때문이다.

나폴레옹은 파리 회의에서 스위스 대표들의 의견을 다소 참작하여 그의 지도권만 계속 남기고 스위스의 통일정부를 없애고, 19개의 현에 각각 지사를 임명하고 지방자치제를 실시할 것을 허락하였다. 1803년 2월의 일이다. 이리하여 베른 자치현이 다시 생기게 되었다.

새 지사는 자신의 관저와 관사의 사택으로 불크도크의 성을 쓸 것을 결정하였으나, 이 성 속에 있는 페스탈로치 학원을 어떻게 처리할 것인가로 고민하였다. 이제 세계적으로 유명해진 이 학원의 시설을 잘못 처리해서는 큰 후환이 있을 것이기에 말이다. 시 의회는 물론이요, 페스탈로치 자신도 계속해서 쓰게 해 달라고 진정을 했으나 허사였다. 현 당국은 이 성을 명도하여 주면, 대신에 이곳에서 마차로 3시간 걸리는 거리에 있는 뮨헨부흐제의 수도원을 1년 동안 무상으로 대여해 준다 했다. 페스탈로치는 이 타협안을 수락하고 1804년 6월에 이사를 했다.

페스탈로치는 불크돌프 시대에 중앙정부에서 얻었던 자신과 두 교사의 연금을 이제 받지 못하게 되었을 뿐 아니라, 출판물도 잘 팔리지 않아 큰 타격을 받았다. 그 위에 교사양성위탁조로 나오던 정부의 보조금도 받지 못하게 되었다. 이렇게 학원 경영이 어렵게 되자 페스탈로치는 뮨헨부흐제로부터 15분 거리에 있는 농촌에서 농민학교를 성공리에 경영하고 있는 펠렌베르크와 계약해서 자신의 학원의 경영권을 양도하게 되었다.

페스탈로치는 이제 반대급부로 연금 50루이스를 받는 고용원이 된 것이다. 이 처사는 그를 딱하게 본 토플러와 무랄트의 권고에 의한 것이다. 또 그는 펠렌베르크와는 노이호프 이래의 지기였기에 한 처사이기는 했지만, 페스탈로치는 허전하기만 했다. 욕구불만과 교육이념의 대립은 드디어 펠렌베르크와의 싸움으로 번지곤 했다. 이 때 마침 이벨당 시로부터 그의 학원의 유치권고가 있어 페스탈로치는 이에 응하고 1804년 우선 선발대가 가서 시가 무상으로 대여하고 수리하여 준 옛 성에 먼저 초등학교를 창설하였다. 페스탈로치는 펠렌베르크에게 손해 변상할 것을 약속하고, 이듬해 7월에 이사했다.

XI . 이벨당 학원의 터닦기

이벨당 시내에 있는 옛 성

XI. 이벨당 학원의 터닦기

1. 페스탈로치의 4대 과제

1805년 페스탈로치는 이벨당의 옛 성에 학원을 차렸다.

이 학원은 1825년 해산이 될 때까지, 그 후 만 20년 동안 유럽의 교육의 중심지가 되었으며, 페스탈로치에게는 마지막으로 인류에게 봉사할 수 있는 사업무대가 되었던 것이다. 촛불은 꺼질 때 마지막으로 한 번 불꽃을 튀긴다. 이제 어언 60살이 된 그에게 마지막으로 생명의 불꽃을 연소시킬 수 있게 한 곳이 이 학원이다. 학원은 네 귀에 뾰죽탑이 있는 옛 성이었고, 주위에는 아름다운 산과 시냇물이 흐르고 있었으며, 시 당국도 그에게 정신적으로나, 경제적으로나, 최선의 배려와 대우를 아끼지 않았다.

그는 평생 쓸 수 있도록 보장받은 학원을 얻게 되어 감개무량하였으리라. 이 때 바로 생각난 것이 노이호프에서 가난하게 살면서도 자기의 대성과 대활약을 빌며 찬밥을 나누어 먹으면서 따뜻한 체온으로 서로 기대고 있을 안나부인과 과부가 된 며느리와 단 하나의 손자, 그리고 자기가 거지꼴이 되었을 때 돕겠다고 나선 두 하녀들이었다.

이들 중의 하나인 안나 부인까지도 바로 몇 달 전만 해도, 페스탈로치가 골치 아픈 일이 생겨 다른 곳으로 또 학원을 옮긴다는 소식에 회의적이 아니었던가. 부인은 페스탈로치에게 이렇게 편지를 써 왔던 것이다. "사랑하는 당신의 편지가 너무도 애처롭고 슬퍼서 나는 울었다오. 새 학원이 어떻게 탄생이 되어 가는 것인지 나는 잘 모르지만, 부디 이번만큼은 당신을 위해서나 그리고 또 여기 우리를 위해서도 신중하게 하셔서 부디 이 일이 잘 되기를 당부하여 마지 않습니다." 안나 부인도 이제 70살이 되어 가는 것이다.

페스탈로치가 앞으로 남은 생애에서 풀어야 할 과제는 무엇이었던가.

우선 인간적인 측면으로는, 흩어진 가족이 한데 모여 아늑하게 사는 일이었다. 요새의 말로는 이산가족결합이 아니었던가! 그는 바로 이 일에 착수하여 가족을 불러들여 오랫만에 회포를 풀었다. 말로만 들어오던 큰 성에서 성주 노릇을 하면서, 뭇사람에게 존경을 받는 남편·시아버지·할아버지·주인 어른을 자신의 눈으로 보았을 때 그들은 얼마나 기뻤으랴! 페스탈로치의 전기를 읽거나 쓰는 사람들에게 눈시울을 적시게 하는 곳이 몇 군데 있는데, 이 경우가 그 중의 한 대목이다. 이들 가족들은 그 후 이 학원에 머무르며, 학원을 대 가정의 모범적인 '안방'으로 만들었다. 부인은 학원의 뭇사람들의 Mütter Pestalozzi!(엄마 페스탈로치!)가 되어 학원을 포근하게 감싸며,

그 후에 일어났던 제자들 간의 싸움의 화해자가 됨으로써 남편을 도왔다. 우리 말로의 '사모님'이 바로 'Mütter Pestalozzi!'일 것이다. 며느리와 하녀들은 백명이 넘는 온 식구들의 식사와 일상 생활의 뒷바라지를 하였다. 손자는 이 학원의 생도가 되어 다른 아이들과 똑같이 할아버지의 교육을 받았다.

나는 언젠가 페스탈로치의 교육의 원리를 여덟 개로 정리했는데, 그 중의 하나에 가르치고 이끈다는 교도의 원리라는 것이 있다. 교육이란 우리가 가야 할 확고한 방향을 제시하는 아버지로서 대표되는 의와, 그 방향을 걷고자 하는 아들로서 대표되는 자발적인 의지와, 아버지와 아들 사이를 따뜻한 손길로 이어주는 어머니로서 대표되는 방법·과정·사랑이 필요하다. 이 중의 하나가 빠져도 교육은 성립이 안 된다는 게 이 원리이다. 이렇게 볼 때에, 페스탈로치의 학원에 그가 말한 이 원리가 잘 구현되어 있음을 알 수 있다. 그는 이제 큰 교육가정을 이루어 이 인간적이자 교육적인 과제를 풀어가야 할 참이다.

그가 두 번째로 풀어야 할 과제는 무엇일까? 이것에 대하여 몰프는 다음과 같이 말하고 있다. "페스탈로치는 이제 조수(교사)들을 주위에 모았다. 그는 확신을 가지고 그의 '방법의 성숙된 완성'을 기했다. 여기에 말한 '완성'이란 그에 의하면 다음과 같은 2중의 해결을 의미하는 것이었다. 첫째는, 학원의 하루하루의 수업에 있어서 경험을 살리어 교육 내용을 그 첫단계부터 요소화하여 심리학적으로 조직하여 갈 것. 둘째는 이렇게 해서 얻는 확실한 결과를 비근한 말로나 특수한 교육잡지를 통하여 온 나라의 어버이들과 교사들에게 알려 교육의 지침을 제공하는 일이었다. 이 교육 실천상의 과제를 그가 어떻게 풀어 가는가는 앞으로 몇 회에 걸쳐 소개될 이벨당 학원의 역사가 차츰 밝혀 줄 것이다.

셋째로 풀어야 할 과제는 그의 교육학 체계의 구상일 것이다. 그는 이제 어느 정도 실천을 통하여 교육이 무엇인가를 경험으로 알게 되었다. 아니 체험했다. 경험은 체험과는 분명히 다르다. 체험이란 자기 몸, 피와 살과 삶을 통해서 사물을 경험하는 것을 말한다. 그는 이제 이 체험을 밑바탕으로 하여, 그의 교육학 체계를 철학적으로 다듬어야 할 단계에 왔다. 그런데 다행히도 그는 이제 다소의 시간적 여유를 얻게 되어 이 과제를 풀 수 있게 되었다.

다음 넷째로는 빈민을 위한 교육사업의 재개일 것이다. 그는 '두더지'라고 일컬어지며 버림받았던 농촌의 빈민 대중을 구원하기 위하여 이 세상에 태어났으며, 또 이것을 그의 유일한 사명으로 자각하고 교육사업을 시작했던 것이 아니었던가! 그런데 지금의 그는 유럽에 명성을 떨치는 '명문교'의 학원장으로 높이 앉아 귀족의 자녀들, 부유상인의 자녀들, 그리고 외국 유학생들을 가르치고 있지 않는가! 사람이란 출세했을 때 제일 타락하기 쉬우며 등산에서는 어려운 고비를 넘기고 숨을 막 돌려 안심할 때 제일 헛발을 딛기 쉬운 것이다. 어르신 페스탈로치여! 그대는 이제 인간적인 영달에 만족 말고, 다시 삶의 좌표계의 원점을 가다듬을 때가 찾아 온 것이다.

이상 저자는 이벨당 학원의 터닦기와 페스탈로치가 앞으로 풀어야 할 과제를 넷으로 대별하여, 우리가 앞으로 어떤 시점으로 그의 생애 및 사상을 보아야 할 것인가를 고찰하여 보았다.

그의 전기작가 및 연구가들은 보통 이벨당 학원의 20년을 세 시기로 나누어, 이벨당 학원의 정초기(1805~07), 이벨당 학원의 전성기(1808~10), 이벨당 학원의 분규와 몰락기(1811 ~25)로 엮어 가며, 그 멜로드라마틱한 측면을 특히 강조하여 극화시키고 있는데, 저자 자신은 한편 이런 가름에 따르기는 하면서도 그 사이 사이에 그의 사상의 흐름과 교육학 체계가 완성되어가는 모습을 삽입하며 수 놓아 가기로 한다.

2. 사랑의 고별강연

저자는 앞절의 끝 부분에 그가 뮌헨부흐제에서 이벨당에 옮아가는 경위를 간단하게 기술은 하였으나, 저 너무나도 유명한 '고별강연'을 소개 못하였기 때문에 여기에 그것을 수록하기로 한다. 페스탈로치는 전 학생과 교사들, 직원들, 그리고 가족들을 한방에 모아놓고 곧잘 강연을 하였는데, 이게 또한 그의 논문에서는 볼 수 없는 특유한 맛이 풍기는 것이기도 하다. 이런 뜻에서 그의 전집에는 학원강연집이 따로 엮어진 것도 있을 정도이다. 이런 특유한 맛과 멋을 풍기는 그의 저작으로는 이것 이외에도 《약혼시대의 서한집》, 《우화집》이 있다.

다음에는 그가 일부 아이들을 그대로 뮌헨부흐제에 놓아둔 채(이벨당 학원이 아직 아이들을 받아들일 채비를 미처 못 갖추었기 때문에), 우선 선걸음으로 떠나면서 행한 고별강연을 전부 번역 게재하기로 한다.

사랑하는 자녀들이여!

나는 오늘을 마지막으로 이 학원을 떠나가게 됩니다. 이 자리에서 여러분과 더불어 예수 그리스도에 대하여 생각할 수 있는 기회를 갖게 되어 감사합니다. 그는 여러분의 구원자입니다. 이 생각이 여러분의 가슴 속에 살아 있다면, 나의 뜻은 이루어진 셈입니다. 그는 인류를 위하여 몸을 바쳤습니다. 그는 인류와 하나님을 위하여 살았습니다. 인간은 버림받고 비참한 상태에 있습니다. 그는 이런 인간을 위하여 찾아 오셨던 것입니다. 그는 인류를 위하여 밤낮으로 수고하셨습니다. 완전히 버림받은 인류를 다시 하나님 앞으로 인도한다는 것은 지극히 어려운 일이었기에 말입니다.

그러나 그는 성공하셨습니다. 이 땅위에 있는 인간들은 이마를 찌푸리며 그를 어리석다고 했습니다. 그의 삶은 불쌍한 노예의 삶과 같기도 했습니다. 그러나 그는 자신의 뚜렷한 목표에 충실했습니다. 그는 세상 사람들의 비웃음을 무시했습니다. 그리하여 그는 하나님의 뜻과 인간의 축복만을 생각했던 것입니다.

그는 이 세상에서의 자신의 영달을 완전히 단념하고, 또 모든 외적인 관계를 버림으로써 이 목적만을 위하여 일할 수 있었습니다. 그는 드디어 승리했습니다. 하나님은 그를 알아 주셨습니다. 하나님은 그에게 많은 환란과 고통을 겪게 하신 후, 그를 다시 안아 주신 것입니다.

이 예수 그리스도가 여러분의 가슴 속에 살아 있어야 합니다. 모든 선은 여러분의 가슴 속 깊은 곳에서 나와야 합니다. 예수 그리스도를 생각함으로써 여러분의 마음이 하나님에게로 드높여져야 합니다. 예수 그리스도가 우리에게 보여 준 결과와 그 안에서의 숭고한 삶을 생각하십시오. 이것은 여러분에게 축복을 줄 것입니다.

여러분이 예수를 생각할 때에는 나도 기억하여 주십시오. 나는 여러분을 예수 앞으로 이끌려고 노력했기에 말입니다. 오늘 아침이 여러분과 헤어지는 마지막 아침입니다. 이제 내가 여러분에게 무엇을 가르쳐 왔는가를 회상해 보아야 할 것이며, 이것이 마땅한 일입니다.

여러분은 나를 따라 이곳에 왔습니다. 나는 여러분을 맡았습니다. 나는 의무를 맡았습니다. 나는 힘껏 이것을 다하려 하였습니다. 나의 주위에 있는 모든 사람들을 만족시키려 하였습니다.

나는 여러분 안에 신적인 마음씨를 싹틔워 익히려고 노력하였습니다. 나는 여러분께 다음과 같은 두세 개의 으뜸된 개념을 새겨 넣으려고 했습니다. 여러분의 삶은 이것만 갖춘담녀 확고할 것입니다. 여러분은 이것을 아침 저녁으로 새김질하십시오.

사고하기 위하여 머리를 도야합시다.

이웃에게 선을 베풀 수 있게 가슴을 도야합시다.

몸과 손발을 도야함으로써 기술을 익힙시다.

여기에는 노력이 필요합니다. 자기 자신을 극복해야 합니다. 그리고, 그것은 예수 그리스도를 통해서 우리에게 보여진 시적인 뜻을 우리가 눈여겨 봄으로써 얻어집니다.

이것이 촛점입니다. 여러분은 이 촛점을 잃지 마십시오. 나는 여러분을 마음 속으로부터 사랑합니다. 내가 여러분께 가르친 일을 잊지 마십시오. 나는 시간과 휴식을 여러분을 위하여 바쳤습니다. 나는 여러분의 소질이 싹터 잘 자라게 되어 기쁩니다. 여러분에게 나는 큰 희망을 걸었습니다. 이 나의 기대를 저버리지 말기를 바랍니다.

여러분이 장차 큰 사람이 되어 뜻대로 일할 수 있게 될 때에는 가난한 사람들과 민중을 위하여 살아 주시기를 바랍니다. 이렇게 함으로써만 여러분은 예수 그리스도를 닮은 바가 될 것입니다. 여러분이 나를 회상하는 것에 못지 않게 나도 여러분을 회상하고, 나의 가슴을 여러분께 쏟을 것입니다.

여러분이 나를 회상하는 뜻으로 하는 일이라면 그것이 무엇이든 나를 기쁘게 할 것입니다. 나를 사랑한다면 그렇게 하여 주십시오.

여러분의 지성과 심정과 산 사랑이 어서 어서 자라기를 나는 바랍니다. 내가 언젠가 앞으로 다시 여러분 앞에 나타났을 때, 여러분이 모든 면에서 지금보다 훨씬 자랐으면 얼마나 좋을까요. 나는 여러분과 헤어지는 것이 슬퍼집니다. 여러분을 깊이 사랑했기 때문입니다. 그러나 여러분을 잘 돌보아 주실 분이 계시니 나는 안심합니다.

나를 잊지 마십시오. 나도 그대들을 잊지 않으리니!

이 얼마나 우리를 감동시키는 강연인가. 간단한 강연 속에 그는 학생들에 대한 사랑, 큰 교육이념 및 그의 삼육론(三育論)을 피력하고 있는 것이다. 아름다운 멜로디에 해설이 필요 없듯이 이 강연에도 주석이 필요 없으리라. 그러나 한 가지만 첨부하기로 한다. 페스탈로치의 기독교에는 속죄의 개념이 없다고 그를 이단자라고 몰아세운 구교도들은, 그가 자신을 예수로 비유한 독신자이었다고 곧잘 비난도 했고, 또 오늘날에도 그의 종교관의 특질과 한계를 이런 관점에서 연구하는 학자도 있는데, 이들은 그 근거의 하나를 여기에 소개한 고별 강연에서 찾기도 한다. 이런 학자의 예로써 월취를 들을 수 있다. 그러나 페스탈로치 연구가 또는 전문가에게만 흥미가 있을 이런 문제들은 이 이상 언급할 필요가 없으리라.

뮨헨부흐제에서의 마지막 철수는 그리 평온하지는 못했다. 페스탈로치는 펠렌베르크에게 막대한 재산상의 손해를 입혔기 때문에 펠렌베르크는 뮨헨부흐제 학원의 동산을 차압하였다. 이벨당에 만반의 준비를 갖춘 페스탈로치는 이 동산의 차압을 해제시키고자 자기가 직접 가서 펠렌베르크에게 교섭을 했으나 거절당하자 격한 페스탈로치는 자신의 구두를 벗어 펠렌밸크에게 던지며, "자! 이것도 차압해라. 여기 교사들과 생도들도 다 날씨가 좋으면 맨발로 갈테다." 하면서 악을 썼다고 전해진다. 그러나 페스탈로치는 바로 평온을 다시 찾고, 펠렌베르크도 늙은 페스탈로치를 딱하게 여겼기에 울면서 사랑의 말을 건네, 결국 서로의 신의를 믿고, 손해액의 잔액은 연내로 변상키로 교사들이 연명보증하여 타협안이 성립되어, 동산에 대한 차압은 풀리고, 동산은 수로로 이벨당에 수송되기에 이르렀다. 페스탈로치와 교사들 제자들은 알벨크산을 넘고 다시 배편으로 노이엔 호수를 건너, 새로운 마음의 고향 이벨당에 다달았다.

도착하자마자 페스탈로치는 바로 펠렌베르크에게 자기들이 무사히 도착했다는 편지를 길게 그리고 사랑에 넘치는 붓끝으로 쓰고 있는데, 이 편지를 읽는 사람은 누구나 원한과 치욕을 금방 잊는 착하고 사랑스럽고 관대한 그의 인품을 대할 수가 있는 것이다.

"사랑하는 펠렌배르크여!

나는 생도들 친구들과 더불어 이 땅에 무사히 도착했습니다. 이 처음 어려운 순간만 잘 극복하면 만사가 잘 될 듯합니다. …… 우리를 한데 묶어 주며, 그리고 또 우리들을 굳게 맺어 주는 것은 사랑과 동정입니다. 설사 지금 우리 둘이 걷고 있는 길은 다를지라도 우리는 언젠가는 하나의 중심점에서 만나게 될 것입니다. 왜냐하면 악몽과도 같은 그 불화는 마치 무가 무한 속에 꺼져 들어가듯, 곧 꺼져버릴 것이기에 말입니다. 친구여, 이 중심점에서만이 사랑에 넘친 정신이 싹트는 것입니다. ……"

여기에 교육의 두 투사의 넋이, 이념의 대립으로 싸웠다가 다시 하나의 중심점에서 따스이 만난다. 이 얼마나 아름다운 광경인가. 교육은 사랑으로 사람을 기르는 일일진대, 또한 사랑으로 서로를 이해해야 한다. 아이들을 놓고 교사리들끼리 싸우는 일은 병자를 놓고 의사들끼리 싸우는 일과도 같으며, 굶주린 병아리 무리를 버려놓고 수탉 암탉이 싸우는 일과도 같으며, 그리고 또 고사리 같은 손을 내저으며 미소를 던지는 아이 앞에서 부모가 싸우는 일과도 같다. 참으로 페스탈로치의 명언 중의 명언은 "사랑만이 교육의 본질이며, 사랑만이 인간성 안에 군림하는 신성의 영원한 발로이다."라는 구절인데, 이 사랑이 그의 삶의 원동력이었고, 그와 그의 협력자들을 묶어 준 유대이기도 했다.

3. 학원의 터닦기

교육을 통해서만 국가가 재건되며, 국민이 순화될 수 있다는 페스탈로치의 교육사상을 열심히 받아들인 나라는 프로이센이었다. 그 당시 프로이센은 나폴레옹의 군화에 짓밟혀, 온 나라가 폐허가 되었고, 국민들은 치욕으로 떨며, 식자들의 가슴속에서는 허탈감이 팽배하고 있었던 것이다. 이에 영주 프리드리히 빌헬름 Ⅲ세는 마음을 가다듬고 용기를 내어 정말 더디고 힘이 드는 교육을 통해서 국가재건의 길을 모색키로 하였다. 그가 경청한 교육이론이 바로 페스탈로치의 것이었다. 그는 분연히 외쳤다. "우리들은 영토를 잃었다. 우리들의 외적인 힘과 영광은 땅에 떨어졌다. 그러나 우리는 이제 내적으로 힘과 영광을 획득햐야 할 것이며, 또 획득하기를 원한다. 짐이 무엇보다도 먼저 국민의 교육에 최대의 배려를 바치고자 하는 이유도 여기에 있다."

이 영주를 이렇게 이끄는 데에는 그의 현명한 여왕 루이제의 공도 컸었다. 여왕은 페스탈로치의 교육 소설 《린할트와 겔트루우트》를 읽고 깊게 감명했고, 또 페스탈로치의 제자인 체러를 퀴니스벨크에 초빙하여 학교를 창설케 하였고, 스스로 몇 번이나 이 학교를 방문, 격려했다고 전해지고 있다.

이 프로이센은 이벨당 학원에 계속 많은 유학생들을 파견하였는데, 한 때는 수가 17명에 이르렀다. 그들을 프로이센 정부의 관비로 대개 3년씩이나 체재하고 가는 것이었다. 이들은 모두 뛰어난 인물들이며, 뒤에 일국을 주름잡는 걸물들이 되었다. 독일의 다른 지방에서도 많은 교사・유학생을 이 학원에 파송하였고 그러기에 한 때는 이들이 40명에 이르렀다고 한다. 이리하여 이 학원은 터전을 굳혔다.

페스탈로치가 이 유리한 조건과 환경에서 어떠한 방법으로 교육을 했는가는 퍽 흥미로운 이야기가 아닐 수 없다. 숱하게 많은 참관인들이 제각기 한마디씩 하고 있는데, 이 중에서 지리교육에 관한 것만 하나 소개키로 한다.

다음에 인용한 글은 1805년, 8살의 나이로 2년간 이 학교에서 배운 소년으로, 뒤에 유명한 역사학자가 된 뷔만의 '어린 애들에게 보내는 회상기'에서, 학원의 초기의 모습을 뽑아 본 것이다.

우리들은 잠시라도 '아빠 페스탈로치!(Vater Pestalozzi!)'의 모습이 보이지 않으면 불안했다. 우리 모두가 마음 속으로부터 선생님을 따랐기 때문이다. 그러기에 선생님이 다시 나타나면 우리는 꼭 붙들고 놓치지 않았다. 150명에서 200명에 이르는 각 나라 각 계층에서 온 젊은이들이 여기에 모여 배우며, 놀며 생활했다. 눈이 오면 요새를 만들어 공격과 방어의 싸움놀이도 했다. 겨울에도 모자는 쓰지 않았다. 어느 겨울 아주 싸늘한 바람이 휘몰아칠 때, 아버지는 나에게 모자를 사 주셨다. 이 모자를 쓰고 학원에 갔다니, 친구들은 제각기 '모자다! 모자다!' 소리쳤다. 누군가가 나의 모자를 빼앗았다. 그리하여 모자는 수백의 손에서 손으로 건너, 교정에서 길로, 그리고 길에서 성의 주위에 흐르는 시내에 빠져 사라져 버렸다.

교사 중의 많은 사람이 스위스 혁명 당시에 고아로서 페스탈로치에게 교육을 받은 사람이다. 그러나 몇 사람은 당대의 탁월한 학자로서 그에게 교육방법을 배우려 온 사람이었다. 페스탈로치는 교사들과 자주 대화를 함으로써 올바른 교육이 이루어지도록 힘을 썼는데, 그가 되풀이한 이야기는 "개를 길들이듯이, 다른 학교에서 하는 것처럼 아이들에 주입을 하지 말고,

어린이들 도야시키라"는 것이었다. 우리들의 학습은 수·형·어가 주된 것이었다. 언어는 직관을 수단으로 가르쳐졌다. 우리들은 올바르게 보는 법을 배웠고, 이 방법으로 사물의 상호 관계에 대하여 올바른 관념을 얻었다. 똑바로 인식하기만 하면 명확하게 표현하는 것은 쉬웠다.

특히, 지리의 기초학습은 뛰어난 것이었다. 우리들은 들로 나간다. 우리들은 이벨당 부근을 흐르는 뷰른 강을 거슬러 계곡에 이른다. 거기에서 관찰을 하는 것이었다. 거시적으로든, 미시적으로든 직관을 가지고 관찰을 한다. 그리고 다음에 계곡의 저쪽 건너에 있는 점토층에 건너간다. 가지고 간 종이에다 이 점토를 싸 가지고 학원에 돌아 온다. 돌아 온 뒤에는 이 점토로 오늘 관찰한 계곡의 모형을 만들라는 지시를 받는다. 다음 날에는 같은 계곡을 좀더 높은 곳에서 관찰한다. 이러한 소풍을 계속하며 이벨당 분지의 연구를 깊이 하면서, 이것을 점토로 모형화하는 작업이 진행된다. 그리고 마지막으로 이 분지를 완전히 내려다 볼 수 있는 유라의 고지에 올라가 매듭을 짓는 것이었다. 드디어 모형도 완성된다. 이 때부터 비로소 우리에게 지도가 주어지면, 지도를 올바르게 읽는 법을 우리는 알게 된다.

기하학과 산수의 공부에 있어서도 도달해야 할 목표를 완전히 정해 놓고, 스스로가 힘서 답을 내도록 되어 있었다. 계산은 암산으로 했다.(처음에는 직관표를 이용하여 훈련을 한다!) 이 방면에 뛰어난 성적을 올린 아이들이 몇 있었다. 이 몇 아이가 외국인 참관인 앞에서 수학의 학습을 실연하여 굉장한 경이와 반향을 온 세계에 불러 일으킨 모양이었다.

참으로 훌륭한 교육 방법이며, 또한 그들의 생활이 눈에 보이는 듯한 기술이다. 8살의 나이로 불과 2년 배운 이 학원의 교육이 뷔만에게는 이토록 생생하게 기억되는 것이었다.

다음에는 이 학원의 경영 방식을 훑어 보자.

이 무렵 이 학원의 간부들은 페스탈로치를 비롯하여 니이데러, 토플러, 무랄트, 미이크, 슈미트, 크류지였다. 이들은 모두 가정적인 분위기에서 살았다. 교사들은 숙식 등 일상 생활의 문제는 보장되었으나, 그 외에 봉급을 받지 않았다. 아이들의 수업료는 페스탈로치가 거처하는 방에 있는 금고 속에 담겨져 있었고, 교사들은 필요한 물건이 있으면 자기 마음대로, 즉 무단으로 소용의 돈을 꺼내 썼다! 이러한 상태는 처음의 1년 동안이나 아무런 불편도 없이 계속되었다 한다. 참으로 원시기독교회의 모습이다. 그러나 살림이 커지자 이런 방식은 지양되었다.

페스탈로치는 너무도 큰 인물이어서 생도들에게는 물론이요, 교사들에게도 수수께끼였다. 교사들은 마치 소크라테스의 제자들처럼, 또는 소경이 코끼리를 만지는 것처럼, 제나름으로 해석하였다. 그러기에 뒤에는 스승의 이념에 대한 해석에 차가 생기고, 이것이 학원의 불화의 불씨가 되기도 했다.

생도, 교사, 학원의 참관인의 눈에 비친 페스탈로치의 풍모는 어떠하였던가? 머리는 헝클어져 위로 솟고, 얼굴은 곰보로 얽었으며, 면도 않은 수염은 거칠었고, 넥타이도 더러는 없었고, 양말은 제멋대로 구두 위까지 흘러 내려왔고, 바지는 축 늘어져 신 위에까지 덮쳤다. 그는 깡충깡충 덤벙덤벙 쏘다닌다. 그러나 갑자기 불꽃과도 같은 눈빛을 발산하는가 하면, 금방

풀이 죽어 깊이 자신의 안을 파고들어 슬픔에 잠긴다. 부드럽게 즐거움을 나타내는 얼굴로 느리고 차근한 말을 아름답게 던지는가 하면, 금방 천둥과 같은 무디고 거칠은 소리를 지른다. 이러한 못난 얼굴과 어색한 행동으로 학원 내외를 누비고 다니는 페스탈로치였다.

　페스탈로치는 수업료도 내지 못하는 아이들을 자주 학원에 데리고 와 말썽이었다. 그래서 나중에는 그 수를 제한당하기도 했다. 라스뻬라는 소년은 성에서 목수들의 심부름을 했는데, 나중에는 구두닦이를 하면서 교실 밖에서 수업을 엿듣고 있곤 했다. 이것이 우연한 기회에 페스탈로치에게 발각되었다. 그는 이 아이를 교실 안으로 밀어넣어 버렸다. 이 아이는 후에 이 학원의 사범학교의 생도가 되었고, 마침내 독일에서 여학교를 경영하기에 이르렀다. 문호 괴테도 이 여학교를 방문한 일이 있다.

XII. 이벨당 학원의 황금시대

멀리서 바라본 이벨당 전경

XII. 이벨당 학원의 황금시대

1. 환희의 페스탈로치

　이벨당 학원의 황금시대는 1807년부터 1810년에 이르기까지의 2, 3년 동안이다. 그의 나이로는 62세에서 65세에 이르는 시기이다. 이 시기가 그 파란 많던 생애 중에서 가장 행복했던 시기이기도 하다. 그는 오랫만에 인정된 가정생활을 누릴 수가 있었고, 그의 교육개혁가로서의 명성은 세상에 떨쳤고, 그의 학원은 교육입국의 길을 모색하는 온 유럽의 군주 및 식자들의 순례의 마당이 되었고, 그의 제자들은 그의 교육학을 이론적으로 구명하고 체계화하기 시작했다. 참으로 페스탈로치는 '신교육의 복음'의 창도자였던 것이다. 민중의 자녀를 자연의 길을 따라 교육시킴으로써 국민 대중의 교육을 실현시키고 나아가서 사회개혁의 일군들을 길러 내어, 이상사회를 건설코자 한 그의 생애의 꿈이 이루어지는 듯하였다.

　이 무렵의 페스탈로치에게서는 환희에서 오는 후광이 감돌았다. 그는 참으로 자신을 가장 행복한 사람으로 느꼈고 남들도 그를 그렇게 보았던 것이다. 40년 동안의 시내 산의 고난과 시련을 겪은 후 약속의 땅 가나안을 바라보게 된 모세처럼, 자기를 따라 온 식구·교사·생도들에게도 감사했다.

1808년 2월에 친구 슈타퍼에게 그는 다음과 같이 그의 감사의 마음을 토로하고 있다.

친애하는 친구여!

우리들은 우리들의 주위에 있는 가난한 사람들을 먹일 수 있는 곡식의 씨를 뿌렸다고 생각했습니다. 그러나 놀라웁게도 그 가지는 세계에 뻗어나가 이 땅의 모든 국민대중들이 한 사람도 남김 없이 그 그늘에 깃들 수 있게 되었습니다. 참으로 그것은 큰 나무였습니다.

그러나 그것은 나의 사업이 아니고 하나님의 역사였습니다. 나의 사업이란 그것을 갈구한 사랑뿐이었습니다. 나는 나도 모르는 것을 구했고, 보이지 않는 것을 구했기에, 그것은 하나의 신앙이었습니다. 그런데 이 사랑은 주위에 있는 사람들을 묶어 주었습니다. 나의 행위는 이 사람들 속에 나만으로는 어림도 없을 힘과 사상을 발전시켜 주었습니다. …… 나는 이것을 다음과 같이 표현해도 좋으리라 생각합니다. 나의 행위는 나의 주위에 인간성의 힘에 대한 자각을 불러 일으켜 그 힘을 나의 목적하는 바에 바치게 했습니다. 그것은 자랑스러운 것이었으나, 우리들의 명예를 위한 것은 아니었습니다. 나는 기꺼이 카이잘 것은 카이잘에게, 신의 것은 신에게 돌립니다. …… 나는 약한 자에게 힘을 주시는 하늘에 계시는 아버지를 찬송합니다. 인간의 본성은 숭배할 만한 값어치가 있습니다. 왜냐 하면 인간의 본성은 인간 자신의 여러 힘을 사랑에 의하여 통일함으로써, 그들의 동포에 봉사할 수 있게 된다는 것을 나는 경험으로 알기에 이르렀기 때문입니다. …… 있는 그대로의 나의 사업을 본다면, 이 지상에서 나 같이 이 사업·경영에 무능한 자는 없을 것입니다. …… 그러나 나는 이 일을 수행하렵니다. 그것을 하는 것은 사랑입니다. …… 만일 사랑이 진실한 것이며, 또 그것이 고난의 십자가를 무서워 않는다면 사랑은 신적인 힘을 갖게 됩니다.

이 짧은 편지 안에서 우리는 많은 것을 읽을 수 있다. 페스탈로치의 교육사업은 학문이나 이론에서 나온 것이 아니고 신앙에서 나왔다는 것, 그 신앙은 사랑을 터전으로 한다는 것, 그러기에 사람의 일이 아니고 하나님의 일이라는 것들이다. 성경에도 있듯이 믿음·소망·사랑 이 셋이 같이 중요하나, 이 중에서 제일 중요한 것은 사랑인 것이다. 거꾸로 사랑에서 믿음과 소망이 나오며, 믿음과 소망에서 인간의 교육과 그리고 교육학 및 교육실천이 우러나오는 것이다.

다음에 나는 그가 환희와 행복의 결정에 있던 이 시기의 학원의 하루를 스케치하여 보기로 한다. 이 무렵에 이 학원에서 배운 학생들의 회고담을 엮어 보면 대략 다음과 같다.

생도들은 자유를 향유했다. 성의 두 개의 문은 언제나 개방되어 있었고, 아무나 자유로이 드나들 수 있었다. 생도들은 대개 아침 6시부터 저녁 8시까지 하루에 10시간의 수업을 받았다. 수업은 한 시간씩이었고, 그 후에는 쉬는 시간이 있었다. 수업은 시간마다 교실을 바꾸었다. 수업 중에는 체조도 있었고 원예도 있었다. 7시에서 8시 사이의 한 시간은 자습시간이었는데, 이 때에는 공부하기보다는 자기의 취미활동이나 아버지 어머니에게 편지를 쓰는 시간으로 돌려졌다. 밀린 노우트 정리도 이 때 하였다. 교사들은 언제나 생도들의 친구가 되어서, 같이 놀기도 하고 산보도 했고 수영도 했다. 생도들은 몇 개의 분단으로 나뉘는데, 이것은 사흘에 한 번씩 짝이 바뀌곤 했다.

　일주일에 세 번씩 선생님들은 페스탈로치에게 생도의 행동과 학업에 대하여 보고토록 되어 있었다. 그러기에 생도들은 이 늙은 선생님에게 대여섯 사람씩 한꺼번에 불려가서, 칭찬도 받고 꾸중도 받고 하는 것이었다. 페스탈로치는 이럴 때면 한 사람씩 구석에 불러 무엇인가 할 말은 없느냐고 귓속말로 정답게 속삭이는 것이었다. 그는 생도들의 즐거움 괴로움을 언제나 자기의 즐거움 괴로움으로 여기고 있었으며, 그러기에 이런 일에 많은 시간을 보냈다. 토요일에는 언제나 총회가 열리어 그 일주일 동안의 일들이 평가되는 것이었다.

　페스탈로치가 노이호프에서 역경에 처해 있을 때 자발적으로 조력하여 온 영웅적인 하녀 리자베트는 페스탈로치의 제자의 동생 크류지와 결혼하여 이벨당에 와서 학원의 식사를 관리했고, 그 남편은 학원의 비서를 했다. 남편은 지하실에 저장된 식료품과 술을 관리했고, 부인은 요리를 했는데, 그 요리는 고급은 아닌 시골 음식이었지만, 맛이 있어 건강에도 좋았고, 양이 많아 독일 사람들에게는 만족스러운 것이었다.

　7시가 되어 첫 시간이 끝나면 생도들은 마당에서 목욕을 했다. 우물에서 푼 찬물이 양쪽에 많은 구멍이 뚫린 쇠파이프로 흐르게 되어 있어, 생도들은 옷을 벗고 이 찬물에다 몸을 씻었다. 목욕이 끝나면 수우프가 곁들인 아침 식사를 했다. 8시에 수업이 시작된다.

10시는 휴식시간이어서 배가 고픈 개구쟁이들은 크류지 부인에게 달려가서 마른 과일과 빵을 얻어 먹었다. 12시는 다시 목욕을 하거나 잔디 위에서 노는 시간이었다. 1시는 수우프·야채·고기가 곁들인 점심 시간이었다. 1시 반에서 4시까지는 수업, 그리고서 간단한 중식이었다.

그런데 이 중식은 주먹만한 치이즈나 버터를 두껍게 바른 만두일 경우도 있었다. 생도들은 한 줄로 서서 이 중식을 받아 가지고 제각기 끼리끼리 흩어져 6시까지 놀며 지껄인다. 6시부터 8시까지가 또 수업이며, 그 후에 점심과 비슷한 저녁 식사가 나온다.

이벨당 학원의 교사들의 물질적 생활을 회고할 때 우리는 고개가 숙여진다. 그들은 페스탈로치의 사업만을 돕기 위해 여러 시골에서 모인 '촌놈'들이었다. 그들의 가구도 촌티가 났고 거처하는 방도 좁았다. 그러기에 조용하게 공부하거나 논문을 쓰고 싶을 때는, 판자와 못과 망치를 가지고 이 성의 네 귀에 있는 뾰죽탑에 들어가 방을 손수 만들어 쓰는 것이었다.

페스탈로치 부처는 성의 북쪽에 있는 이 층의 한 방을 쓰고 있었다. 그들은 선생들을 가끔 커피에 초대했는데, 생도들이 낄 때도 있었고, 지나가던 나그네와 학교를 참관하러 온 외국인이 낄 때도 있었다. 페스탈로치 부인은 아주 교양도 높고 말재주도 좋아 언제나 회화를 재미 있고 감동적인 것으로 만들었으나 애석하게도 건강이 좋지 않아 누워 있는 때가 많았다.

2. 학술 · 홍보활동

훌륭한 교사에게는 여러 측면의 활동이 필요하지만, 그 중에서 아주 중요한 것은 교육연구 및 사회봉사라고 생각할 수 있다. 교육활동이란 앞세대가 뒷세대에 인류의 뛰어난 문화 유산을 조직적으로 체계화해서 전달하는 영위이며, 연구활동이란 교사 자신이 연구자적, 진지한 학문적 태도를 견지하고 자기가 관장하고 있는 영역의 학문을 늘 연구함으로써 이를 교육의 마당에 투영시키는 영위요, 도 사회봉사 활동이란 사회의 구성원의 일원으로서 사회의 제반 영위에 협력하는 한편 현실을 미래지향적인 관점에서 비판하는 영위를 말한다 할 것이다.

이런 관점에서 본다면 페스탈로치는 참으로 훌륭한 교사였다 할 것이다. 그가 얼마나 뛰어난 교육자였는가 이미 너무나도 많이 보아왔기 때문에 이 이상 논할 필요가 없으리라. 그리고 또 그가 얼마나 성실한 사회봉사자였는가는 그의 생애의 활동에서 뿐만 아니라, 그의 사회 비판적인 언론에서 뚜렷이 알 수 있다. 그의 학자적인 측면은 멜로드라마틱한 전기 등에서는 소홀히 되어 왔기 때문에, 나는 다음에 이 측면을 간단하게 소개하기로 한다. 나는 이것을 그의 저술활동과 교육학습 활동의 두 면에서 소개하기로 한다.

이벨당 학원이 융성해지자 그는 갖가지 교육문제에 대한 뚜렷한 독자적인 견해를 밝힘으로써 식자들에게 교육에 대한 지침을 제시할 필요성을 느끼게 되었다. 이러한 목적하에 생긴 것이 '주보'이다. 이미 불크돌프시대에도 그는 '교육학잡지'의 창간을 기도하였으나 뜻을 이루지 못한 바 있었다. 새로 나올 이 주보는 "시대적 제약을 갖는 학술적 문화 내지는 여러 모습의 특수 문화를 떠나서 인간의 본성과 그 존재의 불변적 조건 속에 직접 터 잡는 교육수단을 구축"하는 데 있었다.

이 주보는 페스탈로치 학원에서 인쇄하고 발간하되, 그 편집 책임은 문필가이며 이론가로 통한 니데러가 맡고 집필은 페스탈로치를 비롯하여 여러 교사들이 담당하게 되어 있었다. 페스탈로치는 여기에 투고할 원고를 작성하기 위하여 그의 조교인 람자워를 매일 아침 불러 구술하며, 이것을 필기시켰다. 갑자기 좋은 생각이 떠오르던 그는 밤중에도 람자워를 불러 필기시켰다고 전해진다. 그는 자기의 저술에 만족치 않고 재삼재사 정정을 하는 버릇이 있어 람자워의 괴로움은 보통이 아니었다.

이 주보는 1책에 16페이지 짜리로 격주로 발간된 것으로서, 1807년 5월에 창간호가 발송되었다. 첫해에는 예정대로 15책이 나왔고, 이것이 제1권을 이루고 있다. 다음해 1808년에는 1책에 1장의 것이 15책밖에 나오지 못했고, 이것이 제2권이 되었다. 1809년 이후에는 격월에 1책씩 발간할 예정이었으나, 뜻대로 되지 않고 1912년까지 겨우 5책을 발간하는 데 그쳤다. 이리하여 당초의 기대했던 취지 효과와는 달리 이 주보는 1812년에는 폐간되었다.

이 책임은 주로 니데러가 져야 할 것이었다. 니데러의 필치는 너무 독선적이었기에 남에게 감동을 주지 못했고, 그는 경제적 수지 타산에 아주 무관심했고, 잡지의 경영 사무에 무능했고, 또한 페스탈로치 주의에 의해 경영되는 국내외의 10여 개의 학교의 소개를 소홀히 함으로써 이들 사이의 동지적인 유대에 금이 가게 했다. 이 주보의 간행은 성공적인 것은 아니었으나 페스탈로치의 필생의 교육사업에 기여하는 귀중한 연구보고가 많이 담겨져 있었다는 점에서 큰 의의를 갖는 것이었다.

이 중에서 중요한 것을 한두 개 골라 보면,《기초도야의 전 범위에 관한 새로운 시도와 형식의 주장》,《어머니를 위한 수학적 직관의 ABC》,《학교 및 가정에서의 교수·교육의 개선에 대하여》,《페스탈로치적 가창 교육론》,《인간도야와 언어에 관한 청각의 의미에 대하여》,《기초도야의 이념 및 이벨당의 페스탈로치 학원에 있어서의 그 실천 원칙》이다. 마지막의 기초 도야에 관한 논문은 1809년 8월 30일과 31일 양일에 걸친 스위스교육회에서 그가 행한 필생의 강연을 수정하여 게재한 것이다.

이런 논문 제목에서 보듯이 페스탈로치는 교육의 전 영역에 걸쳐 일가견을 갖는 뛰어난 교육학자였음을 알 수 있다. 그의 논술과 연구는 참으로 창가·지리·역사·국어·교수법·이과·체육·종교·교육철학 전반에 걸친 것이었다. 그는 뛰어난 수학자가 아닌데, 수학이 인간 교육에 미치는 막중한 의의를 밝히는 '수학교육론'을 냈고, 그는 뛰어난 체육가가 아닌데도 '체육교육원론'을 냈고, 그는 음악가가 아닌데 '음악교육론'을 냈다. 이것이 그의 교육자적 인격의 비결이 아니고 무엇인가!

종래 페스탈로치 연구는 교육철학 교육방법 원리 등에 촛점이 놓은 거시적인 것이었으나 근래에는 페스탈로치의 다른 측면, 즉 수학교육, 지리교육, 음악교육, …… 등 교과교육학적 측면에서 미시적으로 이루어지고 있다. 참으로 페스탈로치는 여러 측면에서 발굴이 되어야 할 위대한 하나의 '산맥'인 것이다. 나 자신은 페스탈로치 연구의 대가인 고 오사다 선생님의 권유로 '페스탈로치 교육학 체계에 있어서의 수학교육의 이념과 그 교육사적 의의'란 색다른 논문을 완성하는 데 참으로 10여 년의 세월을 소비한 바 있다. 이런 교수학적 측면의 연구는 독일에서는 전세기 말부터 시작이 되었던 것이다. 이런 연구는 케르의 편집에 의한 《독일 민중학교의 교수방법의 역사》라는 7권에 이르는 책 속에 집대성되어 있다.

이 대저(大著)는 표제 그대로 독일의 민중학교(초등학교)의 각 교과의 교육이 이념·내용·방법의 역사를 수록한 것인데, 어느 교과에 있어서도 페스탈로치의 이념이 절대적인 영향을 주었다는 것, 특히 예를 들면 산수, 초등기하의 교육에 있어서는 그가 방법론적 교수학을 도입한 최초의 사람이며, 이 의미로 수학교육사를 이분한 분수령적 역할을 한 사람이며, 초등교육 단계에 논리적 사고의 훈련을 도입한 최초의 사람임을 밝히고 있다. 참으로 페스탈로치는 뛰어난 교육학자이기도 했다.

그가 얼마나 훌륭한 교사였는가를 나타내는 꽤 긴 편지를 하나 소개한다. 이것은 한 학생의 아버지 모렐에게 '스케이트와 체벌'이란 제목으로 보내진 것이다.

친애하는 친구여!

귀하의 편지를 받은 후로 우리들은 귀하의 아이를 얼음 위에서 마음대로 미끄럼타는 것을 자유롭게 허락하지는 않고 있습니다. 그러나 우리들로서는, 스케이트를 타는 것은 소년의 가장 흥미 있는 신체 훈련의 하나라고 생각하고 있습니다. 그것은 특히 어린이들의 자세를 반듯하게 합니다. 그것은 어린이를 민첩·용감케 하며, 특히 또 아주 추운 겨울날에 싸늘한 공기에 접하게 함으로써 건강에 좋은 영향을 받게 하고 어린이들의 환희를 높이는 장점을 지니고 있습니다. 우리들은 물이 얕은 안전한 곳을 택하고 있습니다. 지금까지 경험한 바로는 이 놀이에는 아무런 불안을 느끼지 않습니다.

매질한다는 것은 일반적으로 교사에게는 적당치 못한 수단이라는 점은 우리 역시 당신과 동의견입니다. 그리고 어린이의 과오에 대하여 냉정해야 함은 교사의 첫 의무 중의 하나이며, 교사라는 신분에 있는 자의 중요한 훈련 중의 하나님에도 틀림이 없습니다. 그러므로 당신의 아드님의 일에 대하여 말썽난 건에 대하여는 유감으로 여깁니다.

나는 아이들이 풋내기 교사들에 의하여 매질을 당하는 일에 대하여 단호히 반대합니다. 그러나 아버지나 어머니에 의해서 체벌이 가해지는 것에는 반대하지 않습니다. 사실 체벌을 가하는 것이 가장 좋은 경우도 있는 것입니다. 그러나 이 경우 가장 뚜렷한 것은 아버지나 어머니와 같은 마음에서 출발이 되어야 한다는 것입니다. 그리고 참된 어버이 마음을 갖출 정도로 뛰어난 교사는 어느 중대한 체벌이란 수단이 요구되는 상황에서는, 어버이와 똑같은 권리를 가질 수도 있습니다. 그러나 문제는 다른 데에 있습니다. 실제로 교수와 교육에 유능한 모든 사람들이, 특히 그들이 젊을 경우 이런 어버이 마음을 다 지니고 있다 할 수는 없는 것입니다. 그리고 이런 경우에는 교사는 이 문제에 대하여 그들과 생각을 달리하는 어버이들의 불만을 사게 될 결과를 초래하는 것입니다.

그러므로 우리들은 서로 어린이들에 매질하는 것을 동료 사이에 엄금하여 왔습니다. 그리고 이곳 아이들은 드물게 보는 관대한 분위기에서 크고 있습니다. 이곳 우리들 사이에서 이루어지고 있는 관대성은 보통의 경우 학교에서는 그리 쉽게 볼 수 있는 것은 아닐진대, 그것은 또한 당신이 교육의 어려움에 대하여 아직 이해를 못하고 있음을 말하는 것이외다. 어떤 종류의 체벌도 이곳에서는 좀처럼 없습니다. 그리고 우리가 하고 싶은 말은, 우리들이 노력한 성과로서 체벌의 필요성이 점점 감소하고 있다는 것이외다. 일반 사람들이 미처 이해 못하는 일이 있는데, 그것은 아주 다양한 어린이들 중에는 교사가 동정을 해야 할 경우도 생기는 일입니다. 이럴 경우, 즉 이런 체벌을 가하는 일이 절대적으로 필요하다고 생각될 경우, 그리고 또한 동시에 내가 어버이의 신뢰를 절대적으로 얻고 있는 경우에는 나는 자신의 판단에 의해서 체벌을 가해 왔습니다. 그러나 이런 일은 일 년에 한두 번도 없는 일입니다.

나는 오해받아서는 안 될 일에 대하여 길게 말해 왔습니다. 나는 귀하의 아이가 명랑하게 되어가고 있음을 기쁘게 여깁니다. 또 특히 저녁 때가 되면 이 아이는 아주 풀이 죽어 몇 시간이나 퍽 주의가 산만하여집니다. 그러나 몇 가지 점으로는 만족할 만한 진보를 나타냈습니다. ……

이 편지 내용으로 보아, 애지중지 버릇 없이 키운 아이를 학교에 맡긴 어버이가, 학원의 강한 훈련과 이따금 가해지는 체벌에 우려를 표명한 데 대한 페스탈로치 자신의 기본적인 견해를 밝힌 것으로 보인다.

이 속에서 우리는 귀중한 하나의 교육원리를 엿볼 수 있다. 그것은 육체적인 강한 훈련은 성장하는 과정에서는 필수적인 것이며, 정신적인 자세의 교정을 위해서는 체벌도 필요한 것이라는 생각이다. 단, 체벌의 경우 교사는 어버이 마음에서 가해야 하며, 어버이의 이해와 협조 밑에서 행해야 한다. 의를 위해서는 엄한 사랑의 표현으로서의 아버지의 매질이 필요할 때도 있으며, 아이를 감싸기만 하는 따뜻한 어머니의 사랑만으로는 교육이 성립이 안 되는 것이다.

"매질을 못하는 것은 의붓 아버지이며, 매를 못 맞는 아이는 사생아이다"라는 성경 말씀(히브리서 12장 5~13절)이 생각나는 사례다.

3. 교육협회 창설

루소는 창조주의 손에서는 선하게 나오는 인간이 사회의 악에서 물들어 타락하게 된다고 여기고, 인간을 구원하는 유일한 길은 악한 사회와 전통적인 가치관을 고수하는 가정에서 아이들을 해방시켜, 자연의 선을 발휘할 수 있는 전원에서 가정교사와 일대일 교육을 하는 길밖에 없다 했다. 같은 자연교육을 창도하면서도 페스탈로치는 이 루소와는 사회관을 달리한다. 루소가 그렇게도 싫어했던 가정을 페스탈로치는 인간교육의 보금자리로 여겼고, 루소가 타기한 사회를 페스탈로치는 개혁코자 노력하였다. 인간은 사회적 동물이며, 따라서 사회를 떠나서는 살 수 없을진대, 이 사회를 합심해서 좋은 사회로 개조해야 할 것이며, 교육도 한편으로는 인격완성을 기하면서도 한편으로는 좋은 사회를 만들 수 있는 사회적 인간을 육성하는 일이라 생각했다.

그러기 위해서는 사회를 정화하고 사회를 비판하고 사회개혁의 명확한 프로그램을 제시하는 교사의 모임, 즉 교육협회가 필요한 것이다. 페스탈로치가 교육협회를 창설하게 된 경위를 몰프는 다음과 같이 논하고 있다.

　　페스탈로치는 1808년 하나의 모임을 창설하려는 생각을 가지고 있었다. 이 회의 유일한 사명은 아동, 특히 가난한 아이들 또는 버림받은 아이들의 도야를 머리와 마음뿐의 도야에 그치지 않고 '수익성 있는' 노동을 통한 손의 도야도 촉진하는 데에 있다. 이러한 버림받은 아이들을 돕는 일은 당시의 스위스에는 특히 절박한 일이었다. 프랑스 혁명이 나던 해와 그 직후부터 전 유럽은 전시적 혼란을 면치 못했고, 이 위에 대륙봉쇄는 상거래·무역·교통에 극심한 정체를 야기시켰다. 따라서 수입이 없어 빈궁화된 가정과 일자리가 없어 방임된 어린이들의 수는 놀라울 정도로 증가만 되어가고 있다. 그래서 페스탈로치는 청소년에 대한 좋은 교육으로 이런 사회악을 제거하려면 교사 및 유지들의 공동의 투쟁과 원조가 필요하다고 느꼈다. 그리기 위하여는 개인의 투쟁만으로는 충분치 못하며, 오로지 국민 중의 식견 높은 사람들과의 결합으로, 국민의 타락을 막을 수 있는 도덕력을 형성하는 길밖에 없다고 생각했다.

　　페스탈로치가 이렇게 생각하고 있을 무렵 여행에서 돌아온 제자 파이퍼가 스승의 생각에 찬의를 표명했기에 그는 결의를 하기에 이르렀다. 그는 바로 니데러를 통하여 각계의 지도층에 있는 인사들에게 취지를 알려 찬동을 얻어, 렌쓰불크라는 곳에서 1808년 12월 26일과 27일의 양일에 걸쳐 회합을 열기로 하였다. 이 회합에는 교사들, 장관들도 찬의를 표했다. 이리하여 교육사상 최초의 교사협회로서 '스위스교육협회'가 결성되었다. 협회의 장소 렌쓰불크는 소도시였다. 이곳에 회합의 전날 스위스의 10현에서 44인의 동지들이 모이기 시작했다. 렌쓰불크 시장 휴넬바델은 시의 서기장 벨팅거를 대동하여 이 합회에 열렬한 환영사를 보냈다. 다음에 이 회의 취지문이 선포되고, 회장의 인선에 들어갔는데, 원로 페스탈로치는 만장일치로 회장에 임명되었다. 다음에 회원의 자격 규정과 교육문제의 자유 토론이 있었고, 이렇게 첫 회합은 성공리에 막을 내렸다.

　　두 번째의 회합은 1809년 8월 30일, 31일 양일간에 걸쳐 역시 렌쓰불크에서 개최되었는데, 이 때 참가 인원은 69명이 있다. 회장 페스탈로치는 여기에서 '기초도야의 이념 및 이벨당 학원에 있어서의 그 실천 원칙'이라는 기조연설을 하였고, 취리히 현의 목사 케러는 '어버이는 자녀의 도덕적 도야에 대하여 무엇을 기여할 수 있는가'라는 제목의 강연을 하였다.

　　교육협회 활동은 이렇게 계속되었는데, 어느 때는 스위스의 옛 왕이 내빈으로 온 때도 있었다. 그러나 애석하게도 이 회합은 1813년 이후로는 개최되지 못했다. 회 자체가 해산되었기 때문인데, 그 이유는 정치적 혼란, 즉 러시아에 원정간 나폴레옹의 패배로 유럽의 정치적 역학관계의 재편성도 있었고, 또 한편으로는 이 회의 창립자이며 대표자이기도 한 페스탈로치가 특히 돈이 많이 걸린 학원이 인쇄소문제로 경제적으로 허덕이는 나머지, 이회의 발전에 노력할 정신적·경제적·시간적 여유가 없었기 때문이다.

　　이 교육회의 생명은 짧았고, 또 제도적 혜택이 수반된 것도 아니었으나, 그 교육사적 의미는 대단히 큰 것이다.

　교사들은 단체를 구성하여 생활권·신분권·교육권을 보장받아야 할 것이며, 또한 한 민족의 밝은 미래에 대한 청사진을 제시해야 할 신성한 의무와 책무를 지닌다. 이러한 교직단체의 존립 의의를 교육의 역사상 최초로 인식하며 또 영도한 것도 페스탈로치임을 생각할 때, 그저 그의 생애와 인격에 외경을 느낄 따름이다.

XIII. 이벨당 학원의 파란과 안나 부인의 서거

페스탈로치의 영원한 반려 안나 슐테스

XⅢ. 이벨당 학원의 파란과
안나 부인의 서거

1. 제자 니이데러의 외국참관 여행

앞 장에서 우리는 페스탈로치가 그의 학원의 전성기에 활
동한 일들을 살펴보았다. 간추려 말하면 그는 교육실천, 교육론
탐구, 교직단체참여 등 교사로서 필수적인 활동업무를 충실히
수행한 사람이라는 것이었다. 저자는 이 장에서 주로 그의 학
원의 쇠퇴와 안나 부인의 죽음을 적기로 하거니와 이에 앞서
페스탈로치의 학원경영자로서의 뛰어난 한 측면을 잘 나타내는
사실을 하나 소개하기로 한다.

그것은 제자 니이데러에게 '휴양여행'의 기회를 베풀어줌
으로써, 첫째로는 심신 공히 피로한 제자에게 휴양을 취하게
하고, 둘째로는 외국의 여러 교육시설을 참관함으로써 자기 학
원에 무엇인가 새로운 것을 언제나 불어넣게 하고, 셋째로는
자기의 교육이념을 널리 해외에 알려 뜻을 같이 하는 동지들을
규합케 하고, 넷째로는 널리 외국에서 귀중한 교육자료들을 수

집케 한 일이다.

학교라는 좁은 울타리에서 지역사회에 묶여 주로 활자를 통해서 간접적으로 세상을 알게 된 학생들에게 이것을 직접 자기 눈으로 다짐하며, 한층 넓은 세계를 호흡케 하기 위해서는 수학여행이 필요한 것처럼, 교사에게도 이에 해당하는 '연수여행' 또는 '연구출장'이 일정 기간 주기적으로 꼭 필요한 것이라 하겠다. 루소도 에밀에게 20세까지 전원에서 충분한 교육을 시킨 다음 소피아라는 아리따운 여성과 약혼을 시키고, 신혼생활에 들어가기 전에 널리 해외에 여행을 시키고 있는데, 이것이 말하자면 '수학여행'의 참뜻을 밝힌 효시라 할 것이다. 페스탈로치는 한 걸음 더 나아가 교사들에게 연구여행을 시키고 있다. 학원 경영자로서의 뛰어난 그의 한 측면을 잘 엿볼 수 있는 사실이다.

제자 니이데러는 원래 몸이 약했었는데 1804년에는 중병을 앓았고 1805년에는 이 병이 재발해서 신음하고 있었다. 페스탈로치는 위에서 말한 뜻에서 니이데러에게 꽤 긴 휴양여행의 기회를 주었다. 원래 자상한 페스탈로치와 그의 부인은 여행 중에 필요한 모든 것을 갖추어 주었다. 여행은 1805년 9월 4일에서 10월 26일까지였는데, 이 사이에 니이데러는 프라이불크, 취리히, 하이델벨크, …… 등 10여 군데를 돌면서 참관·연구보고서를, 편지 형식으로 페스탈로치에게 띄우고 있다. 8주일에 걸친 여행이 끝난 다음 니이데러의 건강은 완전히 회복되고 마음은 상쾌해져 새 사람이 되어 학원에 돌아왔다.

이 사이에 니이데러가 페스탈로치에게 띄운 편지들, 그리고 또 니이데러가 각지의 지명인사 및 교육행정가에게 페스탈로치의 교육이념을 소개한 편지들이 퍽 많이 몰프의 전기에 수록되어 있는데, 이것을 읽는 사람은 누구나 작은 여비의 몇 배나 많은 수확을 페스탈로치가 거두고 있음을 알 수 있다.

이 편지들에서 특히 우리가 감동을 받는 이유는 여행 사이의 자기성찰을 통해서 자신들의 교육에의 신념을 새로이 하고, 사제지간의 인정을 더욱 두터이하고 있기 때문이다. 페스탈로치는 니이데러에게 다음과 같이 쓰고 있다.

> 마치 중력이 물체를 땅에 끌어들이 듯이, 나는 침묵이 나를 끌어들이고 있는 것같이 느끼곤 한다네. 우리에게는 거의 매일 외국인들이 방문하는데 우리는 이로 인해 극도의 피로를 느끼고 있네. 특히 자네를 그리는 마음이 나를 엄습하면, 나는 참 잘못이지만 나의 주위에 있는 사람들에게 — 그대가 없기에 — 성화를 대기 일쑤라네. 아무쪼록 빨리 돌아오게나.

제자를 아쉬워하는 늙은 스승의 사랑이 잘 나타나 있는 글이다. 페스탈로치의 부인도 니이데러의 어머니에게 자식의 여행을 염려하는 늙은 어머니의 심정을 위로하고 편지를 쓰고 있다.

참으로 사랑과 인정은 주고받음으로써 키워지며, 훌륭한 스승 밑에 훌륭한 제자가 나오지 않을 수 없고, 거꾸로 훌륭한 제자를 가지면 스승도 훌륭하여지는 것임을 페스탈로치를 비롯한 그의 학원의 모습에서 역력히 볼 수 있다.

2. 널 앞에서의 강연

이제 우리는 슬픈 일들, 즉 학원의 쇠퇴, 안나 부인의 죽음, 학원의 해산 그리고 그의 죽음을 적어야 할 차례이다.

페스탈로치는 바로 이벨당 학원의 전성기에 마음 속 깊은 곳에 견디지 못하게 매일 넋을 파고드는 우수를 느꼈다. 이 우수는 피를 마르게 하고 뼈를 깎고 살을 야위게 하는 것이다. 그리고 이 우수는 괴테의 '파우스트'가 이 세상의 부귀영화를 다 누린 다음에도 채워지지 않는 영혼의 어떤 울부짖음으로 괴로워한 바로 그것이 아니었던가!

페스탈로치의 우수는 무엇에 기인한 것일까? 나는 이것에 대해 앞서 두어군데 시사를 던졌지만 이 자리에서 다시 상기하여 정리하여 보기로 한다.

그 첫째는 자기의 삶의 기본방향에서 오는 것이었다. 그는 빈민대중을 교육을 통해서 인간적으로 구원하려 하였다. 그런데 이제 그의 학원은 빈민 아닌 부자들이 활개치는 곳으로 되어 버렸다. 외국의 유학생들이, 제복도 단정히 외국어를 지껄이며 학원을 활보하고, 고급 관리와 부유한 상인들의 자녀가 권세와 영화를 뽐내며 교실을 쏘다니고 있다. 이것은 분명코 그가 그린 꿈은 아니었다.

둘째로는 학원의 확장에서 필연적으로 야기되는 경영방식에서 오는 것이었다. 그는 자기의 뜨거운 입김과 따스한 손길이 닿는 소수의 학생들을 대상으로 낮에는 일시키고 저녁에는 공부시키는 자그마한 '공민학교'를 경영하고 싶었던 것이다. 그런데 그의 학원은 200여 명의 교사와 생도가 들끓는 유명학교가 되어 버렸다. 자신이 직접 거느리기에는 너무 수가 많았고, 자신이 직접 경영하기에는 너무 컸고, 자신이 직접 지시하기에는 일들이 너무 어려웠고 너무 많았다. 페스탈로치는 독자적인 방침으로 시행해 나갈 능력의 한계를 느꼈고, 때로는 자신이 소외당하고 있는 것으로 푸념도 했으리라.

셋째로는 교육방법의 대립 갈등에서 오는 것이었다. 그의 교육방법에는 생도의 생활권을 중심으로 하여 동심원적으로 확대되어가는 자연적 방법과 이에 모순되는 기계적 방법이 있었다. 여기에서 말하는 기계적 방법이란, 교육내용을 기본적인 것에서 복잡한 것으로 요소화·계열화함으로써 교육방법을 심리화하는 것이었다. 그는 루소에 심취하여 자연적 방법에서 출발하였으나, 체계적·조직적 교육에의 길에 들어서면서부터는 기계적 방법을 — 특히 수학 및 자연과학의 교육에서 — 모색하지 않을 수 없게 되었다.

사실 당시의 그의 교육방법을 유명하게 만든 것은 모든 교재를 요소로 분석하여 학습을 작은 단계로 나누어 계열화하는 기계적 방법이 있었다. 페스탈로치는 이제 이 자연적·통일적 방법과 인위적·분석적 방법과의 양자택일 또는 발전적 지양통일을 모색하지 않으면 안 될 단계에 도달했는데, 아직 그 실마리가 잡히지 않는 것이었다. 그러나 그는 죽기 바로 전에 쓴 《백조의 노래》라는 저작에서 이 서로 모순되는 대립적 계기를 '생활이 도야한다(Das Leben bildet.)'라는 표어로 통일을 하고 있다.

페스탈로치의 사상의 기본적 구조에 대한 연구로는 쉬프랑거의 《페스탈로치의 사고형식》이 너무나도 유명하며, 저자도 이것을 간추려 일부 소개한 바 있으므로 여기서는 상론하지 않기로 한다. 다만 여기에서 강조하고 싶은 말은 1807년 전후의 페스탈로치는 자신의 교육방법 속에 깃들어 있는 이 두 가지의 대립적 계기를 조화시키지 못하고 고민했다는 것이다.

나는 위에 페스탈로치의 넋을 파고드는 우수의 요인을 크게 세 개로 들어 보았으나, 이 외에도 많이 있었을 것으로 추측된다. 그는 이런 괴로움을 처리하지 못하였고, 학원이 외면상 번창하면 할수록 이 괴로움은 내면적으로 더 깊어만 가는 것이었다. 그는 이 괴로움의 원인이 학원을 하나의 유대로 맺어왔던 '넋과 사랑'이 사라진 데 있다고 그 예리한 시적인 직관으로 느끼고 있었다.

바로 이 무렵 그는 다음과 같은 사고를 당했다. 1807년 12월 저녁 페스탈로치는 깊은 외딴 산길에서 빈 술통을 싣고 오던 마차에 깔렸는데 요행히도 별로 다치지 않고 살아 나왔다. 그는 이 사고를 계기로 하여 자신의 인생에 대하여 또 학원의 앞날에 대하여 깊이 생각하게 되었다. 자신을 살려 주신 신에게 감사하고 이 삶을 앞으로 어떻게 씀으로써 이 은혜에 보답할 것인가를 다짐하기 위하여 그는 1803년 신년 강연에서 자신의 죽음과 재생을 상징이나 하듯이 '널'을 앞에 놓고 통곡하며 이야기한다. 이것이 유명한 '널 앞 강연'이란 것이다. 그 요지를 간추려 보면 다음과 같다.

한 해가 지나가고 또 새해가 왔습니다. 나는 지금 여러분과 같이 있습니다. 그러나 여러분이 기대하는 기쁨을 느끼지 못합니다. 나는 임종의 날이 다가오는 것처럼 느껴집니다. 하늘에서 가느다란 소리가 들립니다. …… 그대 죽음이 임박했으니 가사를 정리하고 채비를 해 두라고 …….

과연 나는 나를 그대들을 위해서 바쳤던가? 나는 과연 착한 종이었던가? 나는 과연 신을 위해서 일했던가? 나는 과연 인류를 위해서 일했던가? 나는 혹 나 자신을 위해서 일하지 않았던가? ……

내가 아직 살아 잇는 것은 큰 기적입니다. 마차의 말굽 아래서 살아남은 것은 큰 기적입니다. …… 아무 힘이 없는 우리이지만 신은 우리 일을 돌보시기 위하여 우리를 살려 주셨습니다. …… 이 사업은 나의 사업이 아니고 여러분의 사업입니다. 그것은 신의 사업입니다. 동지들이여! 일어섭시다. 우리들을 신은 한 몸으로 묶어 주십니다. …… 순금은 타서 없어지지 않고 불꽃 속에서 더욱 순수하게 되는 것입니다. 진리와 사랑도 그것이 항상 순수할진대 세상이 아무리 이것을 거역할지라도 언젠가는 사람들의 마음을 사로잡을 것입니다. …… 여기에 나는 서 있습니다. 여기에 나의 널이 있습니다. 이것이 나의 위안입니다. 나는 이제 남을 도울 수 있는 능력이 없습니다. 우리들의 사업 속에 파고들은 병독은 우리들의 마음 가운데에 만연하고 있습니다. 이 세상의 명예까지도 이제 병독을 더욱 활동하게 하고 있습니다.

나의 사업은 신에 의해서 나에게 주어진 것입니다. 그대는 모든 난관을 이기게 해 주셨습니다. 그대는 앞으로도 나를 괴로움에서 구원하여 주실 것입니다. 오! 신이여, 그대는 나에게 우리의 우정의 힘을 다시 주실 것입니다. 그대는 나를 파멸의 심연에까지 이끌고 간 모든 자기기만과 아욕에서 나를 건져 주실 것입니다. …… 그러기에 나의 유해는 묘 속에서도 춤추며, 그리고 내가 이 혼란을 극복하게 도와 준 동지들은 감격과 관대한 마음으로 나를 대하여 주실 것입니다.

페스탈로치는 이 강연에서 현재의 학원이 파멸의 길을 걷고 있음을 동지들에게 호소하고, 이 사업은 신의 사업이니만큼 신이 다시 구원하여 주실 것을 믿는다 했고, 신이 우리를 다시 한 몸으로 묶어 줌으로써 이 사업이 완수될 것이나, 자신의 무능력은 어이할 도리가 없다고 되풀이 되풀이 푸념하고 있다. 자신의 널을 앞에 놓고 반성하고 통곡하며 인생의 재출발을 다짐하는 이 63세의 늙은 노인을 정신착난증 환자라 할 것인가, 자학증 환자라 할 것인가, 또는 영원한 것을 갈구해 마지 않는 구도자 모습이라 할 것인가! 이것은 독자들에 맡기기로 한다. 페스탈로치 연구가 테오돌 릿트는 그를 '참회증에 걸린 사람'이라 하고 있다.

3. 학원의 파란

학원은 하나의 큰 용광로 같이, 모든 잡순물이 페스탈로치라는 하나의 인격에 녹아 순수하게 걸러지는 곳이었다. 그러나 그가 늙어감에 따라 통제력을 차츰 상실하게 되자, 그의 이념을 제나름으로도 해석하며 발전시켜 공명을 세우려는 제자들이 나타나 서로 대립·알력을 일으키게 되었으니 비통하고 애석한 일이 아닐 수 없다. 도시 그의 학원에는 '비페스탈로치적'인 요소가 많이 섞여 있어 이것이 학원을 파멸로 이끌어 가고 있었고, 그도 이 발자국 소리를 어슴프레 듣고 있었던 것이다. 다시 되풀이가 되지만 앞서 소개한 그의 괴상한 널 앞 강연도 이런 '예감'에서 나타난 것이다. 이런 '비페스탈로치적' 요인에 의한 학원의 혼란상을 구무라는 다음과 같이 정리하고 있다.

　학생들의 양친들은 이 학원을 고등학교에의 과정으로만 보고, 당시의 구식학교에서처럼 라틴어도 가르쳐 줄 것을 희망하고, 페스탈로치가 가장 중요시한 기초도야 등은 돌보지도 안했으며, 또 도덕적 도야보다도 지적 도야를 요망했다. 그리고 그 위에 생도들 중에는 독일어를 사용하는 자와 프랑스어를 사용하는 자가 섞여 있었다. 또 앞서 말한 것처럼, 그의 교육방법을 연구하러 오는 자, 참관하러 오는 자, 또는 단순히 호기심으로 구경하러 오는 군중의 소음은 학원의 질서를 파괴하고 조용한 학업을 방해했다. 이뿐인가, 이런 군중들 때문에 발생하는 비본질적인 잡무량의 폭주는 교직원의 시간과 노력을 빼았었고, 교사 역시 어느 사이에 명예심에 쫓기어 겉치레의 장식적인 교육에 힘쓰게 되기 마련이었다. '교육주보'에 또는 '보고서'에 인쇄되는 것들도 피상적 · 추상적인 것으로 흐르기 쉬웠고 과대한 홍보 · 선전이 되기 쉬웠다. 이리하여 이벨당 학원은 "외관을 위한 교육으로 타락했다"고 뒷날 페스탈로치가 고백하지 않으면 안 될 방향으로 기울어 갔다. 이것을 관리자인 페스탈로치 한 사람의 책임으로 돌리는 것은 너무 혹독한 일이 아닐는지.

교사들 간의 이념의 대립, 인간적인 약점에서 노출된 불화 및 이에 관여함으로써 페스탈로치가 얻게 된 쓰라린 고통과 불명예는 거의 다 생략하기로 하고, 여기에는 그 대표적인 예로서 그의 두 팔이며 수제자들인 니이데러와 슈밋트 사이의 싸움만을 간단히 소개하기로 한다.

니이데러는 당대의 뛰어난 철학자의 대열에 낄 만한 신학자이며 학원의 교사 중에서는 학벌, 교양, 명석한 두뇌로 타의 추종을 불허하는 '학원의 철인'이었다. 그의 주된 관심사는 페스탈로치의 교육론을 철학화·체계화하여 자기 나름으로 완성시키는 일이었다. 그러기에 그의 논문에는 페스탈로치나 일반 교사가 알지 못하는 신학적·철학적 번문허식과 관념적인 언어의 유희가 많아 그들을 당혹시키는 것이었다. 페스탈로치까지도 이것은 내 사상이 아니며 나도 모르는 말이라고 외치며 싫어한 때도 있었다.

니이데러는 학원의 경영, 실제의 교육, 교과지도와 학생지도에는 관심이 없었고, 도리어 이런 일은 비속한 일로 여기기가지 했다. 그는 말하자면 페스탈로치의 이름과 아이디어를 빌려 자신의 '교육신학'을 구축하려 하였다. 그의 오만불손한 태도에 제자들은 불쾌한 마음을 금치 못했으나, 한편으로는 학원의 '이론가'로서 그리고 '대표교사'로서 예우도 하고 있었다.

슈밋트는 초등교육도 제대로 받지 못한, 가난한 양을 치던 소년으로 불크돌프 학원에 들어와 페스탈로치의 은덕으로 학원의 교사가 되어 그를 아버지로 모신 사람이다. 그는 '학원의 무쇠'로서 강철과 같은 의지와 왕성한 지배욕과 독수리와 같은 용기를 지녔으며, 그의 주된 관심사는 실제 교육면에 스승의 이념을 구체화함으로써 학원의 실적을 올리고 나아가서 경제적으로 학원의 경영을 돕고 유명교를 만들어, 이 학원을 유럽의

국민교육의 본산으로 이룩하는 것이었다. 그러기에 그는 교육
방법면의 연구에 열중했고, 교과 중에서도 특히 실적을 눈으로
볼 수 있는 수학교육을 중시했고, 학원의 경제적인 자립을 위
하여는 수험료를 내지 못하는 아이들을 퇴교시키자고 주장하기
도 했다.

이 두 수제자들의 이념적 대립은 바로 페스탈로치라는 거
인의 속에 깃드는 서로 대립·모순하는 두 측면의 표현이기도
하다는 데 문제의 심각성이 있다 할 것이다. 이런 대립은 필연
적으로 교사들의 분열·불화를 야기시켰으며, 결단력이 없는
페스탈로치는 어느 때는 니이데러에게, 어느 때는 슈밋트에게
편을 들었기에, 한 패가 학원을 탈퇴하고 다른 한패가 학원의
실권을 쥐는가 하면, 그 세력 판도가 금새 바뀌어 뒤집히는 수
도 있었다. 그러자 중립을 지키던 교사들도 이제 이 학원은 다
시 소생할 가망성이 없는 것으로 단정하고 각각 자기 고향에
또는 다른 나라에 흩어져 나가 학교를 창설·운영하게 된다.
그러나 어떻게 보면 이런 학원분규로 페스탈로치의 교육이념은
더욱 널리 퍼졌다고 할 수도 있다.

니이데러와 슈밋트의 대립은 위에 소개한 이념의 차가 일
차적인 것이기는 하지만, 이에는 그들의 인간적인 너무나도 인
간적인 약점이 곁들기도 했다. 이 두 교사는 똑같이 여학교의
교사를 하고 있는 한 여성에게 구혼을 했는데 니이데러가 승리
했던 것이다.

이리하여 학원은 1810년을 전후해서 쇠퇴의 길을 걷게 되
었다. 학원의 장기적 분규는 드디어 이벨당 시 당국의 두통거
리가 되고, 시와 학원과의 관계도 점차 악화되기 시작했다. 교

사는 흩어지고, 생도도 줄고, 페스탈로치 부부는 점점 늙어만 가고 경제적인 빚은 늘어만 갔다. …… 이렇게 학원에서 훈김이 달아나 버렸다.

4. 안나 부인의 서거

안나 부인은 처음에 말한 바와 같이 부유한 상인의 딸로 태어나 성품이 단정하고 교양이 높고 용모가 아름다워, 어느 모로나 남 보기에는 페스탈로치와는 어울리지 않는 사람이었다. 그러기에 그녀의 부모는 결혼에 반대하였고 가난하고 못 생겼고 인품이 괴상하고 철 없이 꿈에 날뛰는 페스탈로치에게 딸이 출가하는 날 "너는 물과 빵만으로 살게 될 것이다"고 예언하였다.

이 예언은 적중하였다. 그녀는 평생 온갖 괴로움을 당했다. 단 하나밖에 없는 아들은 결혼하자 곧 죽어 어린 자식과 과부가 된 젊은 며느리를 남겼고, 남편은 가정사는 일체 잊고 교육의 마당을 찾아 평생 동분서주 뛰어 다니기만 하였다. 그러나 안나 부인은 남편을 그리고 남편의 사업을 하늘이 정해 주신 것으로 여기고 지극히 사랑했고 모든 역경을 기쁨으로 극복하여 나갔다. 안나 부인만을 소재로 하여 전기가 나올 정도로 그녀의 생애는 아름다웠다. 이 부인 없이는 페스탈로치가 존재할 수 없고 페스탈로치 없이는 국민교육의 터전이 일찌기 다져지지 않았을 것이다. 참으로 세계를 지배하는 것은 남자로되, 이 남자를 낳고 지배하는 것은 여성인 것이다.

자이팔트는 일찌기 페스탈로치의 전집 12권을 편집하였는데, 그에게는 또 《페스탈로치의 영원한 배필 안나 전》이란 저서가 있다. 이 저서에는 다른 연구물에서 볼 수 없는 부인의 편지들이 많이 수록되어 있다. 나는 다음에 그 일부를 소개하여 부인의 편모를 엿보기로 한다.

1803년 불크돌프에 남편과 같이 있던 부인은 중병을 앓고 앞날이 멀지 않음을 예감하자 노이호프에 남아서 손자를 키우며 시부모들의 건승을 비는 과부된 며느리에게 다음과 같은 '고별의 편지'를 보내고 있다. 편지 자체는 소실되었지만, 이 편지의 초안이 부인의 잡기장에 오늘날 단정히 남아 있는 것이다. 그 일부만을 옮겨 본다.

1803년, 불크돌프의 병중에서,

사랑하는 사랑하는 사람이여! 나의 단 하나의 사랑하는 자식의 아내여! 그대의 믿음과 성실과 사랑을 신은 꼭 보답해 주시리라. 그대는 우리 집에 와서 참으로 성실하게 그대 위에 덮친 많은 환난신고를 견뎌 주셨나이다 …… 사람만 좋은 아빠 (페스탈로치)를 있는 그대로 여러 모로 보살펴 주소서. 이것이 그대에게는 퍽 괴로운 일이지만 …… 그 분의 목적은 언제나 훌륭했기에 말입니다. 하나님은 언제나 그분과 같이 계십니다. 실패를 해도 다시 도와 주십니다. …… 하나님이여! 즐거울 때나 괴로울 때나 똑 같이 이들을 돌보아 주옵소서 ……

페스탈로치가 친구에게 보낸 편지에 의하면 안나 부인의 임종은 다음과 같다.

안나는 금년 가을에는 예년에 없이 고통이 적었습니다. 우리는 올 겨울은 퍽 좋은 겨울이 될 것으로 기대하고 있었습니다.

그런데 뜻밖에도 12월 7일의 저녁에서 8일에 걸쳐 안나는 가슴이 아프다 했고 열이 심하여졌습니다. 가슴앓이가 가시자 안나는 힘 없이 졸더니 전신에 맥이 풀려갔는데, 이것은 아주 절망적이었습니다. 그리고 사흘 더 앓다가 조용히 죽었습니다. 친구여! 안나를 회상하고 눈물을 흘려 주십시오. 그리고 이번의 나의 슬픈 소식을 접하고 나에 대한 사랑을 새로이 하여 주십시오. 안나는 75세였습니다. 나는 70세입니다. 나의 종언도 다가오고 있습니다. 감사하게도 나는 요사이 2, 3편의 저작을 썼습니다. 나는 그대에게 베르린을 경유해서 나의 최근의 저작,《나의 조국의 순결·성실에 대하여》를 보냅니다.

안나는 1815년 12월 11일 저녁 안락의자에 기댄채 잠자는 듯이 조용히 세상을 떠났다. 장의는 16일에 행해졌다. 아침에 유해는 학원의 예배당에 안치되었다. 교사들, 학생들, 직원들 그리고 이벨당 시민들이 열석하여 조의를 표하는 찬송가가 합창되는 가운데 페스탈로치가 들어섰다. 그는 널 앞에 다가서더니 마치 산 사람에게 대하듯이 말을 하기 시작했다. 그리고 46년간의 괴롭고 불행한 시대에 삶을 나누면서 자기에 신실했던 부인에 감사의 말을 했다. 세상에서 버림받고 친구들에게 조소를 당하고 병고에 시달리고 가난에 쪼들리며 움켜쥐고 살던 길고 긴 지난날의 일들을, 그는 부인의 영구 앞에서 회상하고 눈물을 흘렸다. 그리고서 그는 성경을 부인의 가슴에 안겨 주며 이것만이 이 괴로움을 이기게 해 준 것이라고 외치며 묵도를 울렸다.

바로 널은 닫히고 학원의 뜰에 있는 두 개의 호도 나무사이에 옮겨졌다. 학원의 소년 소녀들이 애가를 부르며 영구 앞에 섰고, 영구 뒤에는 페스탈로치와 손자 곳트리프, 그리고 많은 시민이 뒤따랐다. 학원의 뜰에 있는 호도 나무 그늘에 매장되는 것이 고인의 소원이었던 것이다. 다시 아이들의 합창과 니이데러의 기도가 있었다. 그리고서 이 부부의 깊은 추억에 얽힌 시인 크로프슈톡이 창작한 찬송가 '기독자의 승리'가 합창되었다. 이 합창의 멜로디는 우수수 나무잎이 떨어지는 겨울의 고성의 구석구석을 슬프고 아름답게 흘러갔다.

자기의 가슴을 잃은 페스탈로치의 슬픔은 깊었다. 그 뒤에도 오랫동안 그는 학원이 고요히 잠든 깊은 밤에 그 호도 나무가에 몰래 나가서 조용히 기도드리곤 했다. 그녀는 참으로 동양적인 표현으로는 조강지처(술 재강과 쌀겨를 같이 먹으면서 산 아내)였다. 니이데러의 마지막 기도의 말처럼 "분투해도 분투해도 영광의 관을 쓰지 못한 사람만이 참으로 올바르게 분투한 사람"인 것이다. 그리고 이 말은 교직에 몸을 담은 우리 모두의 가슴을 아늑하게 채워 주는 말인 동시에 서글프게 하는 말이다! 학원을 포근하게 감싸며 제자들의 싸움을 중재했던 '어머니 페스탈로치'는 이렇게 고히 사라졌다. 페스탈로치는 이제 완전히 넋을 잃었고 제자들은 싸움은 한층 가열해져 간다.

그 10년 후에 학원은 해산되었고, 다시 40년 후, 즉 1886년에 이벨당 시 당국은 성을 개축하기 위하여 안나의 묘를 파서 근처에 있는 프리드호프의 공동묘지에 이장하면서 다음과 같은 글이 새겨진 묘비를 세워 주었다.

슐테스 가문에 태어난 안나 페스탈로치
1740년 8월 11일 태어나

1815년 12월 11일 죽다
빈민의 친구
하층민의 구제자
교육의 개혁자인
페스탈로치에게 알맞는 부인
40여 년간 자신을 희생시키고
남편의 헌신적 사업의 반려가 되어
그녀는 사후 하나의 기념을 남겼다.
받들어 우러러야 할 기념을

성 근처에 매장되었던 그녀의 유해는
종교의 의식을 갖추어 개장되었다.
시청의 배려에 의하여 이 묘지에.
1866년 8월 11일

이들 부부는 거지들을 사람답게 만들기 위하여 거지같이 살았다.

"사랑은 오래 참고, 사랑은 온유하며 시기하는 자가 되지 아니하며, 사랑은 자랑하지 아니하며 …… 진리와 함께 기뻐하고 모든 것을 참으며 모든 것을 믿으며 모든 것을 바라며 모든 것을 견디느니라. 사랑은 언제까지든지 떨어지지 아니하나 예언도 폐하고 방언도 그치고 지식도 폐하리라"(고리도 전서 13: 4-8)

자이팔트가 쓴 《안나 부인 전》은 일본에서 번역된 지 47 년이 되었기에 이 번역서나 원본을 구한다는 것은 아주 힘드는 일이다. 그런데 저자는 일본의 고서점에서 이 번역판을 우연한 기회에 발굴하는 데 성공했다. 이 헌책의 뒷장에 여러 사람이 돌려가면서 읽은 흔적과 낙서와 서명이 있었다. 진리의 생명은 영원하며, 또 진리는 만인의 가슴을 울리며, 좋은 책은 반드시 깊게 읽어 주는 사람이 있다는 증거로 이 '낙서'들을 옮겨본다.

        1927년 10월 4일 독료
        1927년 12월 9일 독료
        1949년 6얼 2일 제1회 독료, 오후 10시 5분
        독 후 감
    사랑의 교육
    이 얼마나 아름답고 따뜻한 울림을 갖는 말이냐!
    페스탈로치의 그늘에 안나 있었고,
    안나 있었기에 페스탈로치 있었다.
    나는 페스탈로치를 추모함과 동시에,
    부인 안나를 그 이상 추모하지 않을 수 없다.
    모든 여성이여, 마음 깊은 곳에서부터 깨어나라.
    그리하여 사랑의 여신이 될지니라.
    사랑은 모든 교육의 터전,
    평화로운 일본도
    평화로운 세계도
    사랑의 화신인 모태에 깃들지니,
    사랑하는 안나 다시 태어나,
    신의 은혜로 나를 안아 주시기를!
            (1949년 6월 2일 오후 10시 반 적음)

필체와 문맥으로 보아 패전 직후의 일본의 젊은 여교사가 정신적 방황 상태 하에서 헌 책방을 찾아 헤매다가 22년 전에 나온 이 낡은 책을 발굴하여 읽고 감명을 받아 '낙서'한듯 하다.

　　진리가 우리를 속된 욕구에서 해방시켜 주며, 진리가 우리를 힘의 세계에서 눈을 정의의 세계로 돌리게 하여 주며, 진리가 우리를 자유롭게 하여 준다. 이화여자대학교 사범대학 현관 옆 벽에 커다란 희랍문자로 "진리가 우리를 자유케 한다"는 성구가 박혀 있다. 그 금빛 찬란한 아름다운 표어를 처음 발견했을 때, 저자는 온몸이 짜릿함을 느꼈고, 또 보고 또 보고 하면서 음미했다. 진리가 사랑을 낳는 것인지, 아니면 사랑이 진리를 낳는 것인지, 아니면 이 둘은 원래 하나인 것인지, 이런 신학에는 아무 관심이 없으나, 진리, 자유, 사랑은 원래 하나인 것으로 저자에게는 여겨진다.

XIV. 학원의 몰락과 마지막 저작들

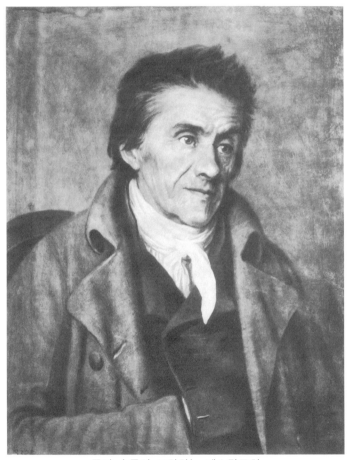

꿈과 슬픔이 교차하는 페스탈로치

1. 학원의 몰락과 해산
2. 클란디 빈민학원 창설
3. 마지막 저작들

XIV. 학원의 몰락과 마지막 저작들

1. 학원의 몰락과 해산

안나 부인을 잃자 페스탈로치는 넋을 잃고, 교사들의 대립 완화에도 힘을 발휘하지 못했고, 이 학원의 운영·관리에도 예전과 같은 흥을 느끼지 못했다. 이리하여 이 학원은 구심점을 잃고, 쇠퇴의 길을 줄달음친다. 장미는 필 때는 모든 꽃 중에서 가장 아름답지만, 질 때는 모든 꽃 중에서 가장 지저분하다고 한다. 이벨당 학원도 이와 같이 지저분한 사건들로 드디어 해산이 된다. 그 경위의 골자만을 추려서 엮어 보기로 한다.

자연인의 야망과 강철 같은 의지를 두루 갖추고 학원의 경영·관리를 장악한 슈밋트의 독주에 대한 교사들의 반발은 날로 심해갔다. 그러나 슈밋트의 입장으로는, 이 난국을 극복 타개하기 위해서는 감상과 이상을 버리고, 선의의 독재와 현실의 직시가 필요한 것이었다. 이래서 슈밋트는 극한 상황에서의 양자 택일적인 도박에 자신과 학원의 운명을 걸었다. 자신의 독재권을 계속 유지하느냐 그렇지 않으면 자신이 이 학원을 버리고 탈퇴하느냐였다. 그러나 슈밋트 자신은 페스탈로치를 안고 계속 독재권을 행사하고 싶었다. 이런 입장을 역설적인 협박조로 나타낸 것이 1816년 1월 4일의 그의 성명이다. 그는 학원의 관리를 교직원회에 이양하고, 페스탈로치와 자신은 교직원회를 탈퇴한다고 선언했다. 그는 성명서에서 말한다.

(1) 페스탈로치는 여러 집회에 적극적으로 간섭할 능력도 권리도 없다. 이제 페스탈로치적인 집회란 있을 수 없다.

(2) 나는 지금까지 페스탈로치에게 헌신하여 왔는데, 나로서의 최선의 경영 방식이 일반 교사에게 받아들여지지 않는 한 어찌 이 이상 참여할 수가 있겠는가? 나는 이제 그의 친구로서 그를 보살필 따름이다.

(3) 나는 이제 수업·학생지도 등 학원의 실천적 의무에서 해방이 되어 자유로운 몸이 된다.

이 성명이 나오자 교사들은 아연 실색했다. 슈밋트의 도박적인 도전은 성공을 한 셈이다. 슈밋트와 가장 사이가 나쁜 니이데러는 설 자리가 없었다. 능력은 없으면서도 비판만 앞세워 온 이들 클럽에 젊은 보니파스라는 교사가 슈밋트의 입장을 원호하며, 이들에게 탄핵문을 내 밀었다. 학원의 곤경은 니이데러, 크류지, 람자우어 등 오래 전부터 페스탈로치에 사사한 사람들에 의해서는 도저히 타개할 수 없었고, 슈밋트가 구제자로 등장하지 않고서는 학원의 멸망은 피할 길이 없다고 이 탄핵문은 말한다. 격한 보니파스는 1월 6일에 이 탄핵문을 생도들에게 읽어 주었고, 그 사본을 이벨당 거리 거리에 뿌렸던 것이다.

이제 교원 간의 이념적 대립은 감정적 대립으로 타락했고, 이런 싸움은 점차 페스탈로치와 학생들과 일반 시민을 자기 편에 안고 도는 것으로 확대되어 갔다. 한 때 슈밋트에 의지해서 재생시키고자 생각했던 늙은 페스탈로치는 사태가 이렇게 점차 악화되자 병석에 몸져 눕게 되었다. 슈밋트, 니이데러 기타 모든 제자들을 자기 병상 앞에 불러 놓고 감상적인 어조로, 더러는 울먹이며, 다음과 같은 성명서를 읽어 내려간다. 그가 얼마나 사랑과 성실의 인간이었는가를 이 글을 통해서 알 수 있으며, 우리는 마치 인간의 영혼의 고향에 돌아간 듯한 포근함을 느낀다.

귀여운 자녀들이여!

그대들은 나를 아버지라 불렀다. 사실 나는 그대들의 아버지다. 옛부터 그러했고, 지금도 그러하고, 묘에 들어가서도 그러하리라. 나는 나의 아버지의 권한에서 나오는 진심으로 그대들의 사이에 들어가서 그대들에게 호소한다.

떠들지 말고 조용히 해다오. 순종해다오. 서로 사랑해다오. 서로가 자신의 최선의 것으로 도와다오. 약한 자를 높여 주고 비천한 자를 순화해다오.

나의 자녀들이여! 나는 피를 토하는 것 같구나. 그대들 사이에 벌어지고 있는 이 잘못은 나의 마음을 몹시 상하게 했구나. 그대들의 어머니(안나 부인)의 추도회는 이 때문에 더럽혀졌고, 새해도 이 때문에 더럽혀졌구려……. 이 잘못은 빨리 없어져야 한다. 나는 그대들의 아버지이다. 나는 그대들을 중재해야겠다. 잘못이 있어도 그것은 우리집의 잘못이며, 싸움이 있어도 그것은 우리집의 싸움이다. 그리고 이 우리집의 잘못과 싸움을 없애고자 하는 권리는 나의 신성한 가정적인 권리이다. 잘못한 자식들이 흘리는 눈물을 애비는 기다린다.

이제들 그만 두어라. 자녀들이여, 나는 감히 말한다. 나는 애비로서 말한다. 너무들 했다. 자녀들이여, 이제 서로 화해하고 지난 일들을 잊어버려다오. 서로가 형제가 되어다오.

그러나 제자들은 이 말을 금새 잊고 다시 싸움을 계속했다. 그리하여 싸움과 미움의 불길은 점점 퍼져갔다. 그들은 모두 가슴 속에 싸움과 미움의 불을 지니고 있었기 때문이다. 이렇게 이 학원에는 질서가 사라지고, 의무감이 상실되었고, 옛날의 그 감격은 찾아 볼 수가 없어졌고, 학생들의 교육은 등한시되었고, 이기심·증오·오해·복수심만이 판을 치는 곳으로 타락했다.

이듬해 1817년 새해의 하례는 무사히 끝났다. 그들은 1월 12일의 페스탈로치의 67세의 탄생일을 성대히 거행하여 학원의 결속을 새로이 하기로 결심했는데, 슈밋트의 독재체제를 타파하려 했던 니이데러 일파가 더러운 소문을 듣고, 이것을 퍼뜨렸기 때문에 그만 분위기가 깡그리 망가졌다. 이야기인즉, 슈밋트가 페스탈로치 집의 가정부와 불륜의 죄를 졌는데 그 결과 임신했다는 것이었다. 슈밋트의 적들은 이 소문에 도리어 춤을 추었고, 이 가정부를 의사에게 진단시키기까지 했다. 그런데 진단 결과는 이 소문이 거짓이었음이 드러났다.

니이테러 일파가 이렇게까지 악랄하게 슈밋트를 중상·모략한 이 사건을 계기로 하여 슈밋트의 입장은 도리어 굳혀지는 결과가 되었다. 이리하여 궁지에 몰린 니이데러는 1817년 성령

강림제일에 종교교사로서의 그의 품위를 더럽히면서까지 설교
단에서 학원탈퇴를 선언하고 물러섰다. 그러나 그는 페스탈로
치 학원의 자매 학교격인 여학교를 관리한 그의 부인을 시켜서
학원 양도와 관련된 소송을 제기하여, 그에게 총액 1,683프랑
에 달하는 손해배상을 요구하여 왔다. 이러한 지저분한 일들이
겹쳐 이제 페스탈로치 자신도 이 학원에 머물고 싶지 않게 만
들어 놓았다.

2. 클란디 빈민학원 창설

그는 오래 전부터 자신의 힘만으로 직접 경영할 수 있는
빈민학교나 고아원을 새로이 만들고자 했었는데, 그에게는 재
력도 없었고, 제자들의 협력도 없었다. 그런데 이 무렵 그 전부
터 말이 있던 그의 저작 전집 간행계획이 구체화되고 있었다.
콧타라는 사람은 그 전부터 페스탈로치를 존경하고, 그의 저작
을 전집으로 편집 간행하여 유럽에 소개할 것을 꿈꾸고 있었
다. 그는 이제 이 전집의 간행을 선포하고, 예약금을 모집하기
시작했다.

예약의 응모는 예상외로 많아 유럽 각처에서 신청이 들어
왔다. 이 중에는 프러시아의 왕과 러시아의 황제 이름도 끼어
있었다. 이리하여 페스탈로치는 5만 프랑의 인세를 받을 행운
을 만났는데, 실제로는 1818년에 3천 5백 프랑을, 그리고 3년
뒤에 1만 5천 프랑을 받았다. 그리고 이 전집은 1819년에서
1826년에 이르러 15권으로 간행되었다. 페스탈로치의 전집, 또
는 선집은 독일어로 된 것만도 8종류에 이르고 있는데, 이 콧

타판은 불완전하나마 역사적으로 최초의 전집이다.

이제 얼마의 현금이 손에 쥐어지자 그는 슈밋트의 맹렬한 반대를 물리치고, 1818년 9월 13일에 이벨당에서 걸어서 20분 거리에 있는 클란디에다 빈민학원을 창설했다. 그의 나이 73세의 일이다. 여기에는 다음과 같은 재미 있는 일화가 하나 전해지고 있다.

페스탈로치는 전에 빈민학원을 새로이 세우고 싶다면서 실권과 돈주머니를 쥐고 있는 제자 슈밋트에게 평생의 소원을 들어 줄 것을 애원하였다. 그러나 슈밋트는 들어 주지 않았다. 그러자 페스탈로치는 슈밋트에게 덤벼들고, 슈밋트는 피해서 달아나고 하면서 둘이는 테이블의 둘레를 여러 번 맴돌았다. 슈밋트가 말을 안 듣자 페스탈로치는 자기의 구두를 벗어서 슈밋트에게 내던졌다. 고희가 넘은 사랑의 교사의 화신과 젊은 현실적인 '정치가'와의 싸움을 우리는 여기에서 볼 수 있으며, 또 이런 싸움은 영원히 계속되며, 또 계속되어야 할 것이다. 미래 지향적인 교육적 세계관과 현실 정착적인 정치적 세계관과의 싸움이기에 말이다.

이 빈민학원에 처음에는 겨우 12인의 거지와 부랑아가 수용되었는데, 차츰 생도들이 모이게 되어 몇 달 후에는 30명의 생도를 포용하게 커졌다. 페스탈로치는 행정적인 능력은 없지만 아이들과의 실제의 교육에는 천성적인 소질이 있어 아이들의 마음을 사로잡는 것이었다. 이 학원이 유명해지자 다시 참관인들이 모이게 되었고, 영국의 부유층 자제가 일부러 바다를 건너 공부하러 오기까지 했다. 이리하여 교육의 질은 향상되어서 좋았으나, 당초의 학교의 창립이념은 다시 흐려지게 되었고,

여기에 그의 행정능력의 결핍이 겹쳐 이벨당 학원의 재판이 되어 버렸다. 슈밋트의 강력한 권고도 있고 해서, 이번에도 다시 그는 1819년 7월, 약 1년간 경영하던 이 학원을 이벨당 학원에 병합시키지 않을 수 없었다.

이벨당 학원의 학생 수가 줄어들어 경영이 어렵게 되자, 슈밋트는 페스탈로치의 이름으로 시 당국에 학원의 수리비를 요구하였다. 시 당국은 이것은 외국 유학생들의 사치스런 습성에 맞추어가려는 그릇된 경영방식에서 오는 결과이므로 반액은 시 당국에서, 반액은 학원 당국에서 부담하자고 통보해 왔다. 그러자 슈밋트는 시 당국을 비난하게 되고 이것은 어떤 소송사건으로까지 번져, 시 당국과 학원 사이는 점점 악화되어 갔다. 니이데러와 슈밋트는 이제는 서로 일반신문을 통해서 공격과 반박을 되풀이하게 되었다. 이런 일을 말리고 해명하고 중재하느라고 페스탈로치는 남은 돈을 다 소비해 버렸다.

이러자 시 당국은 분쟁의 원흉인 슈밋트를 시에서 추방하는 것이 학원을 위해서나 페스탈로치를 위해서도 좋으리라는 결론을 내렸다. 시는 슈밋트가 다른 현의 출신인 데다 이벨당시에 오랫동안 기류계를 내지 않았다는 표면상의 규정을 내세워 6개월 이내에 퇴거를 명하기로 결정하고, 이것을 1824년 10월 6일의 비공개 회의에서 의결하여 통보하였다. 이것을 알자 슈밋트는 자기를 추방하는 것은 페스탈로치와 그의 학원을 추방하려는 자들의 모략이라고 분격하였고, 페스탈로치도 덩달아 자기의 한 팔이나 다름 없는 사람을 추방시키는 것은 자기의 자살을 강요하는 일이라 하고 흥분하여 의회에 항의를 하였다. 그러나 슈밋트의 추방은 몇 개월 연기되었을 뿐이었다. 그러자 페스탈로치는 시 당국에다 곧 돌아올 예정이지만 잠시 이 벨당을 떠난다는 통보를 내고, 20년 동안 정든 학원을 버리고, 옛 꿈터 노이호프로 돌아간다.

1825년 눈이 아직 녹지 않은 이른 봄, 그는 외롭고 처량한 자기의 그늘과 잔설을 밟으며, 노이호프에 돌아간다. 슈밋트와 네 명의 고아가 그를 뒤따랐다. 노이호프에는 폐허처럼 된 집에서 이제 핏줄로는 하나밖에 없는 손자 곳트리프가 슈밋트의 누이 동생과 결혼하여 농업을 하며 끼니를 이어가고 있었다. 페스탈로치가 이 노이호프에서 다시 고아원을 시작하려고 거지를 데리고 갔는지, 또는 버리지 못해 데리고 갔는지는 확실치 않으나, 좌우간 79세가 된 그가 괴나리 봇짐을 지고 지팡이를 짚고 걸어가며, 그 뒤에 네 거지와 슈밋트가 따라갔다는 것은 역사적 사실이고, 목판화에도 남아 있을 정도이다. 페스탈로치는 여기에서 2년간 살다가 죽었다.

그의 죽음은 소크라테스와 예수의 죽음 못지 않게 교훈을 우리에게 주었다. 이것을 쓰기에 앞서 나는 그가 최후의 몇 년 동안에 써 내고 펴낸 귀중한 저작들을 소개하며, 그 내용의 개요를 더듬어 보기로 한다. 그는 역경에 있을 때에 더욱 힘차게 붓을 들었던 것이다.

3. 마지막 저작들

학원이 기울면 기울수록 그의 교육 이념은 더욱 새로워졌다. 학원 경영에서 거의 손을 뗀 다음 그가 몰두한 것은 저술이었다. 다음에 그의 만년을 장식하는 저술·저작 속에서 대표적인 것을 몇 편 소개하기로 한다.

(1) 72세 기념강연

1818년 1월 12일은 그의 만 72세가 되는 탄생일이었다. 그는 학원의 교사·생도들을 앞에 놓고 명강연을 했다. 이것은 그의 수많은 강연 중에서도 렌쓰불크의 강연과 더불어 가장 체계적인 것 중의 하나이다(페스탈로치 자신은 이 강연 속에서 자기 나이를 73세라고 하고 있는데 이것은 음력으로 센 때문이며, 정확하게는 만 72세가 된다. 거의 모든 전집이 73세 기념 강연이라고 하고 있으나 저자가 가지고 있는 바움가르트너의 8권으로 된 선집에는 분명하게 72세로 하고 있기 때문에 이것에 따른다).

이 강연 속에서 특히 주목할 점은 페스탈로치가 자신의 전집의 예약금 전부를 영구히 남에게 양도 못하는 장학기금으로 만들어, 이자는 다음 항목의 용도 외에는 쓰지 못하게 선포한 점이다.

① 인간의 도야, 민중의 교육수단을 더욱 단순화하고, 민중이 안방에서 사용할 수 있는 교육원리와 교수방법을 금후로도 계속 연구·개발할 것.

② 이와 같은 목적을 위하여는 충분하게 훈련을 받은 민중을 위한 남녀 교사를 양성할 것.

③ 몇 개의 실험학교를 설립하여, 여기에서 위에 말한 목적에 따라 초보적인 교과에서 지식·기능 등에 걸친 실험을 할 것.

④ 민중을 위한 가정교육, 또는 가정교육의 모든 방법을 계속 개선할 것.

이 네 항목은 바로 그가 평생 노력했으나 못 다 이룬 것이었다. 그는 이제 장학기금을 마련하여 자신의 사업을 후진에게 계승시키고자 했다.

그리고, 이 강연 중에 또 한 군데 특히 감명을 받는 귀절이 있는 데, 그것은 교육의 작용과 원리를 식물의 성장으로 비유하며 풀이한 대목이다. 그의 교육의 기본이념과 문제를 엿볼 수 있는 부분이기에 인용하여 본다.

나는 꿈 꿉니다. 나는 열광적으로 꿈 꿉니다. 교육의 모습이, 더욱 알찬 교육의 내면적인 성스러운 본질이, 시냇가에 심어진 한 뿌리의 나무의 모습이 내 눈앞에 떠 오릅니다.

보십시오. 이 나무는 무엇이겠습니까. 이것은 무엇에서 비롯했습니까. 그 나무, 그 뿌리와 그 줄기, 그 가지와 잔 가지, 그리고 그 열매는 어디에서 비롯한 것이겠습니까. 보십시오. 여러분들은 대지에 작은 씨앗을 뿌립니다. 이 씨앗 속에 나무의 정수가 깃들어 있습니다. 씨앗 속에 나무의 본질이 깃들어 있습니다. 씨앗이 나무의 본원입니다.

신만이 그대 아버지
신만이 그대 창조주
위대한 신은
그대 나무의 씨앗 속에 깃드노니,
인간이여 그대 손과 손으로
신이 주신 이 씨앗을
대지 깊숙히 부드럽게 심노니,
그대는 신이 주신 씨앗을
신이 주신 대지 깊숙히

신이 주신 사랑의 대지 속에
그대 인간의 손과 손으로
신의 씨앗
대지 속 부드러이.

씨앗은 자기 자신이 자신의 육체를 창조하는 나무의 정수입니다. 이것이 어떻게 어머니 된 대지에서 자라나오는가를 보십시오. 그것은 대지를 뚫고 나타나서 여러분의 눈에 띄기 훨씬 전부터 대지에 뿌리를 내리고 있었던 것입니다. 씨앗의 내부의 본질이 발전하면, 그를 감싼 껍질은 벗겨집니다. 싹이 트면 씨앗은 삭고, 성장함에 따라 이제는 씨앗이 삭습니다. 씨앗의 안에 있던 유기적인 생명이 뿌리로 옮겨집니다. 그리하여 뿌리가 됩니다. 그 힘은 뿌리의 힘이 된 것입니다. 뿌리를 보십시오. 과일을 담고 있는 잔 가지에 이르기까지 모든 것이 뿌리에서 비롯한 것입니다. 나무의 전 존재는 그 뿌리 속에 이미 깃들어 있던 성분의 연속적인 발전이 아니고 무엇이겠습니까?

이러한 그의 교육의 본질의 묘사는 장장 10여 면에 걸친다. 이 얼마나 아름답고 세밀하고 그리고 본질을 똑바로 꿰뚫은 묘사인가. 페스탈로치에 의하면 교육이란 작용의 본질은 신이 선천적으로 인간 안에 소질로 깃들게 하여 주신 인간성의 여러 힘을 사랑의 손과 사랑의 대지로 부드럽고 조화롭게 발전시키는 것이었다. 이 같은 이른바 조화·발전설은 그의 국민대중 교육론과 더불어 그가 인류의 교육사에 기여한 가장 큰 것이다.

인간이 스스로의 소질에 의하여 발전한다면, 외부로부터의 도움으로서의 교육이란 필요 없는 게 아닌가? 이 물음에 대하여 페스탈로치는 다시 나무의 비유를 들어 다음과 같이 말한다.

어린 나무의 싹이 돌에 덮이거나, 발육을 못하거나 수분이 모자라 말라 죽거나 씨가 늪 속에 떨어져 썩어버리거나 할 때에는 나무는 원래의 소질을 발휘치 못한다. 그러기에 나무를 가꾸는 정원사가 필요하듯이, 인간의 소질을 제대로 최선으로 계발시켜 주는 교육이 필요하다. 인간의 교육이란 성장 주체자의 의욕의 고취, 불리한 환경의 정비와 유리한 환경의 조성, 발달 단계에 알맞는 적절한 교재의 제공(식물의 경우 비료에 해당) 및 생활주체의 주위와의 협조 등을 통한 인간의 선천적인 소질의 조화적인 발전을 위한 의지적·계획적·연속적 조성 작용인 것이다. 따라서 교육이란, 내부로부터의 주체자의 성장과 외부로부터의 타자의 교도라는 두 개의 대립적 계기의 변증법적인 지양·통일에서 성립하는 것이다.

교육의 본질을 이렇게 꿰뚫어 논한 것이 이 강연이다. 그는 이 강연 속에서 인간성의 구성요소를 도덕적·지성적·신체적의 것의 셋으로 나누어 다시 논하고 있는데, 이에 대해서는 재음미할 필요가 없으리라.

하나 비유를 더 들어보자. 어린아이에게는 '사랑의 씨'가 마음 속에 깃들어 있다. 이 사랑은 어머니·아버지·누나·언니에게로 향해지며, 주위에 있는 개·고양이에게로 확장되어 간다. 이 아이는 고양이에게 사랑의 미소를 던지며, 고양이의 얼굴을 고사리 같은 손으로 쓰다듬으려 한다. 그런데 심술궂은 고양이는 자기를 해치려는 줄로 알고 아이의 손을 그 날카로운 발톱으로 할퀴어 버렸다. 아이는 질겁하고 소스라친다. 모두가 나를 해치려는 것들이구나! 이 아이 속의 사랑의 씨는 움츠려 들며, 그 순진했던 미소는 의혹과 증오로 변한다.

주체(주체적 의지)와 환경과 소질, 이것은 교육의 세 개의 큰 계기이다. 이 아이는 이제 몹쓸 환경(고양이)에 의하여 좋은 소질(사랑)의 발전을 저해당했다(학습 의욕의 위축). 교육의 임무는, 이 비유로 한다면, 고양이가 아이를 할퀴지 않고 아이와 잘 어울려 놀 수 있도록 함으로써 아이의 '사랑'이 잘 커가도록 하는 일이라 하겠다.

페스탈로치는 말한다. 교육은 인간의 기술과 의지에 의하는 것이다. 그러나 인간 및 그의 여러 힘의 성장은 신의 작용이다.

페스탈로치는 이렇게 신에게 주어진 것과 인간이 하는 일과의 구별·차이점을 명확히 하고, 이 두 계기의 통일을 모색한다. 그는 루소의 자연주의교육, 소극주의의 영향을 많이 받으면서도 여기에 학습자의 주체적인 의지와 교사의 객관적인 바람직한 조성 작용을 포착·첨가하여 자연과 기술의 통일로서의 교육 원리를 확립시켰다.

(2) 유아교육에 관한 편지

이 서한 형식으로 된 페스탈로치의 저작은 그가 영국에 있는 제자 그리브스에게 보낸 34통의 편지를 남김 없이 차례대로 수록한 것이며, 페스탈로치의 만년의 교육사상을 잘 엿볼 수 있는 주옥편이다. 그런데 애석하게도 독일어로 된 원문은 없어지고, 1827년 즉, 페스탈로치의 사망 직후 영어번역으로 영국에서 출판된 것만이 남아 있다. 이 책은 1830년에는 보스

톤에서, 1851년에는 다시 런던에서, 그리고 1893년에는 뉴욕에서 출판되어, 영국은 물론이요, 북미에 그의 사상을 이식하는 데 큰 계기를 마련한 저작이다. 원문이 없어졌기에 대개의 전집에는 이것이 수록되어 있지 않지만, 이 저작의 내용과 비중으로 보아 영어를 통해서 다시 독어로 중역할 필요성을 느끼게 되어, 1924년에 '어머니와 자녀'라는 표제로 로넬 여사에 의하여 중역되어 출판되었다.

그리브스란 사람은 원래 영국의 큰 상인이었는데, 나폴레옹의 대륙봉쇄령(1806)에 의하여 큰 타격을 받고, 일조에 재산을 상실하자 인생에 허무함을 느껴 삶의 큰 전환을 하여 1817년 페스탈로치의 이벨당 학원에 삶의 새 출발을 기약하고 찾아왔다. 그는 이리하여 1822년까지 전후 7년간 이벨당 클란디 학원에서 무보수로 영어담당 교사로 봉사하였다. 그가 영국에 돌아가 스승의 교육사상을 선포하겠다며 스승에게 글을 요청하자, 페스탈로치는 유아교육에 관한 편지를 34통이나 선사했고, 이것을 제자가 영어로 번역해 주었던 것이다.

이 서한은 장장 150면이 넘는 대작이다. 저자는 여기서 서한의 최후의 몇 귀절만 요약·소개한다.

이와 같이 그 자녀들을 신앙에 이끌고, 신앙에서 사랑으로, 더욱 사랑에서 행복으로 이끄는 어머니들의 행복된 모습이여! 순결·겸손·경건 속에서 그녀들의 유아기를 회상하며, 어떤 교훈보다도 더욱 힘차게, 그녀들의 가슴 속 깊은 곳에 깃든 모성애를 "기억하라! 본 받으라! 견디어라!"고 그녀들에게 외치는 어머니의 모습을 따라, 그녀들의 아늑하고 축복된 일들에

복된 열매를 찾는 모습이여.

(3) 산업, 교육 및 정치에 대한 견해

이것은 1822년에 발표된 역시 60면이 넘는 대 논문인데 그 핵심적인 문제 제기는 오늘날의 우리 한국에도 통하는 것이었다. 그는 대략 다음과 같이 논한다.

공업이 발달되고, 자본이 증가되면 그 결과로 그날그날의 노동에 의하여 생계를 세우는 가장 가난한 상태에 놓이는 사람들의 수가 점점 증가되기 마련이다. 그런데, 이런 상태에서는 두 개의 위험이 잠재하게 된다. 그것은 빈민의 수가 증가하는 것, 사회의 각 계급 사이의 대립이 더욱 심하게 되는 것이다.

이 얼마나 냉철한 관찰인가. 이런 빈부의 양극화와 계층적 분화 대립을 막기 위해서는 어떤 조처가 필요한가? 그는 결론적으로 다음과 같이 말한다.

중산계층, 부유층이 빈민계층을 분별과 덕으로 그들에게 접근시키는 것, 이것은 한 나라가 경제적인 위기에 위협당할 때는 가장 긴요한 일이다. 공동의 힘과 공동의 덕만이 이 접근을 가능케 한다.

국민의 계층적 분화를 막으려면 민족의 문화유산의 참된 계승자인 중산층이 도덕적으로 각성하여 빈민계층을 슬기로운 교육을 통해서 중산층에 끌어 올리는 길밖에 없다 한다. 그러기 위하여는 국민의 총화를 이룩케 하는 민족의 영원한 이상이 정립되어야 한다는 게 페스탈로치의 주창이며, 이것은 역시 오늘날 우리 한국의 위정자들이 특히 음미해야 할 영원한 진리이다.

(4) 백조의 노래

페스탈로치는 노이호프에 돌아와 2년, 겉으로는 폐인처럼 살다 죽었는데, 실은 이 시기에 두 개의 훌륭한 저작을 써 냈다. 서양의 전설에 의하면, 백조라는 새는 자기의 죽음을 예감하면 마지막으로 한 번 슬프고 아름답게 울어본다 한다. 이 저작의 표제는 이 전설에서 딴 것이리라. 1825년에 나온 이 저작의 처음 부분은 그의 자서전적 생애의 회고이고, 뒷부분은 그 전에도 많이 다루었던 그의 교육론의 총정리인데, 나 자신은 이 저작을 페스탈로치의 가장 흥미롭고 체계적인 저작으로 여기고 우리 말로 그 줄거리만을 골라 번역 출판한 바 있다. 그는 여기에서 자연적인 내부로부터의 발전과 기술적인 외부로부터의 교도라는, 교육이 지니는 두 개의 대립 계기를 "생활이 도야한다"라는 표어로 통일한다.

이 표어는 그에게 번개같이 계시로 주어진 것이며, 이 표어로 그를 평생 괴롭혔던 원리상의 모순, 즉 간단히는 자연과 인위의 통일이 이루어진다. 여기에서부터 일하면서 배우고, 배우면서 일한다(arbeitend lernen, und lernend arbeiten)는 새 교육의 방법 원리의 하나, 즉 노작교육 혹은 노작학교(Arbeitsschule)의 원리가 탄생했다.

(5) 나의 생애의 운명

이 대작은 1826년에 간행된 것이며, 자신의 불크돌프 및 이벨당에서 학교장으로서 겪었던 일들을 회상하며, 학원경영자로서의 자신의 무능을 참회하고 아울러 교육을 논한 것이다.
이 저작은 바움가르트너의 선집에는 수록되어 있지 않은데 일
본의 평범사 간행의 전집에는 제12권에 수록되어 있다.

지면 관계로 그의 저작을 이 이상 깊게 소개 못하는 것을
아쉽게 생각한다.

XV. 페스탈로치의 위대한 유산

1846년에 새로 옮겨 세워진 묘역

XV. 페스탈로치의 위대한 유산

1. 마지막 강연

노이호프에 은퇴한 페스탈로치는 옛 순례자들이 죽음을 예감하면서, 마지막으로 높다란 언덕에서 예루살렘 신전을 바라보듯, 그리고 자신이 믿음의 삶에서 거닐은 뭇 들과 산과 바다, 뭇 슬픔과 기쁨, 신앙과 회의, 우정과 배신, 자기보다 먼저 죽은 아내와 자녀 등을 되뇌이며 회상에 잠기듯 깊은 회포와 묵상에 빠지곤 하였다. 그는 저술을 하다가는 금새 손을 떼고 연구를 해 보기도 하고, 그러다가는 또 훌쩍 여행을 떠나 옛 제자들이 창립한 새 학교들을 순방하며 격려도 하고 스스로 위로를 얻기도 하는 것이었다.

저자가 가장 많이 참고로 하고 있는 몰프의 《페스탈로치전》은 깨알 같은 활자로 원전으로는 전 4권 2,000여 페이지가 넘는데, 왠지 그의 죽음에 대하여는 5~6페이지 정도로 간결하게 처리하고 있었다. 그러기에 더욱 복음서에 나오는 예수의 죽음을 보는 것처럼 한층 더 생생하게 부각이 되고 있다.

　이에 의하면 그는 노이호프에서 2년을 더 살았는데, 가족과 손자와 이웃에게 존경을 받았으며, 쉴새 없이 무엇인가 활동을 했고, 특히 임종이 가까워 올 무렵에도 고대어와 현대어 사이의 구조상의 일치점을 가려 내어, 이것을 언어수업을 단순화하는 데 이용하려 연구했다는 것인데, 오늘날에도 이 때 연구한 손때묻은 원고가 남아 있다 한다. 그리고 이런 연구 결과를 옛 친구를 방문하며 감격스러이 진술했다고도 한다.

　1826년 페스탈로치는 바젤 시에 나들이갔다가 오는 길에, 7월 21일 슈밋트와 더불어 옛 제자 보이겐이 새로이 연 학교를 예방하였다. 아이들은 페스탈로치가 《린할트와 겔트루우트》에 인용한 괴테의 시를 합창하며 그를 맞았다.

　　그대 하늘에서 내려오사
　　우리의 슬픔 외로움 괴로움을 식혀 주사이다.
　　그대는 더욱 애처로운 자를 더욱 측은히 여기시나이다.
　　오오, 이 몸 이 세상살이에 지쳤고, 괴로움에 소름치며
　　거센 욕정에 소름치나이다.
　　아늑한 마음의 편안이여
　　오소서, 오오, 내 가슴 깊숙히.

　페스탈로치는 가슴이 메이고 눈물 젖어 말도 못했다. 계단을 올라 연단에 앉은 그에게 아이들은 이제 백발이 된 그의 머리 위에 화환을 씌우려 하였다. 나는 받을 자격이 없는 몸이니 티 없이 맑은 너희들 어린이들이 쓰라면서 그는 이것을 물리쳤다.

1825년 5월 3일 그는 신쓰나하에서 열린 '헬베티아협회'에
출석했다. 1762년, 은사인 취리히의 보드머 교수에 의하여 창
설된 이 단체는 스위스 국민의 자유와 발전을 모색한 진취적인
모임으로서 페스탈로치도 대학시절에는 그 열성적인 맹원의 하
나가 아니었던가! 그런데 그는 자신의 사업 때문에 오랜동안
회합에 관여 못했다. 학생시절에 회원이었던 사람 중에는 페스
탈로치가 유일한 생존자였다. 이곳에 늙은 투사가 찾아간 것이
다. 회원들은 최대의 찬사와 존경을 그에게 바치며 그 다음 해
의 회장으로 추대하였다. 그는 수락하며 말했다.

　　"이 회가 창설되었을 때는 참 좋은 때였습니다. 그러나 지
금은 더욱 좋습니다." 점심 때 그는 깊은 감동과 떨리는 소리
로 건배의 인사를 했다. "상한 갈대를 꺾지 아니하며 꺼져가는
등불을 끄지 아니하는 이 회가 길이 빛나소서." 이는 구약성경
의 이사야 예언서의 42장 3절의 말씀으로 외세에 시달리는 나
라, 고달픈 백성, 약하고 괴로운 우리 인간에게 주는 하나님의
깊은 위로의 말씀이다.

　　페스탈로치는 이듬해 1826년 4월 26일 랑겐탈에서 열린
헬베티아협회에서 회장으로서 '조국과 교육'이라는 제목으로
알찬 강연을 하였다. 그는 약 3시간이나 걸리는 대강연의 원고
를 준비하였으나 힘이 없어 못 읽겠기에 뮬러라는 젊은 목사가
전부 대독했다. 강연의 내용은 당시 말로 다 할 수 없는 정신
적・육체적・경제적 괴로움에 있는 81살의 노인으로서는 놀라
울 정도로 알찬 내용을 담은 것이며, 또 그것은 이 협회의 세
개의 창립 이념 즉,

　　① 스위스 여러 연방구성원의 단합

② 국민의 자유와 행복의 추구 및 국민도덕의 각성

③ 좋은 문화유산의 계승과 순풍양속의 보존

에 완전히 부합되는 것이었다.

그 강연의 기조는 이렇다. — 봉건시대에는 극소수의 특권층과 그리고 극소수의 빈민층의 사이에 절대다수의 중산층이 있어, 이 중산층이 건전해서 민족의 문화유산을 계승해가고 있었다. 그러나 산업혁명 이후에는 중산계급이 점차 쇠퇴 해체되어 감으로써 국민 사이에 계층화 대립현상이 나타나고, 한편으로는 향락과 소비 무우드가 증대하여 국민도덕이 타락하고, 이것은 민족과 국가의 단합을 저해하게 되었다. 이 시대에 가장 긴요한 것은 무엇인가? 국민 대중교육의 보급을 통하여 도덕교육을 진흥시키며, 또 한편으로는 농민대중이 산업사회에 능동적으로 적응할 수 있게 기술교육을 권장하는 일이다.

이 강연은 바움가르트너가 편집한 선집의 맨끝에 수록되어 있는데, 나는 그가 얼마나 조국의 역사를 사랑했고 또 현실을 직시하고 있는가를 보기 위하여 두어 귀절만 인용한다.

우리 조국 스위스는 그 대부분이 자연의 혜택을 조금도 받지 못하는 가난한 산악국이기는 합니다만, 원래에는 각 지방의원들의 권리와 자유가 많이 부여되고, 그러기에 개개의 도시, 지방, 왕령지, 읍촌들의, 그리고 또한 개인의 생활이나 가정적 및 시민적 생활에 있어서도 자유와 자기배려 및 여기에서 비롯되는 자주성이 넓은 활동의 여지가 부여되었습니다.

그러나 정치적 변화 및 경제적 변동에 의하여 황금병에 걸려 스위스 연방의 공동운명체적 정신적 단합이 해이되어 "외국인에게 봉사하기 위하여 많은 스위스인이 국외로 빠져나가며, 스위스 가정에는 전통적인 소박한 생활양식의 경시의 사상이 뿌리를 내리게 되었고, 도시와 농촌에도 옛적에는 보지 못했던 사치와 소비의 풍조, 그리고 호화로운 생활양식이 스며들게 되었습니다." 이 국민적 단합의 해이와 소비·사치 풍조의 만연을 막는 길은 대중교육의 보급에 의한 도덕교육 기술교육의 진흥과 경제정책의 시정에 의한 중산층 육성에 있다고 그는 논하는데, 이는 앞서 말한 바 있기에 재론 않기로 한다.

페스탈로치는 1826년 11월 21일 노이호프 근처의 부륵의 문화협회에 열석하여 '요람에서 6세에 이르기까지 가정에서 어린이들을 잘 가르칠 수 있는 가장 단순한 방안과 기술에 대한 논문'을 이따금 눈물을 흘리면서 낭독했다. 순진난만한 어린이의 세계를 묘사하면서 그는 이따금 울었다고 한다.

2. 페스탈로치의 서거

이렇게 노년에 이르기까지 정신과 육체를 혹사한 페스탈로치가 82세의 장수를 누린 점을 우리는 주목해야 한다. 그렇다! 영국의 철인 카알라일의 말대로 인간은 자기의 사명을 다 하지 못할 때까지는 죽지 않는다. 그에게는 위대한 정신력과 그리고 하나님이 주신 특유한 사명이 있었다. 이것이 소년시대부터 병약했던 그를 안나 부인과 45년, 그리고 부인과 사별한 후 12년, 이렇게 82세까지 살게 한 비결이다. 이제 페스탈로치는 그 아름답고 조용하고 사랑에 넘친 죽음으로 또 하나 우리에게 마지막으로 깊은 교훈을 남긴다.

페스탈로치의 옛 수제자 니이데러는 아직도 슈밋트, 그리고 이 슈밋트를 이제 자식같이 데리고 다니는 페스탈로치에 대한 원한을 품고 인쇄물 등을 통해서 공격하고 있었다. 니이데러는 비버라는 교사의 이름을 빌려 1827년 342면에 이르는 《페스탈로치 전기에의 기여》라는 책을 출판하였다. 이 책은 원수 슈밋트를 두둔해 온 페스탈로치에 대한 너무나도 가혹한 파렴치한 공박문이었다. 니이데러는 페스탈로치의 《생애의 운명》과 《백조의 노래》는 시종일관한 거짓말이며, 그것은 공정한 사람의 경멸을 받아 마땅한 것이고, 이기심에서 부당하게 슈밋트를 옹호한 궤변에 지나지 않는다 했다. 심지어 그는 취리히 신문에 실은 이 책의 광고문에서 입에 담지 못할 욕까지도 썼는데, 그것은 "페스탈로치는 겁 많은 개같이 때리려고 막대기를 들면 달아나 버린다. 그렇지 않으면 무슨 말이 있어야 할 게 아니냐!"는 것이었다.

이 더러운 싸움의 원인은 어디에 있었던가? 페스탈로치가 슈밋트를 너무 자식같이 사랑하고 편애하였고, 또 후에는 니이데러 일파의 도전을 피하고 묵살해 버렸기 때문이다.

이 비방과 모욕을 받고 페스탈로치는 온몸이 떨렸다. 그는 소리쳤다. 나 자신을 업수이 여기는 것, 나 자신의 못난 점을 공박하는 것은 참을 수 있지만, 나의 생명과도 같은 나의 생애의 교육사업에 대한 훼방은 참을 수 없다고 그는 반격의 글을 쓰기 위하여 붓을 들다 쓰러져 버렸다. 그는 부륵의 의사 슈테부링을 불러 자기가 얼마나 더 연명할 수 있는가 물었다. 정확하게 몇 달 더 살 수 있을지 모르겠다는 의사의 말에 그는 울부짖었다. 6주일만 더 살아서 이 파렴치한 비방을 반박해야 하겠다고!

아! 말못할 괴로움이다. 아무도 이 마음의 괴로움을 알 수 없으리라. 사람들은 늙고 병든 인간을 욕한다. 그리고 이제 쓸모 없어진 연장처럼 나를 버리는구나. 이것이 괴로운 것은 나 때문이 아니다. 그들이 나의 이념을 욕되게 하며 없수이 여기며, 나로서는 신성한 그리고 길고 괴로왔던 일생을 통해서 추구하며 싸워서 얻은 것을 짓밟는 것을 보다니 참으로 괴롭다. 죽음은 괴롭지 않다. 기꺼이 죽자. 나는 지쳤으며 마지막 안식이 필요하기 때문이다. 그러나 그저 살아 왔고, 모든 것을 희생시켰고, 아무 것도 이루지 못 했고, 평생 고통만 받아 왔고, 아무 일도 못 했고, 모든 것이 짓밟혀지는 것을 내 눈으로 보며, 나의 몸을 사업까지 덤으로 묘에 묻는 일은, …… 오! 이것은 소름끼치는 일이다. 나는 이제 이런 말조차 못하게 되었다.

나는 실컷 울어나 보고 싶다. 그러나 이제 울음이 나오지 않는다. …… 가난한 사람들이여, 억눌리고 없수이 여기고 따돌림받는 가난한 사람들이여! …… 가난한 사람들이여, 그들은 그대들을 나처럼 버리며 내쫓기도 하리라. …… 가진 자들은 넘치고 처지는 생활에서도 그대들의 일을 조금도 생각 안 하리라. 이따금 그대들에 먹다 남은 빵조각을 던질 정도이리라. 그 이상은 주지 않는다. …… 그들 자신이 실은 가난하기 때문에 돈밖에는 가진 것이 없기 때문이다. 그들이 정신의 향연에 초대하여 그대들을 사람으로 키우려는 생각을 하기에 이르기까지는 아직도 길고 긴 세월이 흐르리라. 그러나 참새 한 마리에도 생각을 미치시는 하나님은 그대들을 잊지 않으시고 그대들을 위로하시리라. 하나님이 나를 잊지 않으시고 나를 위로해 주신 것처럼.

그러면서 다시 말을 잇는다.

　나는 나의 적을 용서하리라. 내가 영원한 평화에 들어가는 이 마당에 그들에게도 평화가 있기를 기원한다. 나는 마지막 일을 하기 위하여 금후 6주일 간만 더 살고 싶었다. 그러나 나는 이 지상에서의 생활에서 나를 불러 가시는 하나님의 뜻에 감사한다.

　적을 용서하면서 죽은 그리스도의 죽음을 또 하나 여기에서 보는 느낌이다. 사실 그리스도는 종교를 통하여 하나님과 인간과의 화해를 꾀하다 십자가 위에서 죽었고, 페스탈로치는 교육을 통하여 빈민을 사람답게 만들고 중산층의 영도하에서의 국민의 정신적인 통합을 꾀하다 비방의 독화살에 맞아 쓰러졌다. 페스탈로치의 죽음의 직접적인 원인은 물론 노쇠에 있겠지만 죽음을 촉진한 것은 위에서 들은 비버의 비방문서와, 그리고 학원분규에 관련된 니이데러부인의 페스탈로치에 대한 빚독촉청구소송에 의한 지방재판소 소환에 있었다.

　노쇠한 그에게는 너무 무거운 십자가였으나 이제 아무도 대신 그의 짐을 지거나 거들어 주는 사람이 없었다. 몇 십년 생명력을 자랑하며, 위에서는 뭇 새들을, 아래에는 뭇 아이들을 고히 품고 쉬게 했던 고목은 이제 한줄기 낙뇌에 힘 없이 쓰러진다.

　페스탈로치는 돌을 좋아하여 수집하는 취미가 있었다. 산책에서 돌아오는 길에 양쪽 호주머니나 손수건에다 돌을 가득

담아오는 버릇이 있었다. 그런데 죽기 1년 전에 있었던 이 돌과 관련된 이야기가 하나 더 전해지고 있다. 그 해 겨울은 유난히도 추웠다. 석탄과 숯의 값이 올라 제대로 불을 피우지 못하고 떨고 있는 가난한 마을 사람들을 보자, 페스탈로치에게 한 생각이 번득 떠 올랐다. 방의 흙바닥 위에 먼저 잔돌을 몇 겹 깔고 그 위에다 가마니를 몇 겹 깐다면 습기가 올라오지 않아서 빈민들은 추운 겨울을 잘 넘길 수 있으리라고!

이렇게 생각이 미치자 그는 실험을 해 보고자 매일 들에 나가 잔돌을 한아름 주어가지고 집에 돌아와 깔아보곤 했다. 손자인 고트리프도 달구지로 거들었지만 나중에는 이를 마다하기에 혼자서 했다. 12월 눈오는 추운 날에도 그는 들에 나가 눈을 헤치며 돌을 날라 왔고, 이 모습을 마을 사람들도 비웃음 절반으로 지켜보고 있었다. 그러나 추워지고 힘이 빠지자 이 일도 중단되었다. 페스탈로치가 죽은 다음에 마을 사람들은 돌이 깔린 방과 돌이 쌓인 마당을 보고서 새삼 감동했다는 이야기이다.

페스탈로치의 최후는 정확하게는 다음과 같다. 그가 노이호프의 집에서 병들어 눕자, 의사는 부륵에 있는 자기 집 근처에 올 것을 권유했다. 그래서 손자 고트리프는 할아버지를 썰매에 태워 1827년 2월 15일에 부륵에 가 그곳에 작은 셋방을 하나 빌렸다. 2월 17일 아침 의사가 이곳에 왕진왔을 때 그의 열은 많이 떨어졌고 괴로움도 가시어 보였다. 의사가 돌아간 한 시간 뒤에 그는 얼굴에 미소를 띠면서 천사의 날개를 타고 영원한 평화의 나라로 돌아갔다. 82세였다. 가족의 말에 의하면 그는 괴로움을 잘 참고, 작은 일에도 늘 감사하고, 죽는 순간까지 애정의 표시를 잊지 않았다 한다.

영구는 마을의 학교 교사들에 의하여 교회에 옮겨졌다. 가족, 친구, 마을 사람, 생도들만이 참석한 간단한 장례식이 거행되었다. 묘는 마을학교와 교회 사이에 조그만하게 자리잡았다. '갈지 않은 자연석, 꼭 여느때의 나 같은' 돌로 해달라 했던 그의 유언대로 자연석 하나 홀로 비석 대신 세워졌다. 그 옆에 마을 사람들은 한 그루의 줄장미를 심었다. 줄장미는 잘 자라 곧 묘를 장식했다.

이 묘는 19년간 이 자리에 있었는데, 빌 마을의 학교 건물의 증축에 즈음하여, 알가우 주의 의회는 이 불후의 은인에 보답코자 새로 묘를 만들기로 했다. 새 묘의 제막식은 페스탈로치의 탄생 백년제인 1846년 1월 12일에 있었다. 새 묘는 옛 묘지에서 몇 걸음되는 지점에 있는 새 학교의 벽 전체에 걸치게 만들어졌다. 그들은 옛 묘 밑에서 그의 관을 파내 화환으로 이를 장식하여 새 묘에 이장했다. 교육에 관계된 관리들, 학교의 위원들, 현 당국의 많은 사절들, 그리고 먼 곳에서 이 광경을 보러 온 사람들이 많이 참여했다. 합창단의 노래와 종소리가 메아리쳤다.

묘와 기념비는 간단했다. 묘 앞에는 자갈이 정연하게 깔리고 주위에는 철책이 둘러쳤다. 기념비의 한가운데에는 페스탈로치의 흉상이 새겨져 있고, 그 위에는 그가 농민과 그 자녀들과 대화하는 교육활동을 담은 그림이 담겨 있고, 흉상 아래에는 다음과 같은 유명한 비명이 새겨졌다.

HIER RUHT	여기에 편히 쉬다
HEINRICH PESTALOZZI	하인리히 페스탈로치
geboren in Zürich am 12. Januar 1746,	1746년 1월 12일 취리히에서 태어나
gestorben in Brugg den 17. Hornung 1827.	1827년 2월 17일 부르그에서 죽다
RETTER DER ARMEN AUF NEUHOF	노이호프에서는 빈민의 구호자
PREDIGER DES VOLKES IN LIENHARD UND GERTRUD	《린할트와 겔트루우트》에서는 민중의 목자
ZU STANS VATER DER WAISEN	슈탄쓰에서는 고아의 아버지
ZU BURGDORF UND MÜN-CHNBUCHSEE	불크돌프와 뮨헨브흐제에서는
GRÜNDER DER NEUEN VOLKSSCHULE	새로운 민중학교의 창설자
IN IFERTEN ERZIEHER DER MENSCHHEIT	이벨당에서는 인류의 교사
MENSCH, CHRIST, BÜRGER.	인간, 기독자, 시민.
ALLES FÜR ANDERE, FÜR SICH NICHTS	모든 것을 남을 위해 바치고 자기에게는 아무 것도 남기지 않았다.
SEGEN SEINEM NAMEN!	축복 있을지어다! 그의 이름 위에!

그리고 이 묘비명 밑에는

'우리들의 아버지 페스탈로치를 위하여 감사한 마음으로 알가우 현민들이'
라는 헌사와 날짜가 박혀졌다. 옛 자연석은 춘풍추우 이십년만에 비로소 이렇게 기념비로 바뀌었다. 이 길가에 버려진 돌이 모퉁이 돌이 되어 근대국민국가의 국민대중교육의 터전이 되었다. 끝으로 다시 한 가지, 바로 이 제막식 날에 페스탈로치 이름을 딴 빈민학교의 창설이 발기되어 모금운동이 전개되고 드디어 남녀공학 및 신구교공학의 전원학교가 을스벨크에 창설, 그리고 여기에는 장차 사범학교와 불량소년 갱생시설을 부설하기로 되었다.

　　교육사 교과서에는 거의 빠짐 없이 소개되는 위 묘비명을 영어로 읽어 보고 다시 음미하자.

Here lies Heinrich Pestalozzi,
born in Zürich on 12th January 1746,
died in Brugg on 17th February 1827.
Saviour of the Poor in the Neuhof,
Preacher of the People in 'Leonard and Gertrude',
in Stanz Father of Orphans,
in Burgdorf and Munchenbuchsee
Founder of the new Elementary School,
in Yverdon Educator of Mankind.
Man, Christian, Cityzen.
All for Others, Nothing for Himself.
Blessed be his Name!

3. 페스탈로치의 위대한 유산

53세의 나이에 신문사의 편집장의 자리를 헌신짝같이 내
버리고 전재고아원으로 달려간 페스탈로치의 삶의 원천은 어디
에 있었던가? 그는 범속한 우리에게는 도저히 이해 못할 일들
을 많이 저질렀다. 소년시대에서부터 죽음에 이르기까지 그가
저지른 이런 비상식적, 아니 충동적인 일만 추려 수록하여도
가히 한 권의 책이 될 것이다. 그를 기인으로 취급하여도 가할
것이다. 만년에 그가 행한 '기행'을 한두 개 들어보면, 63세 때
의 널 앞 강연, 74세 때의 클란디 빈민학교 창설, 81세 때의
'온돌 실험'일 것이다.

그러나 그의 경우, 이런 일들이 '기행'으로 보여지지 않는
데는 그 밑바탕에 깊은 논리와 삶의 기본적인 자세가 깔려 있
기 때문이다. 우리는 그의 논리와 자세에 외경을 느낀다. 그의
생애는 괴로움에 찬 것이었고, 절망으로부터의 부단의 갱생이
었고, 빛과 사랑을 구하는 신앙이었고, 자신의 능력의 한계에
도전하는 싸움이었다. 이런 의미에서 그는 단순히 철학자만도
아니고, 교육자만도 아니고, 저술가만도 아니고, 혁명가만도 아
니고, 농업가만도 아니고, 사회개혁자만도 아니고, 하물며 성자
만도 아니다. 더러운 땅에 발을 붙이고 살면서도 저 맑은 하늘
을 바라보며 사는 우리, 그리고 영혼의 울부짖음에 신음하며
구원의 손길을 기다리는 우리와 이런 면에서 한편 통한다.

그러나 페스탈로치가 우리와는 아주 다른 점이 있으니, 그
것은 그가 그의 온 괴로움, 온 기쁨, 온 지식, 온 삶을 온전히

교육이라는 하나의 성스러운 사업에 연소시킨 데에 있다. 81세의 나이로 학회에 참석하여 '요람에서 6세에 이르기까지의 어린이를 가정에서 잘 교육시킬 수 있는 가장 단순한 방법'이란 논문을 발표하면서, 어린이의 순진한 세계를 묘사하고는 눈물을 흘린 그의 삶의 자세는 이런 관점에서만 이해될 수 있다. 다시 말하거니와 그는 한편으로는 우리와 호흡을 같이 한 약한 인간이로되, 또 한편으로 우리와 다른 점은 우리로서는 도저히 상상하지도 못하리만큼 그는 자신의 온 삶을 하나의 목적, 구체적으로는 교육을 통한 인류의 구원을 위하여 연소시켰다는 점이다.

그러면 그의 삶의 연소가 남긴 객관적인 공적은 단적으로 무엇일까? 이것에 대해서는 나는 쉬프랑거가 페스탈로치의 서거 백주년 기념으로 1927년 2월 18일 취리히대학에서 행한 강연에서 결론으로 들은 세 가지가 가장 정곡을 뚫은 것으로 보고 있다. 그는 다음과 같이 말한다.

첫째로, "페스탈로치는 민족을 발견했다." 그는 민족 속에서 민족과 더불어 살고, 민족의 행복을 자신의 행복으로 여기고, 민족의 결함을 이해하고 그것을 극복하는 길을 모색하였다. 그러나 그는 그리스도가 가난한 사람들에게 마음을 돌렸듯이 민족 중에서 가장 가난한 사람들에게 마음을 돌렸다. 가난한 사람들이 제일 천국에 가깝듯이, 민족의 여러 계층 중에서 이 가난한 계층의 사람들이 제일 민족에 애착을 가지며, 그리고 민족과 더불어 흥하기도 하고 망하기도 하기 때문이다. 그는 벌써 자본주의사회와 사회주의사회의 화해의 도래를 시적으로 직관하고 복지사회의 건설을 위한 길을 예비하고 있었다 할 수 있다.

둘째로, "페스탈로치는 참된 국민교육에 대한 위대한 사상을 철저하게 다졌다." 그 자신 "나는 국민교육의 분야에는 어떤 사람도 주지 못할 빛을 주었다"고 자랑하고 있었다. 일반적인 국민대중교육의 보급이 없는 한, 각 계층 각 개인을 위한 교육은 위험을 내포하게 된다는 사실을 그는 꿰뚫어 내다보고 있었다. 그의 더욱 위대한 점은, 이 국민교육을 학교교육의 테두리에서뿐 아니라, 가정교육・직업교육・사회교육・종교교육으로까지 확장시켰고, 이것을 종교적・심리적・정치적・사회적 기초 위에서 모색했다는 점이다. 자기네의 국민문화 위에 터잡고, 그 문화의 계승발전을 공동운명체적 자각 위에서 기하지 못하는 교육은 절대로 국민교육이라 할 수 없다고 해도 좋으리라.

셋째로, "페스탈로치는 영원 속에 있는 생의 모든 영역은 활기찬 인간의 혼에, 인간의 혼은 사랑에, 그리고 또한 사랑은 신에 비롯함을 발견했다." 쉬프랑거는 이 셋째를 그의 가장 위대한 공적으로 들고 있다. 지식・기술・경제・학문 등은 인간의 행복 — 인간의 행복이란 그에 의하면 마음의 평안이다 — 을 위한 것이고, 인간의 행복은 이웃에 대한 사랑, 자연에 대한 사랑, 민족과 국가에 대한 사랑, 인류에 대한 사랑을 위한 것이며, 이 사랑 — 사랑이란 하나의 인격이 다른 인격을 자기 희생을 통해 포섭하는 것을 말한다 — 은, 역사의 진전, 우주의 완성, 신의 뜻의 구현을 위한 것이어야 한다. 그는 개인・사회・민족・국가・인류가 하나의 인력권(引力圈)에 질서정연하게 전진하는 합목적적인 세계관을 정립하고, 이를 위한 교육의 고유한 소임을 논했다.

교육의 고유한 소임은 무엇인가? 나는 이것을 첫째로는 인간의 여러 능력의 조화적 발전, 둘째로는 인류의 축적된 좋은 문화유산의 계승발전, 셋째로는 개성의 사회화를 통한 사회혁신에 참획이라고 마름하고 있는데, 이것은 페스탈로치의 작품을 꾸준히 읽음으로써 얻어진 결론이기도 하다.

민족의 통일, 복지사회의 건설, 자유민주주의의 실현이란 역사적 과제를 안고 있는 우리 한국교육은, 페스탈로치라는 하나의 고전을 통해서 많은 것을 시사받아야 할 것이다. 철학도가 플라톤에 기울이는 존경과 연구열을 교육학도는 페스탈로치에게 기울여야 할 것이다. 저자의 이 간단한 소개가 이를 위한 도움이 되었으면 하는 마음 간절하다. 그러나 우리는 또한 페스탈로치의 사상의 한계성을 알며, 그의 사상을 교조화하지 말고, 이에 새 것을 꾸준히 덧붙여가야 할 것이다.

페스탈로치 자신도 《백조의 노래》의 첫 부분에서 우리에게 다음과 같이 겸손하게 그리고 간절하게 당부하고 있다.

모든 것을 음미하여 좋은 것을 취하고, 그대들 안에 더 좋은 것이 무르익으면 내가 이 저작 안에서 진리와 사랑으로 그대들에게 제시하려 하였던 것 위에 진리와 사랑으로 첨가하여 주시기 바라오.

XVI. 페스탈로치의 이념의 계승과 발전

1746 — † — 1827

페스탈로치의 서명이 들어 있는 1818년의 초상화

1. 페스탈로치의 8대 교육원리
2. 페스탈로치 이념의 계승·발전
3. 페스탈로치 문헌
4. 페스탈로치와 한국 교육

XVI. 페스탈로치의 이념의 계승과 발전

1. 페스탈로치의 8대 교육원리

이제 마지막으로 페스탈로치 교육학에서 우리가 무엇을 계승·발전시켜야 할 것인가를 결론적으로 보아야 할 차례이다. 그러기 위해서는 먼저 그의 교육학의 핵심적인 이념을 간추려 정리하는 작업이 앞서야 할 것이다. 그러나 이것은 지난한 일이다. 평생 페스탈로치를 연구한 많은 교육자의 저서 중에서 저자는 다음에 세 사람의 기본적인 시점만을 우선 소개하고, 그 다음에 저자가 포오셀의 저서에서 시사를 얻어 간추려 낸 그의 교육학의 8대원리를 논하기로 한다.

부피는 적지만 가장 알찬 저작으로 나는 슈프랑거의 《페스탈로치의 사고형식》(1966)을 들고 싶다. 이 저작은 평생 페스탈로치를 연구한 슈프랑거가 페스탈로치의 가장 대표적인 저작을 《숨은이의 저녁 노을》, 《탐구》, 《겔트루우트》, 《백조의 노래》로 잡고, 이에 담긴 기본적 사상을 풀이한 것인데, 첫 저작

에서는 '생활교육'을, 둘째 저작에서는 '인간의 도덕적 발전'을
셋째 저작에서는 '학습의 계열화·심리화'를, 그리고 넷째 저작
에서는 '자연과 인위의 통일'을 도려 낸 것이다.

다음에는 마땅히 오사다의 《페스탈로치 교육학》(초판 1934,
제10판, 1968)을 들어야 할 것이다. 이 저작은 오사다의 학위논
문이며, 전 십장에 걸친 대작인데 페스탈로치를 사회개혁가, 초
등교육개혁가, 교육방법의 연구가, 이상주의 교육가, 직관중시
의 교육가, 그리고 노작활동을 통한 전인교육을 제창한 교육학
자로 보고 있다.

다음에는 월취의 《페스탈로치 교육이론》(1952)을 들어야
할 것이다. 이 저작은 그의 교육학의 삼대특징을 사회개혁, 심
리화, 계열화로 들고 있다.

이 저작들의 기본적 시점을 모두 포함하면서, 나는 포오셀
의 《페스탈로치 교육론 개요》(1933)에 시사를 얻어 페스탈로
치교육학의 8대원리를 다음과 같이 간추려 본다. 여기에서만은
예외적으로 각 원리의 독일어 원문을 괄호안에 넣기로 한다.

① 자기창조의 원리(Das Selbstschöpferische Prinzip)
교육이란 인간이 선천적으로 지니고 나온 소질을 자기 스
스로가 발전시킬 수 있게 하는 일이다. 여기에는 필연적으로
자율성, 자발성, 흥미, 자기발전이 중시되어야 한다. 교사는 이
런 활동을 조성하는 사람으로서, 화초를 가꾸는 정원사에 비유
된다.

② 교도의 원리(Das Prinzip der Führung)
교육이란 확고한 하나의 방향을 향하여 생도 스스로가 걸

게 하는 일이다. 여기에는 아이들이 동경해야 할 이상적 인물이나 달성해야 할 목표 등 목적과, 이것에 이끄는 과정 및 그곳을 향하여 걸어가는 학습자 자신의 의지적인 노력이 필요하다. 이 셋 중의 하나가 빠져도 교육은 이루어지지 않는다. 이 셋이 가장 자연스럽게 존재하는 곳이 '안방'(Wohnstube)이라고 페스탈로치는 보았다. 거기에는 의(목표)를 대표하는 아버지, 그리고 아이를 아버지에게 이끌게 하는 과정으로서의 어머니의 사랑의 손길(방법), 그리고 아이의 자발적인 활동(의지)이 가장 자연스럽고 조화롭게 존재하기 때문이다.

③ 도태의 원리(Das Prinzip der Auslese)

이것은 좋은 점을 서로 배우고 나쁜 점은 서로 시정하며, 서로가 힘을 모아 하나의 문제를 풀어가며, 나아가서 협동정신을 육성하여 이상사회를 실현코자 함을 말한다. 여기에서 특히 강조되는 이념은 사회연대감과 상호의존성의 육성을 통한 운명공동체 의식의 각성이다.

④ 기초도야의 원리(Das Prinzip der Elementarbildung)

기초가 되는 과목은 철저하게 해야 한다. 페스탈로치는 이런 과목으로서 특히 세 가지를 드는데, 그 첫째는 논리적인 사고력을 훈련시키는 산수(Zahl), 공간적인 감각을 도야시키는 도형학(기하학, Form), 그리고 셋째로 한 민족의 전통과 사상이 압축되어 담겨져 있으며, 의사소통의 매개이기도 한 국어(Sprache)를 든다.

⑤ 내적 직관의 원리(Das Prinzip der innern Anschauung)

교육방법으로서 염두적인 사고를 중시한 사람은 플라톤이었고, 육감에 호소하는 감각적 인상을 중시한 사람을 코메니우

스였다. 그런데 페스탈로치는 이 두 방법을 잘 조화시킨다. 예를 들면 우리가 어린이에게 사물을 인식시키고자 할 때에 처음 단계에서는 감각적 인상을 풍부하게 제공하되(외적 직관의 단계), 언제까지나 이런 수동적인 상태에 머물게 하지 않고, 다음에는 그 인상을 자기 자신의 염두적인 활동(사색)을 통하여 사물의 본질적인 특성을 자기 자신이 재구성토록 해야 한다. 예를 들면 '신'의 개념은, 플라톤의 경우에는 대화를 통해서, 먼저 무엇이 선하며 무엇이 불멸이며, 따라서 선과 불멸을 지녀야 할 신은 어떠해야 하는 것인가가 문답을 거쳐 사색과 언어로 다듬어진다. 한편 코메니우스의 경우에는 신은 신의 뜻이 담겨진 자연의 여러가지 신비로운 현상과 교회 속에 장식되어 있는 신의 그림, 조각상 등으로 직관되는 것이다. 그러나 페스탈로치의 경우에는 신의 개념은 식탁에서 경건하게 기도드리는 어머니의 모습, 가족들을 위하여 밤낮 기꺼이 수고하는 아버지의 모습, 그리고 부모에게 순종하는 자녀의 모습 등을 보고, 또 기독교에서 가장 중한 덕목으로 여기는 '사랑과 순종'을 생활을 통해서 알게 됨으로써, '예감'(내적 직관)된다는 것이다.

⑥ 여러 힘의 조화·균형의 원리(Das Prinzip der Harmonie oder des Gleichgewichtes der Kräfte)

인간에게는 선천적으로 세 가지의 기본적인 인간성의 힘의 싹이 깃들어 있다. 도덕적=윤리적인 힘, 지능적=정신적인 힘 및 신체적=기술적인 힘의 싹이 이것이다. 교육이란 이 세 힘을 마치 키타의 세 줄이 공명을 이루어 화음을 내듯이 조화발전시키는 '삼육(三育)'을 통한 전인적 발달을 의미한다. 그러나 여기에서 주목할 점은 교향곡에 기본적 테마 멜로디가 있듯이

'삼육'에도 기본적인 것이 있는데, 도덕교육이 이것임은 말할 나위도 없다.

⑦ 개성과 사회성의 조화의 원리(Das Prinzip der Individualität und Gemeinschaft)

개인 하나하나가 도덕적으로 완성되어야 사회가 올바르게 나아가며, 또한 사회는 이런 개인의 창의적인 활동의 참획을 통해서만 전진을 이룩할 수 있다. 개인과 사회는 절대로 통제 복종 등의 주종관계에 놓여서는 안 되며, 협동의 관계에 있어야 한다. 페스탈로치는 교육을 가장 강한 사회개혁의 수단으로 보았지만, 이런 뜻에서 인간이 사회개혁의 수단이 되어서는 안 된다고 여겼다. 인간이란 자기 목적적인 존엄한 것이므로 어떤 것의 수단이 될 수 없었다. 그는 산업을 일으킴으로써 나라를 일으키자는 중농·중상주의를 배격했고, 경제·사회·정치체제를 '물리적인 힘'으로 전복시킴으로써 사회의 혁명을 기하는 소위 인간 외적·폭력적 혁명을 극구 배격한다.

⑧ 친근성의 원리(Das Prinzip der Nähe)

교육은 아이들에게 가장 가까운 생활권에서 비롯하여 점차로 확대되어 가야 한다. 그는 이 생활권을 '안방'이라는 확고한 중심점을 기축으로 하여 동심원적으로 확대시켜간다. 동심원의 첫째의 층은 안정된 정서 도야를 맡는 가정이며, 둘째의 층은 자신의 능력과 형편과 처지에 알맞는 직업선택과 사회참여의 길을 훈련받는 학교이며, 셋째의 층은 이웃과의 유대감과 상호 협동의 정신 및 시민적인 의무감을 도야받는 사회라고 생각했다. 단, 여기에서 말하는 사회는 직업사회·지역사회는 물론이요, 넓게는 교회와 국가까지도 포함한다.

이상이 페스탈로치의 교육사상의 핵심이다. 이렇게 보면 이른바 '새 교육'의 원리가 거의 이 속에 망라되어 있음을 알 수 있다. 그러나 '새 교육'에서는 경시되기 쉬운 측면이 ― 나는 이것을 '교육입국의 이념'이라고 말하는데 ― 페스탈로치에게는 특히 강조되어 있음을 간과해서는 안 된다. 개인의 흥미와 욕구의 최대한의 충족과 개인의 사회에의 적응면을 강조하며, 개인과 사회와의 동차원적인 상호교섭을 통해서 개성의 실현과 사회의 진전이 동시에 상호보완적으로 이룩된다는 큰 '공리'(공리란 증명하지 않고 그것이 참이라고 약속하는 대전제) 밑에 연역되어 온 '새 교육'의 원리 중에서 몇 개는 분명 페스탈로치의 이념에 어긋나는 것도 있다.

　　예를 들면 '새 교육'에 있어서는 협동 정신의 육성을 퍽 강조하고 있지만, 가치의 절대성 위에 다져지는 도덕교육은 퍽 소홀히 다루고 있다. 가치에는 절대적인 것도 있고 상대적인 것도 있다. '새 교육' 철학에서는 이 중 상대적인 측면을 보다 중시한다. 그래서 인간을 생물학적 내지는 사회학적 관점에서 파악함으로써, 영원한 가치를 추구하며 현존재의 한계인식을 계기로 하여 이상의 사회를 꾸준히 모색하는 중간자적 존재로서의 영적 형이상학적인 인식이 추방을 당했기 때문이리라. 우리는 인간이 생물적 · 사회적 존재인 동시에 영적 존재이기도 하다는 것을 간과해서는 안 된다.

2. 페스탈로치 이념의 계승 · 발전

　　근세의 교육사상가 중에서 페스탈로치의 사상의 영향을 받지 않는 사람을 없을 것이며, 또 오늘날에도 교육에 몸을 담고 있는 사람으로서 그의 이름을 모르는 사람은 없을 것이다. 작은 스위스의 한 고을에서 그것도 종교적 오해·대립 때문에 그 시대에 벌써 적(敵)을 갖던 그의 활동이 어떻게 이렇게 후세에 길이 추모되며 온 세계에 퍼지게 되었는가? 여기에는 스승의 삶의 자세를 자기의 삶의 자세로 이어받아 산 뭇 제자들과 그의 사상을 깊이 연구하여 소개한 교육학자들이 많이 있었기 때문이다. 나는 이런 제자와 학자들 중에서 몇 사람만 골라 간단하게 소개하여 보기로 한다.

세계 최초로 유치원을 창설하여 어린이에 놀이터를 제공하고자 외친 프뢰벨(F. Fröbel, 1782-1852)이 페스탈로치에게 사사한 이야기는 너무나도 유명하다. 프뢰벨은 10세 때 아버지가 소장한 잡지 속에서 페스탈로치에 관한 것을 읽고 그를 흠모했다. 후에 가정교사가 되자 그는 홀쓰하우젠의 세 자녀를 데리고 이벨당의 페스탈로치를 찾아간다. 1808년의 일이다. 그는 이 세 자녀를 데리고 이 학원에서 교사이자 생도이자 연구원으로 일을 했다. 그는 자서전에서 이렇게 회상하고 있다. "이 곳에서의 힘차고 감격적인 생활은 나를 크게 감격시켜 사로잡았다. 그러나 여기에는 불완전한 점과 흠이 없지도 않았고 나는 이것에 맹목적이 될 수는 없었다."

페스탈로치의 교육이론의 실천을 권장하면서도 그가 스승에 불만을 느낀 것은 어느 측면이었던가? "정신이 분열하여 전체적·절대적·조화적 통일이 결핍될 때에는 그 전체의 방향이 지리멸렬하기 마련이며, …… 이것은 필연적으로 스스로의 묘혈을 파게 된다."고 그는 느꼈다. 그가 학원의 이념적인 단결과 교육론의 통일의 부족을 느낀 때가 바로 페스탈로치가 널 앞 강연을 하며 학원의 파멸을 예감하던 때이었다. 프뢰벨은 스승의 학원이 교육방법이라는 외면적 성과의 과장에 몰두하고, 인간교육의 핵심인 종교교육의 이론의 구명과 실천을 소홀히 하고 있음에 불만으로 느꼈다. 프뢰벨은 이 학원을 떠나 스승의 이념을 유아교육과 종교교육의 면에 발전시켰고, 스승의 조화적 발전설을 연속적인 발전설로 전개시켰다. 그의 대표작은 《인간교육》(Die Menschenerziehung, 1826)의 벽두에 나오는 글은 절절히 스승의 입김을 느끼게 한다.

> 만물 속에 하나의 영원한 법칙이 작용하고 지배한다. 이 영원한 법칙(ein ewiges Gesetz)은 외적인 것, 즉 자연(Natur) 속에도, 내적인 것, 즉 정신(Geiste) 속에도, 그리고 자연과 정신을 통일하는 것, 즉 생명(Leben) 속에도, 언제나 똑같이 또렷하고 명백하게 나타났고 또 나타나고 있다.

프뢰벨에 의하면 이 영원한 법칙의 통일자로서의 신의 속성을 만물이 다 지니고 있고, 인간도 지니고 있기 때문에 이 신성을 발로시켜 자연과 인간을 조화시키는 게 교육인 것이었다. 그가 특히 유아교육을 중시한 이유는, 놀이를 통한 자기활동과 노리개(은물, Gabe)를 통한 조기교육을 통해서, 이 신성의 발로를 유아기에 특히 자연스러이 기할 수 있다는 신념에서이다.

피히테(J, G. Fichte, 1762-1814)는 부인이 페스탈로치의 부인의 친구였던 관계로 일찍부터 이 노교육학자를 알고 깊이 경도하고 있었다. 피히테의 너무나도 유명한 《독일국민에 고

함》(*Reden an die deutsche Nation,* 1807-08)이란 2년에 걸쳐 베를린대학에서 행한 강연은, 일대의 철학자인 그가, 프랑스 군화에 짓밟힌 조국의 부흥을 찾는 혈로(血路)는 페스탈로치의 교육을 채용하는 데 있다고 지적한 것인데, 이로 인하여 독일의 귀족, 식자들이 교육에 많은 관심을 갖게 되어 페스탈로치학원에 많은 유학생을 보내어 근세를 주름잡는 큰 나라로 프로이센을 키운 계기를 만들었다. 피히테는 이 강연을 할 무렵 늘 신변에 위협을 받았으며, 프랑스군에 잡혀 총살당할 것을 각오하고 있었으며, 그러기에 그의 사자호는 독일의 넋을 일깨워 주고 불을 질러 교육입국의 길로 매진하게 했다.

　네프(Joseph Neef, 1770-1854)는 페스탈로치의 교육이념을 최초로 미국에 심은 선구자이다. 그는 나폴레옹군에 입대하였으나 26세 때 이탈리아에서 부상하여 군인으로 복무를 못하게 되자 우연히 읽은 페스탈로치의 저작에 감명을 받아, 1801년 불크돌프학원에 투신하여 체조, 창가 및 불어교사로 일하였다. 재직 3년 후 1803년에 파리에 초빙되어 고아원을 경영하여 크게 호평을 받았다. 이 때 미국의 큰 상인 매크류어가 이 고아원에 들리게 되어 감격을 하고, 페스탈로치의 도미를 간청하였으나 뜻을 이루지 못하고, 대신 네프를 초빙하여 갔다. 네프는 필라델피아에 건너가 3년간 영어를 배운 다음 1809년 '페스탈로치주의학교'를 세워, 미국의 교육운동의 창도자가 되었다. 미국은 오늘날도 네프를 '신세계의 사도(Master's Apostle in the New World)'라 부른다. 이런 이야기들은 반도오(坂東藤太郎)의 《페스탈로치 운동의 전개》(협동출판, 1964)에 자세히 나와 있기에 여기서는 생략한다.

쉬프랑거(E. Spranger, 1882-1963)는 정신과학적 철학 위에서 문화교육학을 완성시킨 사람인데 그의 명저 《생의 형식》(*Lebensformen,* 1914)과 《청년심리학》(*Psychologie des Jugend-alters,* 1925)으로 페스탈로치의 교육학에 생명을 불어넣고 그를 찬미하였다. 그가 얼마나 골똘한 페스탈로치 연구가이었는가는 지금까지 여러 군데에서 언급하였기에 여기서는 생략한다. 슈프랑거는 독일인이 전체주의적인 '군중인간'(Massenmensch)으로 타락하고 있음을 개탄하고 휴머니즘과 기독교와 사회주의로, 체제에 있어서의 인간성의 상실을 교육을 통하여 만회하고자 주창하고 있는데, 이런 사상의 기조는 페스탈로치에게 이어받았다.

일본에 있어서의 페스탈로치 연구의 역사와 업적을 개관하면 도미하여 오스웨고 사범학교에서 쎌돈, 크류지에게 직접 페스탈로치의 교육정신과 방법을 배운 이사와(伊澤修二)와 다가미네(高嶺秀夫)가 귀국하여 개발교수의 이름으로 동경사범학교에서 실물교수론(Lesson on Object 또는 Object Lesson)과 초등교육론(Elementary Instruction)을 강의한 1880년대에 비롯한다. 이러한 계몽기를 거쳐서 연구는 오사다(長田 新), 후구시마(福島政雄), 오바라(小原國芳) 등에 의하여 원저작의 탐구로 크게 진전했다. 오사다의 《페스탈로지 교육학》(1934), 후구시마의 《페스탈로치의 사회관》(1934), 반도오의 《페스탈로치의 종교·도덕교육의 연구》(1962)는 세계에 내 놓을 수 있는 알찬 연구이다. 그러나 이런 연구는 주로 교육철학과 교육방법원리의 해명에 촛점을 둔 것이었다.

최근에는 다른 측면, 즉 국가·사회의 교육과의 관계에 촛점이 놓인 연구가 나오기 시작했는데, 사도오(佐藤 守)의 《국민교육의 실천》(1958), 요시모도(吉本 均)의 《국가권력과 교육》(1959) 등이다. 그런데 최근에는 좀더 미시적으로 교과교육학적 측면이 연구의 대상이 되고 있다.

명치시대부터 오늘에 이르기까지 일본의 교육은 페스탈로치 교육학의 절대적인 영향을 받아 왔다고 사도오는 그의 논문 'Pestalozzi Movement in Japan'(1966)에서 논증하고 있다. 일본이 100년 내외로 후진국에서 선진국으로 용약한 것은 그의 교육이념을 도입하여 국민대중의 교육을 충실하게 한 데 있다 할 것이다. 실로 '매국노'라는 낙인이 찍혀 추방당한 예언자적 종교가 우치무라(內村鑑三)의 《성서연구》 제 1 호(1900년 9월)에도 페스탈로치의 이름이 선명하게 나타나고 있다.

일본의 페스탈로치 운동을 주도한 사람은 오사다인데, 그는 저자가 이 저작에서 가장 많이 참고한 몰프(Morf)의 전기의 원문을 구하는 데 실로 20년을 소비하였고, 그 번역에 5년이 걸렸다. 저자가 가지고 있는 몰프의 전기는 이 원본의 영인본이다. 그는 또 유럽에서 나온 4종의 전집과 2종의 선집의 각 장점을 취하여, 평범사 사장을 설복시켜, 13권에 이르는 전집(실은 선집)을 편집·출판하였다. 이 전집은 1959년에서 1962년까지 4년간에 걸쳐 간행되었는데, 그 속에는 페스탈로치가 장장 51년간에 걸쳐 쓴 57편의 저작이 협력자 10인에 의한 통일된 번역으로 수록되어 있다.

일본에는 '페스탈로치 전문가'가 교육계 대학에는 적어도 한 사람은 있으며, 이런 학자의 수는 전국적으로는 수십 명에 이를 것이다. 참고로 반도오가 조사·수록한 자료에 의하면,

1958년까지 일본 내에서 발간·발표된 페스탈로치의 연구물은 512종에 이르고 있음을 부기하여 둔다. 오사다는 스위스 정부에서는 처음으로 외국인에게 수여한다는 문화훈장의 수여 제의를 받았으나 이를 사양하고 대신 훗쓰가 그린 페스탈로치의 초상화의 원화를 받았고, 죽은 다음에는 유언에 따라 페스탈로치의 묘 옆에 나란히 매장되었다. 스승을 신으로까지 믿는 동양인의 기질에서인가! 오바라(小原國芳)가 창설·경영하고 있는 동경 교외의 다마가와 학원도 페스탈로치 이념의 산물이며, 이 학원의 전인·생활교육은 오늘날에도 세계 각지의 교육학도의 흠모·관심을 모으고 있다.

나는 위에서 그의 교육이념이 어떻게 세계에 퍼져갔는가를 극히 간단하게 보아 왔다. 교육이 성한 곳에 나라가 성하고, 또 나라가 성한 곳에 교육이 성한데, 그런 나라에는 예외 없이 페스탈로치의 연구가 많고 그의 영향을 많이 받았다는 점을 주목하고자 한다.

3. 페스탈로치 문헌

다음에는 외국, 주로 독일어를 사용하는 나라에서 발간된 전집·선집을 나온 순서대로 소개한다.

① *Pestalozzi's sämmtliche Schriften*. in der J. G. Cotta'schen Buchhandlung. 15 Bde. 1819-1826

② *Pestalozzi's ausgewählte Werke*, herausgegeben von Fr. Mann. 4 Bde. 1897

③ *Pestalozzi's sämmtliche Werke*, herausgegeben von

Seyffarth. 12 Bde. 1899-1902

④ *Pestalozzi's Werke*, herausgegeben, von W. Schohaus. 3 Bde. 1927

⑤ *Pestalozzi's sämtliche Werke*, herausgegeben von A. Buchenau, E. Spranger und H. Stettbacher. 1927 ff.

이 전집은 페스탈로치의 서거 100주년을 기념하기 위해 1927년부터 그의 저작을 출판하기 시작하여 1977년, 딱 50년 만에 29권으로 완성을 보았다. 또 1946년에는 페스탈로치의 탄생 200주년을 기념하여 그의 서한전집을 내기 시작하여 1971년, 27년만에 13권으로 완간했다. 그래서 그의 《저작전집》(*Sämtliche Werke*) 29권, 《서간선집》(*Sämtliche Briefe*) 13권, 이렇게 우리는 전 42권의 문자 그대로의 《페스탈로치 전집》을 갖게 되었다.

이 두 전집을 우리는 '비판판 전집'(Kritische Ausgabe)이라 부른다. 학문적으로 철저하게 고증·비판되었다는 뜻이다. 주한 스위스 대사관은 이 전집 42권을 고려대학교(사범대학 도서관)에 기증했다. 그래서 중앙도서관에 임시로 맡기고 있다. 아마 우리나라에 유일한 전집일 것이다.

⑥ *Heinrich Pestalozzi's gesammelte Werke*, herausgegeben von E. Bosshart, E. Dejung, L. Kempter und H. Stettbacher, 10 Bde. 1945-1947.

⑦ *Heinrich Pestalozzi's Werke*, herausgegeben von P. Baumgartner. 8 Bde. 1945-1949.

⑧ 《페스탈로치 전집》, 전 13권, 오사다 편집, 동경: 평범사, 1959-1962

이 외에 가장 간단하고 현재도 입수할 수 있는 것으로는,

⑨《페스탈로치 선집》전 6권, 오바라 감수, 동경 : 다마가와(玉川)대학 출판부, 1950.

가 있으며, 페스탈로치 연구논문 목록을 총망라한 고전적 문헌에는,

⑩ August Israel; *Pestalozzi-Bibliographie,* 3 Bde, 1903.

이 있는데, 이 속에는 1903년까지 발표된 단행본 논문의 초록이 3권 1,614페이지에 걸쳐 무려 807종이 수록되어 있다.

현금에도 페스탈로치에 관해서 1년에 몇 권의 단행본과 수십 편의 논문이 나오고 있다. 사실 등(E. Dejung)의 조사에 의하면 1971년 현재, 유럽어로 되어 있는 페스탈로치 연구 문헌은 6,300편에 이르고 있다. 이들 하나하나의 연구논문 및 단행본은 교육의 여러 문제에 대한 원리적인 해답을 페스탈로치에게 묻고 있고 찾고 있는 것이다. 허다한 과제를 안고 있는 한국의 교육도 페스탈로치에게 보다 친숙해짐으로써 많은 시사를 받아야 할 것으로 저자는 굳게 믿는 바이다.

한국의 페스탈로치 문헌은 다음과 같다. 우선 박사학위논문으로는 김정환의 '페스탈로치의 교육학에 있어서의 수학교육론의 교육사적 위치'(히로시마대학, 1970) ; 최정웅의 '사회개조를 중심으로 한 페스탈로치의 교육사상'(경북대학교, 1979) ; 이은선의 '페스탈로치와 왕양명의 인간교육에 있어서 종교적 · 철학적 근거'(스위스 바젤대학,1988)의 세 편이 있다.

단행본으로는 이 책의 참고문헌록에 소개되어 있는 것 외에 김정환의 《페스탈로치의 교육사상》(고려대학교 출판부, 1975), 《페스탈로치의 교육철학》(고려대학교 출판부, 1995), 그

리고 번역으로는 같은이의 《은자의 황혼》(서문당, 1972), 《페스탈로치가 어머니들에게 보내는 편지》(양서원, 1989), 《숨은이의 저녁 노을》(박영사, 2000)이 있다. 페스탈로치 관련 기타 논문과 논설의 목록은 오인탁과 윤재홍 공편의 《한국의 현대교육의 전개》(성지출판사, 1992)의 '페스탈로치'항(264-265쪽)을 좇아 찾아가면 된다. 여기에는 30여편이 수록되어 있다. 강치봉의 '페스탈로지 소고,' 연희8(1931.12)도 보인다. 나라를 잃고 교육에 뜻을 둔 연희동산 전문학생의 수상이리라. 찾아서 읽어봄 직하다.

4. 페스탈로치와 한국 교육

이제 한국의 페스탈로치 연구, 그리고 우리가 그에게서 받아들여야 할 점을 생각해야 할 차례이다.

우리 나라의 문헌에 최초로 그의 이름이 나온 것은 필자의 조사로는, 융희 2년(1908) 11월 1일, 최남선에 의하여 제작된 잡지 《소년》의 제 2 년 제 7 권(1909. 8. 1)에서이다. 이 속에는 '페스탈로치 선생의 처세훈'이란 제목으로 '근세교육혁신대가'로서의 그의 활동이 10페이지에 걸쳐 소개되고 있다. 그 글의 첫 귀절이 명문이다.

18세기 후반으로부터 19세기 전반에 이르는 동안은 태동(泰東)에 있어는 의구히 혼수무위시대로 되야 태서(泰西)에 있어는 각성혁신시대로 되야 한 번 혁신의 북이 프랑스 정계에 울은 뒤로부터 그 여향(餘響)이 온 태서의 천지를 포용하야 왼

사물계를 왼통으로 변조코야 말려할새 이 때 교육계에 혁신기(革新旗)를 세운 자가 곳 요한 하인리히 페스탈로치 선생이라.

그리고 그의 사랑과 혁신의 교육생애가 그려지는데 과연 신시대를 호흡하려는 신 청소년의 마음을 끓게 하는 글이다. "아 제국은 우리 소년의 지력(智力)을 자(資)하야 아국 역사에 대 광채를 첨하고 세계문화에 대 공헌을 위하고저 하나니 그 임은 중하고 그 책은 대한다라"고 외치며, 또 "활동적·진취적·발명적 대 국민을 양성하기 위하야 출래한 명성(明星)이라 신 대한의 소년은 수유(須臾)라도 가리(可離)티 못할디라"고 스스로의 사명을 밝히고, "향상정신은 신 대한소년의 인문개발에 종사하난 정신이오, 노동역작은 신 대한소년의 천명복종에 노력하난 도리니라"고 다짐한 이 《소년》은, 1911년 5월 15일, 통권 23호로 종간되었다. 나라 망하고 《소년》도 망했다. 나라는 망하여도 《소년》은 망하지 말고, 페스탈로치의 기치를 높이 들고 논으로 산으로 들로 밭으로 흩어져 나갔어야 할 참인데!

그러나 페스탈로치의 이념은 도산 안창호(島山 安昌浩), 남강 이승훈(南岡 李昇薰), 인촌 김성수(仁村 金性洙)에 맥맥히 소리 없이 흘러들어 갔다. 김구의 군사입국, 이승만의 외교입국, 김성수의 산업입국, 안창호의 인간입국, 김교신의 종교입국, …… 이렇게 일제하의 독립투쟁 및 입국방식이 있었지만, 그 최대공약수적인 것은 '교육입국'이 아니었던가. 그런데 진작 페스탈로치의 연구가는 없었다. 모두들 너무 조급하여 고전을 더듬을 겨를이 없었던 것이다.

이 면을 담당코자 나선 사람이 외솔 최현배 선생이다. 그는 히로시마 고등사범학교를 거쳐 교토대학 철학과에 입학하고 교육학을 깊이 연구하여, '페스탈로치의 교육사상'을 학사학위 논문으로 제출하고 고국에 돌아와 교육학자 될 것을 다짐한다. 그러나 정세는 너무 긴박했다. '우리 말'이 사라져가고 있지 않는가! 그는 우리 넋을 살리기 위하여는 '우리 말'을 살려야 할 것으로 믿고 '한글학자'의 길을 택한다. "한 민족의 문화는 그 민족의 언어에 담겨 있다"는 페스탈로치의 '문화의 기초로서의 언어'라는 사상에 큰 영향을 받았을 것으로 보인다. 선생의 학사논문은 《나라 건지는 교육》(구국적 교육, 1963)의 넷째 매에 수록되어 있는데, 그 관점이 정확하였음에 새삼 놀라움을 금할 수가 없다.

광복이 되자 교육입국의 꿈은 현실로 다가왔다. 이 꿈을 안고, 박지영은 페스탈로치의 전기를 써 내면서, 각오를 새로이 하자 했다.

우리 나라의 학자 중에서 페스탈로치에 조예가 깊고 또 열성으로 그에 관한 강의를 하신 분으로 김기석, 이인기, 왕학수 교수들을 들어야 할 것이다. 특히 왕학수 교수는 《은자의 황혼》, 《겔트루우트》, '이제린의 영전에'를 쉽고 아름다운 우리말로 번역·간행했다.

그 후로는 김선양 교수와 저자가 《백조의 노래》, 《겔트루우트》 등 몇 편을 번역하여 경지사의 현대사상교양전집의 제4권으로 간행했다.

우리나라에는 페스탈로치의 원전, 전집, 연구문헌이 대학 도서관에 거의 정비되어 있지 않아, 이것을 전문으로 연구하는 소장학자가 거의 없는 실정인데 이것은 퍽 애석한 일이다. 원전을 통해서 원천으로 거슬러 올라가 그를 연구하는 사람이 많이 나오기를 바라마지 않는다. 우리 몇몇은 이제 그의 대표적 저작을 우리말로 번역하여 두었다가 1977년에 세계적으로 있을 페스탈로치 서거 150주년 기념으로 그의 선집을 5～6권 간행할 예정이었는데, 안타깝게도 뜻을 이루지 못했다.

끝으로 우리 한국교육이 페스탈로치에게서 꼭 배워야 할 것은 무엇일까 생각해 봐야 할 자리에 이르렀다. 그것은 다음과 같은 자세라고 저자는 굳게 믿고 있다.

교육은 민족과 더불어 살며, 민족의 과제를 풀어야 한다. 그러기 위해서는 첫째, 교육자는 민족의 영원한 그리고 최고의 이상을 정립하여야 하며 둘째, 교육은 한 민족의 문화 유산의 계승층인 중산층의 육성과 그들의 정신적 도야에 보다 힘써야 하며 셋째, 나아가서 한 국가 안에 소외된 계층이 없게 복지국가를 건설하기 위하여 선도적인 역할을 수행해야 하며 넷째, 교육을 통해서 민족의 평화적 통일을 수행할 수 있는 새 세대를 육성해야 하며 다섯째, 인류의 공동체 의식을 촉구하고 의와 평화의 새 세계사에 이바지할 수 있는 인간을 길러 내야 하며 마지막으로는, 각자가 신이 우리 각자에게 주신 '천사도 흠모할' 사명의 완수를 위하여 저 높은 곳을 향하여 날마다 나아가는 일이다.

부　　록

참 고 문 헌

1. 인용된 페스탈로치의 原著作

Brüshstück aus Geschichte der niedrigsten Menschheit, 1777, Heinrich Pestalozzis Werke in acht Bänden, herausgegeben von Paul Baumgartner, Zürich: Rotapfel, 1945-1949. Bd. Ⅳ. (이하 卷만의 표시는 이 로오트아펠 版의 全集의 卷을 가리킴. 예를 들면 R Ⅳ.등)

Lienhard und Gertrud, Erster Teil, 1781, R Ⅰ.

Christoph und Else, 1782, R Ⅲ.

Lienhard und Gertrud, Zweiter Teil, 1782, R Ⅰ.

Von der Erziehung, 1782, R Ⅳ.

Etwas üher die Religion, 1782, R Ⅳ.

Über Gesetzgebung und Kindermord, 1783, R Ⅳ.

Lienhard und Gerturd, Dritter Teil, 1785, R Ⅱ.

Ja oder Nein, 1893, R Ⅴ.

Nachforschungen, 1797, R Ⅴ.

Brief an einen Freund über seinen Aufenthalt in Stans, 1799, R Ⅵ.

Wie Gertrud ihre Kinder lehrt, 1801, R Ⅵ.

Abschiedswort an die Kinder in Münchenbuchsee, 1804, R Ⅵ.

Über Schlittschuhlaufen und Körperliche Züchtigung, 1808, R Ⅶ.

Neujahrsrede, 1808, R Ⅶ.

Rede am 72. Geburtstag, 1818, R Ⅶ.

Schwanengesang, 1825, R Ⅷ.

Rede in der Versammlung der Helvetischen Gesellschaft, gehalten am 26. April 1826 zu Langenthal, 1826, R Ⅲ.

Pestalozzi-Blätter, Hrsg. von der Kommission des Pestalozzi-Stubchen in Zürich, 1880-1906.

Letter on Early Education, 1818-1819, (長田 新 監修, 페쓰탈로찌全集, 東京: 平凡社, 1962, 第十三卷.「幼兒敎育의 書簡」皇 至道 譯)

Ansichten über Industrie, Erziehng, und Politik, 1882, (上揭全集, 第十一卷,「產業敎育 및 政治에 關한 見解」, 大槻正一 譯)

「페스탈로치」王學洙 譯, 世界敎育名著叢書, 第一卷, 同刊行會, 1950.

「隱者의 黃昏」福島政雄 譯, 東京: 角川書店, 1969.

「페스탈로치」金善陽・金丁煥 共譯, 耕智社, 1968.

「隱者의 黃昏」金丁煥 譯, 瑞文文庫, 1972.

金丁煥,「페스탈로치의 교육사상」고려대학교 출판부, 1975.

_____,「페스탈로치가 어머니들에게 보내는 편지」(번역), 양서원, 1989.

_____,「페스탈로치의 교육철학」, 고려대학교 출판부, 1995.

_____,「숨은이의 저녁 노을」(번역), 박영사, 2000.

Pestalozzi-Studien (Neue Folge), 4. Bände, Bd. Ⅰ. Hrsg. von Buchenau, Spranger und Stettbacher, Berlin und Leipzig, 1932.

Pestalozzi's Sämtliche Werke (Kritische Ausgage), Bd. Ⅰ. Hrsg. von Buchenau, Spranger und Stettbacher, 1927 ff.

2. 기타 인용된 文獻

朴之榮,「페스탈로치」, 大韓敎育聯合會, 1955(修正版).

孫仁銖,「韓國近代敎育史」(1885-1945), 延世大學校 出版部, 1971.

崔南善 編輯,「少年」第二年 第七卷(1909. 8), 新文舘

崔鉉培,「나라 건지는 교육」, 正音社, 1963.

金丁煥, '페스탈로치의 思考形式,'「敎育科學」제40권(1970. 12) 中央敎育硏究所

_____, '페스탈로치의 敎育哲學과 敎育方法論 硏究,' 高麗大學校「人文論集」第十七輯, 1972.

_____, '페스탈로치 교육학에 있어서의 수학교육론의 교육사적 위치'(박사학위 논문), 히로시마대학, 1970.

최정웅, '사회개조를 중심으로 한 페스탈로치의 교육사상'(박사학위논문), 경북대학교, 1979.

이은선, '페스탈로치와 왕양명의 인간교육에 있어서 종교적·철학적 근거'(박사학위논문), 스위스 바젤대학, 1988.

오인탁/윤재홍, 「한국의 현대교육의 전개」, 성지출판사, 1992.

Dejung; "Verlorene Schriften Pestalozzis", *Zeitschrift für Pädagogik*, Verlag Julius belz Weinheim, Oktober 1971.

Faucherre, H.; *Abriss der Erziehungslehre Pestalozzis,* Basel: Buchdruckerei des V.S.K., 1933.

Fichte, J.G.; 「獨逸國民에게 告함」(小野 浩 譯, 東京: 角川書店, 1969(제 4 판).

Fröbel, F.; *Die Menschenerziehung*(1826), Berlin: Helmut Küpper, 1951.

Guimps, R.; *Histoire de J.H. Pestatozzi,* 1784, (新掘通也 譯, 「페스탈로치傳」東京: 學藝圖書, 1955)

Lavater-Sloman, M.; *Pestatozzi,* Zürich und Stuttgart: Artemis Verlag. 1954.

Morf, H.; *Zur Biographie Pestalozzi's,* Erster Theil 1868, Zweiter Theil 1885, Dritte Theil 1885, Winterthur: Buchdruckerei von Bleuler-Hausheer & Co., Vierter Theil 1889, Winterthur: Druck und Verlag von Geschwister Ziegler.

Müller, K.: *J.H, Pestalozzi, — Eine Einführung in seine Gedaunken,* Stuttgart: Ernst Klett, 1952.

Schlig, G.; *Geschichte der Methode in Raumlehre in*

deutschen Volksunterrichte, Gotha Verlag, 1888.

Seyffarth, L. W.; 「페스탈로치의 영원한 안나傳」(市村秀志 譯), 東京: 이데아書店, 1927.

Spranger, E.; *Pestatozzis Denkformen,* Heidelberg: Quelle und Meyer, 1966(Dritte Auflage).

Silber, K.; *Pestalozzi, Der Mensch und sein Werk,* Heidelberg: Quelle und Meyer, 1957.

Walch, M., *Pestatozzi and Pestalozzian Theory of Education,* Washington D.C.; The Catholic University of America Press, 1952.

長田 新, 「페스탈로치傳」 上·下卷, 東京: 岩波書店, 1954 (第二版).

_____, 「페스탈로치敎育學」 東京: 岩波書店, 1968(第十版).

_____, 「페스탈로치」『西洋敎育史』 第六卷, 東京: 牧書店, 1956.

_____, 「페스탈로치」『世界傳記全集』 第四十二卷, 東京: 講談社, 1957.

_____, 譯, 「프뢰벨 自傳」 東京: 岩波文庫, 1969(第十五版).

玖村敏雄, 「페스탈로치의 生涯」 東京: 玉川大學出版部, 1967 (第十版).

坂東藤太郎, 「페스탈로치運動의 展開」 東京: 協同出版, 1964.

_____, 「페스탈로치의 道德·宗敎 敎育의 硏究」 東京: 協

同出版, 1967(第三版).

松田義哲, 「페스탈로치의 敎育思想」東京: 協同出版, 1966
(第協二版).

佐藤正夫, "Pestalozzi Movement in Japan", *Education in Japan,* 莊司雅子 編輯, 廣島大學國際敎育硏究所 Vol. Ⅰ. (1966).

吉本 均, "페스탈로치에 있어서의 近代的 敎育思想의 成立過程", 「現代敎育學의 諸問題」皇 至道還曆記念論文集, 京都: 柳川書店, 1962.

3. 페스탈로치 主要 著作 年表

그의 저작은 앞서 소개한 대로 「저작 전집」29권, 「서한 전집」13권, 총 42권에 이르며, 지금도 새로이 발굴되고 있다. 이 중에서 여기에서는 그의 生涯와 思想을 개활하는 데 필요한 主要 著作 약 七十編만 소개하기로 했다. 괄호 안의 數字는 저술 당시의 그의 年齡이다.

1765(20)　Agis(아기스)

1767-9(22-24)　Brief aus der Zeit der Ver1obung(約婚時節의 편지)

1769-70(24-25)　Tagebuchblätter(日記)

1774(29)　Tagebuch über die Erziehung seines Sohnes(育兒日記)

1775(30)　Eine Bitte an Menchenfreunde und Gönner(인류의 친구와 식자에게 呼訴함)

1775(30)　Ideen zu einem christrichen Lied für die

Armenstube(가난한 가정을 위한 讚頌歌의 理念)

1777(32) Drei Briefe an N.E.T. über Erziehung der
Landjugend(가난한 農村의 아이들의 敎育에 관해서 N.E.T.에
보낸 세 통의 편지)

1777(32) Bruchstück aus der Geschichte der niederesten
Menschheit (가장 가난한 사람들의 歷史에 관한 斷片)

1777-82(32-37) Briefe an Iselin(이제린에게 보낸 편지)

1778(37) Zuverlässige Nachricht von der Erziehungsan-
stalt armer Kinder auf dem Neuhof(노이호프의 貧民兒童을
위한 敎育施設에 관한 誠實한 報告書)

1780(35) Abendstunde eines Einsiedlers(隱者의 黃昏)

1781-7(36-42) Lienhard und Gertrud, Teil I-Ⅳ(린할트
와 겔트루우트, 第一卷－第四卷)

1781(36) Kinderlehre der Wohnstube(안방에서의 兒童敎
育論)

1782(37) Christoph und Else (크리스토프와 엘제)

1782(37) Ein Schweize Blatt(스위스敎育週報)

1782(37) Dem Andenken Iselins(이제린을 追慕함)

1783(38) Über Gesetzgebung und Kindermord(立法과 嬰
兒殺害)

1785(40) Über die Folge des französischen Einfuhrverbo-
tes(프랑스 當局의 輸入禁止 措置의 結果에 대하여)

1790(45) Über die Verbindung der Berufsbildung mit
der Volksschule(國民學校와 職業敎育의 結合에 관하여)

1793(48) Dazwischenkunst des Menschengefühls in Streit

einige Meinungen über das tierische, das gesellschaftliche und sittliche Recht unserer Natur(인간의 本性의 動物的, 社會的, 道德的 權利에 관한 몇몇 見解差에서 오는 論爭의 調整)

1793(48)　Ja oder Nein? Über die Ursache der französische Bügerrecht(可냐 否냐?-프랑스 革命의 原因에 대하여)

1794(49)　Dann werdet ihr das Vaterland retten(祖國은 이렇게 구원될 것이다.)

1795(50)　Ursachen der Unzufriedenheit des Landes gegen die Stadt(都市에 대한 農村의 不滿의 原因)

1795(50)　Lücken in der Landesverfassung(國家의 憲法의 缺陷)

1797(52)　Note über die Natur der im Zürichgebiet sich äussernden Volksbewegung 취리히 地方에 나타난 民衆運動의 本質에 관한 考察)

1797(55)　Meine Nachforschungen über der Gang der Natur in der Entwicklung des Menschengeschlechts(人類의 發展에 있어서의 自然의 過程에 대한 探究)

1797(52)　Oratio pro domo(家庭에 관한 講話)

1797(52)　Die Wünsche des missvergenügten Landvolks (不平을 품고 있는 農民들의 所願)

1797-1823(52-58)　Fabeln(寓話集)

1798(53)　Wach auf, Volk! (覺醒하라, 民衆이여!)

1798(53)　Revolutionsskizzen(革命의 記錄)

1798(53)　Inhalt und Zweck des helvetischen Volksblattes(스위스 國民新聞의 內容과 目的)

1798(53) Von der Hoffnung auf Hilfe vom Kaiser(皇帝의 援助를 期함)

1798(53) Von guten und schlechten Handlungen fränzosischen Soldaten(프랑스 軍人의 善行 및 惡行에 관하여)

1799(54) Über den Aufenthalt in Stans(스탄스 孤兒院 通信)

1799(54) Anzeige Gründung eines Lehrseminars in Burgdorf(불크돌프 師範學校 創設公告)

1799(54) Die Methode(方法)

1800(55) Gründzüge meiner Methode(나의 方法의 特質)

1801(56) Bausteine zu einem christlichen Religionsunterricht(基督教的 宗敎敎育의 基礎)

1801(56) Wie Gertrud ihre Kinder lehrt(겔트루우트는 어떻게 子女를 가르치고 있는가)

1802(57) Über den Gehörsinn(聽覺에 대하여)

1802(57) Der natürliche Schulmeister(자연스러운 敎師)

1802(57) Selbstschilderung(自敍)

1802(57) Wesen und Zweck der Methode — Denkschrift(方法의 本質과 目的 — 回顧錄)

1803(58) Zuschrift an die Regierung des Kantons Bern(베른縣 政府에 보내는 建議書)

1803(58) ABC der Anschauung — Elementarbücher(直觀의 初步 — 基礎的인 敎科書)

1804(59) Abschiedwort an die Kinder im Münchenbuchsee(뮨헨브흐제의 어린이에 대한 告別講演)

1804(59)   Ansichten und Erfahrungen, die Idee der Elementarbildung betreffend(基礎陶冶의 理念에 대란 생각과 경험에 대하여)

1806(61)   Zweck und Plan der Armenerziehungsanstalt (貧民敎育의 目的과 計劃)

1806(61)   Empfehlung der Wochenschrift für Menschenbildung(人間敎育에 관한 週報의 勸奬)

1807(62)   Über Körperbildung(身體敎育論)

1807(62)   Das ABC der mathematischen Anschauung(數學的 直觀의 初步)

1807(62)   Über Herausgabe einer Gesangbildungslehre(音樂敎育論의 出版에 즈음하여)

1808(63)   Neujahrsrede(新年 講演)

1808(63)   Wiederlegung einiger Einwürche gegen die Methode(方法에 대한 몇몇 批判을 反駁함)

1808(63)   Über Schlittschuhlaufen und über körperliche Züchtigung(스케이트와 身體鍛鍊)

1809(64)   Lenzburgerrede über die Idee der Elementarbildung(基礎陶冶의 理念에 관한 렌쓰불크의 講演)

1810(65)   Weihnachtsrede(聖誕節 講演)

1811(66)   An Niederer(니데러에게)

1811(66)   Der kranke Pestalozzi an das gesunde Publikum (病든 페스탈로치가 건강한 公衆에게)

1813(68)   Die drei letzten Willenserklärung(최후의 세 意志 表明)

1815(70)   An die Unschuld den Ernst und den Edelmut
meines Vaterlandes — Vorrede dazu(나의 祖國의 순진하고
고결한 識者들에게 — 이에 대한 序文)

1816(71)   Rede zum Gedächtnis der Frau Pestalozzi —
Fragment(페스탈로치가 夫人을 回顧한 斷片)

1818(73)   Die Tagesordnung Clindy(클란디의 하루의 日課)

1818(73)   Vorrede zur Cotta'schen Ausgabe der sämtlichen
Schriften — Vorrede(코타版 全集 發刊에 즈음한 序文)

1820(75)   Einwort über den Zustand meiner pädagogi-
schen Bestrebungen(나의 敎育的 努力에 대한 一言)

1822(77)   Ansichten über Industrie, Erziehung und Politik
(産業·敎育·政治에 대한 意見)

1824(79)   Öffentliche Erklärung(公開聲明)

1825(80)   Schwanengesang(白鳥의 노래)

1826(81)   Meine Lebensschicksale als Vorsteher meiner
Erziehungsinstitute in Burgdorf und Iferten(불크돌프와 이펠
텐에서의 學園長으로서의 나의 運命)

1826(81)   Die Langenthaler Rede über Vaterland und
Erziehung(랑겐탈에서 행한 祖國과 敎育에 관한 講演)

1826(81)   Versuch einer Skizzie über das Wesen der
Elementarbildung(基礎陶冶의 本質에 대한 構想의 探究)

1826(81)   Rede in der Kulturgesellschaft zu Brugg(브르
크의 文化協會에서 행한 講演)

저자 약력

김정환(金丁煥)

페스탈로치 연구로 1970년 교육학박사 학위를 취득하고, 이 해
고려대학교 교수로 부임. 1995년 정년 퇴직. 현재 고려대학교 명
예교수. 한국교육학회 교육철학회 회장, 사범대학장, 스위스 취리
히대학 교육학부 객원교수 등 역임. 1988년 「전인교육론」으로 한
국교육학회 학술상(저작상) 수상. 저서로 「교육철학」, 「비판적 교
육 이론」, 「페스탈로치의 교육철학」 「한국교육이야기 백 가지」
등이 있음.

개정판
페스탈로치의 생애와 사상

1974年	3月	15日	初版發行
2008年	7月	10日	改訂版印刷
2008年	7月	20日	改訂版發行

著　者　金　丁　煥
發行人　安　鍾　萬
發行處　博英社
　　　　서울特別市 鍾路區 平洞 13-31番地
　　　　電話 (733)6771　FAX (736)4818
　　　　登錄 1952. 11. 18. 제1-171호(倫)
www.pakyoungsa.co.kr　e-mail: pys@pakyoungsa.co.kr
破本은 바꿔드립니다. 本書의 無斷複製行爲를 禁합니다.

定　價　15,000원　　　　ISBN 978-89-10-65029-4